CHINA'S OVERSEAS INTERESTS

Research on the Protection Mechanism of
China's Outward Direct Investment Interests

中国海外直接投资的利益保护机制研究

张明　王碧珺　等著

中国社会科学出版社

图书在版编目（CIP）数据

中国海外直接投资的利益保护机制研究／张明等著．—北京：中国社会科学出版社，2018.10
ISBN 978-7-5203-3224-8

Ⅰ.①中… Ⅱ.①张… Ⅲ.①海外投资—权益保护—调查研究—中国 Ⅳ.①F832.6

中国版本图书馆CIP数据核字（2018）第220422号

出 版 人	赵剑英
责任编辑	王 茵
特约编辑	郭 枭
责任校对	李 莉
责任印制	王 超

出　　版	中国社会科学出版社
社　　址	北京鼓楼西大街甲158号
邮　　编	100720
网　　址	http://www.csspw.cn
发 行 部	010-84083685
门 市 部	010-84029450
经　　销	新华书店及其他书店
印　　刷	北京明恒达印务有限公司
装　　订	廊坊市广阳区广增装订厂
版　　次	2018年10月第1版
印　　次	2018年10月第1次印刷

开　　本	710×1000　1/16
印　　张	16
字　　数	246千字
定　　价	68.00元

凡购买中国社会科学出版社图书，如有质量问题请与本社营销中心联系调换
电话：010-84083683
版权所有　侵权必究

课题组成员：

张　明（中国社会科学院世界经济与政治研究所国际
　　　　投资研究室主任、研究员）

王碧珺（中国社会科学院世界经济与政治研究所国际
　　　　投资研究室副主任、副研究员）

王永中（中国社会科学院世界经济与政治研究所世界
　　　　能源研究室主任、研究员）

张金杰（中国社会科学院世界经济与政治研究所国际
　　　　投资研究室研究员）

韩　冰（中国社会科学院世界经济与政治研究所国际
　　　　投资研究室副研究员）

李国学（中国社会科学院世界经济与政治研究所国际
　　　　投资研究室副研究员）

潘圆圆（中国社会科学院世界经济与政治研究所国际
　　　　投资研究室助理研究员）

目 录

引言:如何更好地保护中国海外直接投资的利益? ……………… (1)

上篇(理论篇)

第一章 对外直接投资保护的理论逻辑 ……………………… (7)
第一节 对外直接投资有利于提升母国国际政治经济地位……… (7)
第二节 国际投资领域的动态矛盾可能使跨国公司面临政治
　　　 风险 ……………………………………………………… (10)
第三节 母国应构筑有利于跨国经营的全球制度安排 ………… (13)

第二章 海外利益保护的研究综述 …………………………… (18)
第一节 海外利益保护的国内因素 ……………………………… (19)
第二节 海外利益保护的重要方式 ……………………………… (21)
第三节 对代表性研究的梳理 …………………………………… (26)

第三章 主权信用风险评估:一个文献综述 ………………… (31)
第一节 引言 ……………………………………………………… (31)
第二节 主权债务可持续性的内涵 ……………………………… (32)
第三节 主权债务可持续性的理论评估方法 …………………… (35)
第四节 主权债务可持续性的经验检验方法 …………………… (44)
第五节 评论性结论 ……………………………………………… (48)

第四章 海外利益保护的国际经验 …………………………… (54)
第一节 国别经验 ………………………………………………… (54)
第二节 行业经验:能源行业 …………………………………… (59)
第三节 经验总结 ………………………………………………… (65)

2　中国海外直接投资的利益保护机制研究

**第五章　BITs与海外利益保护：基于中国与"一带一路"
　　　　国家BITs的分析** ……………………………………（68）
　第一节　BITs与中国海外投资利益保护 ……………………（68）
　第二节　中国与"一带一路"国家BITs现状与存在的问题 …（71）
　第三节　中国亟须对外商签"平衡范式"的BITs ……………（77）

中篇（风险篇）

第六章　中国对外直接投资的企业社会责任 ………………（83）
　第一节　部分中国对外直接投资企业存在社会责任缺失
　　　　　问题 …………………………………………………（83）
　第二节　中国政府积极倡导履行企业社会责任的政策措施 …（85）
　第三节　政策措施中存在的问题与完善建议 ………………（89）
　第四节　中国企业社会责任意识有所提高 …………………（92）
　第五节　中国企业"走出去"过程中履行社会责任的表率 …（94）
　第六节　让中国海外企业履行社会责任成为一个更普遍的
　　　　　现象 …………………………………………………（98）

**第七章　风险偏好、投资动机与中国对外直接投资：
　　　　基于面板数据的分析** ………………………………（100）
　第一节　引言 …………………………………………………（100）
　第二节　文献综述 ……………………………………………（102）
　第三节　模型设定、变量说明与数据来源 …………………（106）
　第四节　实证过程与结果分析 ………………………………（108）
　第五节　稳健性检验 …………………………………………（121）
　第六节　结论 …………………………………………………（123）

**第八章　我国海外投资面临的经济风险及利益保护
　　　　机制研究** ……………………………………………（128）
　第一节　中国海外投资发展现状 ……………………………（129）
　第二节　中国海外投资面临的风险 …………………………（130）
　第三节　中国海外投资利益保护机制及其存在的问题 ……（131）
　第四节　完善我国海外投资利益保护机制的对策建议 ……（133）

第九章 中国对"一带一路"沿线国家投资风险分析 (136)
- 第一节 "一带一路"沿线国家的营商环境状况 (136)
- 第二节 "一带一路"沿线国家的国别投资风险状况 (139)
- 第三节 中国在"一带一路"沿线国家的相对投资风险评估 (141)
- 第四节 结论与政策建议 (146)

第十章 哪些中国对外直接投资更容易遭受政治阻力？ (148)
- 第一节 引言 (148)
- 第二节 东道国政治风险与对外直接投资的研究现状 (149)
- 第三节 对外直接投资对东道国的政治影响及其反作用 (152)
- 第四节 中国海外直接投资受阻的案例分析 (156)
- 第五节 投资受阻影响因素的实证分析 (163)
- 第六节 应对海外投资受阻的对策和建议 (169)

下篇（实践篇）

第十一章 国别调研报告之波兰 (175)
- 第一节 波兰投资环境分析 (175)
- 第二节 中国在波兰投资情况 (178)
- 第三节 中资企业在波兰经营的困难和挑战 (184)
- 第四节 政策建议 (188)

第十二章 国别调研报告之捷克 (191)
- 第一节 捷克投资环境 (191)
- 第二节 中国在捷克投资情况 (198)
- 第三节 中国在捷克投资遇到的问题 (200)
- 第四节 政策建议 (201)

第十三章 国别调研报告之德国 (204)
- 第一节 德国投资环境分析 (204)
- 第二节 中资企业在德国投资的基本情况 (206)
- 第三节 中资企业在德投资遇到的主要问题 (207)
- 第四节 在德投资保护的相关建议 (209)

第十四章　国别调研报告之意大利 (212)
第一节　意大利投资环境分析 (212)
第二节　中国投资意大利现状 (214)
第三节　导致中国意大利直接投资不断升温的主要原因 (215)
第四节　中国企业在意大利投资面临的问题 (217)
第五节　政策与措施建议 (219)

第十五章　企业调研报告之浙江华立 (224)
第一节　华立集团概述 (224)
第二节　华立集团对外投资概况 (224)
第三节　华立海外工业园区现状与发展设想 (227)
第四节　华立境外产业园建立投资动机 (228)
第五节　华立海外工业园区的经验总结 (231)

第十六章　企业调研报告之吉利集团 (235)
第一节　吉利集团基本情况 (235)
第二节　吉利并购沃尔沃的过程以及相关启示 (235)

第十七章　政策建议 (238)
第一节　对企业的建议 (238)
第二节　对政府的建议 (242)

引言：如何更好地保护中国海外直接投资的利益？

张　明

2016—2017年，中国社会科学院世界经济与政治研究所国际投资研究室团队，承担了中国社会科学院国情调研重大项目"中国海外利益保护调研"。这个项目的实施背景是，自2008年全球金融危机爆发之后，中国企业的对外直接投资迅速增长，然而各种投资受挫甚至失败的案例也此起彼伏。如何通过实地调研来总结中国企业海外投资的经验教训，更好地保护中国企业的海外投资利益，已经成为一个迫切的问题。

由于海外利益保护这个题目太宽泛，而我们的人力以及经费着实有限，因此，我们把调研的重点集中在如何保护中国海外直接投资相关利益这个更加细分的题目上。

在这两年时间内，中国社科院世经政所国际投资室团队先后在国内与国际进行了调研。在国内，我们选取了对外直接投资案例非常丰富的浙江省，重点对华立与吉利两家富有代表性的民营企业进行了调研。华立在泰国设立的泰中罗勇工业园目前运行非常成功，而吉利在并购沃尔沃之后也迅速地提升了自己的竞争力与行业地位。在国外，我们选取了欧洲的四个国家进行调研。其中，德国与意大利是欧元区内相对更加发达的经济体，而波兰与捷克则既是富有代表性的中欧经济体，也是"一带一路"倡议的沿线国家。中国企业对这四个国家既有丰富的直接投资案例，也有大量的成功经验与失败教训可供梳理总结。

有了对上述企业与国家进行深入调研的基础，再加上我们对海外利益保护的理论、实践、文献所进行的研究，就形成了目前这本研究报告。这本研究报告分为上、中、下三篇：上篇（第一至五章）主要分析海外利益保护的相关理论；中篇（第六至十章）着重分析中国海外投资面临的各种风险；下篇（第十一至十七章）则是我们本轮调研的直接成果。第十一至十四章分别分析了波兰、捷克、德国、意大利四个国别案例，而第十五、十六章则分别讨论了浙江华立与吉利集团两个企业案例。在国别案例中，我们既分析了中国企业在这些国家进行直接投资的现状，也侧重分析了中国企业在这些国家投资遭遇的问题，并提出了相应的应对策略。在企业案例中，我们主要总结了其海外投资取得成功背后的逻辑与经验。在第十七章中，我们分别针对中国企业与中国政府，就如何加强海外利益保护提出了一系列政策建议。

在对四个欧洲国家进行调研的过程中，我们发现中国企业的海外直接投资通常会遭遇如下共同问题：第一，欧洲国家对劳动力的保护要比中国更加严格，因此，中国企业通常会面临更高的用工成本、复杂的用工制度、强大的工会力量，以及高企的解雇费用；第二，欧洲国家政府更迭频繁，而不同的政府对待来自中国的直接投资的态度可能大相径庭，政策延续性往往不高，这就使得中国企业的相关投资面临着较高的政治风险。例如，在捷克的中国企业家就经历了政治环境由冷转热的显著变化，然而，他们也已经开始担心下一轮大选之后的政治环境是否会反转；第三，在2009—2010年欧洲主权债务危机爆发之后，随着欧洲经济增速显著下降，民粹主义与保护主义倾向有所抬头，这增加了中国企业在这些国家投资面临的难度；第四，与东道国在文化、习惯、企业运作、政府监管行为等方面存在的显著差异，也是导致中国企业海外投资受挫甚至失败的重要原因。

例如，我们在波兰进行调研时，几乎在每个地方，都听到波兰方面在谈论A2高速公路项目。A2高速公路连接波兰华沙和德国柏林，是波兰为了2012年和乌克兰联合举办欧洲杯足球赛而兴建。2009年9月，中国中铁旗下两家全资子公司中海外和中铁隧道联合上海建工、波兰德科玛公司（下称中海外联合体）以13亿波兰兹罗提（约合4.72亿美元）中标A2高速公路中最长的A、C两个标段，总里程49公里。这一中标价格连波兰政府预算的一半都不到，被近20家同业竞争对手向欧盟指控低价倾销。中海外联合体采用了标准的"中国式打法"，也即先报低价获得项目，再在实施过程中通过各种变更将价格慢慢抬上去。但这种做法在波兰行不通，波兰当局从始至终强调"以合同为准"。由于中海外联合体着急拿下订单，在没有实现仔细勘探设计，对竞标文本进行法律审查，研究当地法律法规、环保标准、政治经济环境的情况下，就与波兰当局签下总价锁死的合约，以致成本上升、工程变更等都无法从业主方获得补偿，再加上中海外联合体管理失控、内部矛盾重重，要按照最初报价如期完工已经不可能。2011年6月，中海外联合体放弃了该工程，导致A2高速公路项目无法按期完工。

此次违约引发的直接后果是，波兰公路管理局向中海外联合体索赔数亿欧元，同时禁止联合体四家公司三年内参与波兰市场的公开招标。然而，此次违约的社会成本更是高得惊人：由于中海外联合体拖欠费用引发了多次分包商示威游行和打砸办公室等暴力事件，招来波兰政府、社会和媒体对中国企业的广泛批评，造成多个中国企业在波投资项目受到拖累，也使得中国企业的信誉和能力广受质疑。有的项目被搁浅，还有的项目需要当地采购时，被要求特别高的预付款比例和付款担保。即使现在已经过去了五年多的时间，中海外联合体波兰A2高速公路项目的善后工作仍未完成，该事件对中国企业的负面影响仍在持续。每当有重大中国在波投资项目时，中海外联合体的案例都会被当地媒体拿出来重温一番。

因此，如何避免中国企业在海外投资方面重蹈波兰A2高速公路项目的覆辙，不仅对于相关企业投资成功，而且对于维护中国企业的海外形象都至关重要。这就要求在以下几个方面进行努力：首先，在进行项目投资之前，需要高度重视尽职调查工作，特别是要选择非常熟悉当地情况的律师、会计师事务所等中介机构；其次，在投资的前、中、后过程中，都需要与东道国政府相关管理部门进行密切沟通，避免沟通不畅引发的误解；再次，企业需要非常重视海外投资的社会责任与舆论宣传工作，需要充分处理好企业投资与地方政府、当地社区之间的关系，并利用当地媒体进行积极的公关宣传活动；最后，中国政府也要努力规范中资企业的海外投资行为，避免个别企业的失败案例损害整个中国企业的海外形象。

又如，这几年在推动"一带一路"沿线建设的大背景下，渝新欧、蓉新欧等跨越亚欧大陆的远途铁路运输项目非常引人关注。这是因为，铁路运输能够比远洋运输节约大量时间成本。然而在本次调研中，使用上述路线进行运输的中资企业告诉我们，至少对他们而言，使用远途铁路运输的综合成本依然显著高于远洋运输综合成本。一方面，从中国发出的集装箱在运输过程中面临被盗抢的风险，该公司的集装箱就多次在哈萨克斯坦境内遭遇开箱偷窃。另一方面，目前从欧洲返回中国的火车绝大部分依然是空驶的，一旦没有中国政府向这些项目提供的财政支持，那么远途铁路运输的成本还会进一步上升。由此看来，魔鬼在细节中。很多工程与项目的推进还需要根据实践过程中的反馈来加以调整。

那么，应该如何更好地保护中国企业海外直接投资的相关利益呢？从本次调研活动中，我们结合沿途观感以及中国企业家们的建议，提出了如下相关建议：第一，中国政府应该加快与欧盟关于双边投资协定的谈判，以更好地通过双边制度化机制来保障中国企业的海外权益；第二，应该尽快建立市场化导向、激励相容的中资企业海外商会，通过海外商会来配合国家重大经济外交活动、凝聚中资企业力量、树立中国企业形象，并代表中国企业群体与东道国政府进行沟通与交涉；第三，为了更加及时以及更好地总结并推广中国企业海外投资的经验教训，中国政府应该牵头设立中国企业海外投资案例库，以及在海外工作的中国企业家的制度化经验分享机制（例如设立相关智库与企业家俱乐部）；第四，无论是在进行绿地投资时还是在进行海外并购时，为了降低来自东道国方方面面的阻力，中国企业都可以考虑引入在当地具有影响力的合作伙伴，或者与在当地具有较强公信力的第三方机构进行合作；第五，中国企业应该强化其海外投资的社会责任，在追求经济效益的同时，应该积极地为企业所在海外社区做出贡献，与当地政府与媒体进行更好地交流与互动；第六，中国政府也应该注重规范本国企业的海外投资行为，针对相应行为产生的影响进行奖励或惩罚。

总而言之，我们团队在本轮调研过程中，得以把中国企业海外投资的相关实践与我们关于中国海外直接投资的理论研究相结合，把微观案例与宏观数据相结合，感觉受益匪浅。读万卷书、行万里路，追求知行合一，这也应该是智库研究的正确路径。谨将此体会，与团队成员以及研究同行们共勉。

上 篇
（理论篇）

第一章　对外直接投资保护的理论逻辑[*]

现实主义理论认为，财富和权力是国家利益的重要表现，财富是获取权力的基础，权力是获得财富的保障。通过利用国际和国内两种资源、两个市场，跨国公司全球扩张有利于提升母国国际政治经济地位。但是，国际投资领域的动态矛盾也使跨国公司面临着一系列政治风险。因此，构筑有利于跨国公司发展的全球制度安排是母国维护其国家利益的重要保证，国际直接投资与国家利益的战略互补性构成了海外直接投资保护的理论基石。

第一节　对外直接投资有利于提升母国国际政治经济地位

国家竞争优势理论认为，国家竞争优势取决于产业竞争优势，而产业竞争优势又源于企业竞争优势。作为资本国际扩张重要载体和国际生产组织形式，跨国公司的国际生产联系及其对价值链控制，不但影响全球生产链的收益分配和国家所需战略物资获取及其控制，而且成为母国在国际上影响其他国家和创建国际政治经济秩序的重要途径，进而影响国家权力的构成和运行过程。

一　对外直接投资可以利用国外资源和市场提高母国国民财富水平

对外直接投资可以充分利用跨国公司的所有权优势、内部化优势及东道国的区位优势，从而获得比出口和许可更高的利润。根据邓宁的国

---

[*] 执笔人：李国学。

际生产折衷理论，企业试图通过利用区位优势以获得低成本投入品或更好地服务当地市场，通过跨境一体化内部化"知识中间产品"供应，从规模经济和范围经济中提高效率，延伸它们的所有权优势（专有技术、先进管理或有价值品牌）到国外市场。对外直接投资的动机是为了把所有权优势保持在企业内部，并结合东道国的区位优势进一步利用和增强其所有权优势；企业只有同时具备所有权优势、内部化优势和区位优势时，才选择对外直接投资。反过来说，在企业同时拥有这三种优势的情况下，只有选择国际直接投资，企业才可能获得全部收益；如果企业选择出口，就会丧失区位优势收益；如果企业通过技术许可参与国际化经营，就会丧失内部化优势和区位优势所能带来的收益。

跨国公司在主导国际分工、控制全球生产链的基础上进而操控全球生产网络的收益分配。随着交通和通信技术的发展以及贸易和投资的便利化措施推进，国际分工进一步延伸到了产品内部，原来在同一个企业内执行的生产任务可以分散配置到具有比较优势的其他企业中进行，跨国公司重新调整了企业边界，只从事全球生产链上契约化程度较低、附加值较高环节的生产任务，把契约化程度较高、附加值较低环节的生产任务外包，最终形成了包括母公司、子公司、合资公司、供应商、承包商、分销商以及战略联盟伙伴等在内的一张遍布全球的生产网络。在全球生产网络下，通过不同生产环节和工序按照要素禀赋在全球范围内配置，跨国公司不仅能够利用各国生产要素质量和成本差异中降低成本进而获得利益，还可以通过资源协同效应和国际生产联系增强其对全球市场的控制力和影响力，从而获得全球生产网络的品牌租金、关系租金和组织租金等，并最终转化为母国的国民财富。

二　对外直接投资通过边际产业转移或逆向技术溢出促进母国产业结构升级

对于发达国家来说，对外投资是促进国内边际产业转移的重要途径。基于战后美国企业跨国经营实践，1966年哈佛大学教授雷蒙德·弗农从产品生命周期角度分析了第二次世界大战以后美国企业国际直接投资产生的动因，该理论认为一种新产品从开始进入市场到被市场淘汰的整个过程，一般可以划分为引入（研发和新产品上市）阶段、成熟阶段、标准化阶段和衰退阶段。在成熟阶段创新国家生产逐渐向其他具有技术模仿创新能力的发达国家扩散；在标准化阶段和衰退阶段，创新国家和其他发达国家的企业将生产转移到了具有劳动力成本优势的发展中国家。基于日本对外直接投资的产业特征，1978年日本一桥大学教授小岛清在《对外直接投资》一书中提出了边际产业扩张理论，对外直接投资应该始于本国已经或即将处于比较劣势的边际产业，而东道国具有或潜在具有比较优势的产业，并按照比较成本原则依次进行，这种对外投资方式可以使母国因边际产业转移而实现产业结构优化升级。

对于发展中国家来说，对外直接投资也是获取逆向技术溢出的重要渠道。L-L-L范式认为新兴市场国家跨国公司并不是集中于固有的所有权优势，而是通过外部环境联系（Linkage）获得这种优势；新兴市场国家跨国公司不是集中于可以被垄断的资源，而是集中于资源如何通过联盟得到更好地利用（Leverage）；新兴市场国家跨国公司通过频繁循环实验学习（Learning）不断完善它们的战略，进一步通过外部联系促进资源的利用。在产品内分工条件下，全球生产链对制度环境的依赖性更强，不同制度环境的国家在不同生产阶段表现出了不同的比较优势；为了利用东道国制度环境获取高附加值生产环节的比较优势，发展中国家企业在全球范围内进行生产阶段与所需制度环境匹配，从而引致了大规模的对外直接投资。从宏观角度来说，对外直接投资不但通过边际产业转移和技术寻求改变了国内要素禀赋，还通过国际间产业关联效应促进本国相关产业技术创新。从微观角度来说，激烈的国际市场竞争和消费者多元化需求，迫使对外直接投资企业进行创新或改进原有技术，东道国制度环境也影响着对外直接投资企业的战略目标和治理结构，尤其是发达国家健全的制度环境有利于对外投资企业治理结构的改进与完善。通过促进上述国家竞争优势决定因素升级，对外直接投资将推动国家自主创新能力提升和经济发展方式转变（李国学，2015；2017）。

三 跨国公司国际生产联系有利于提升母国国际政治地位和软实力

在国际交往过程中，通过经济渗透和政策影响等途径，国际投资和国际贸易活动能够发挥出主权国政治行为所不能达成的作用（弗雷登、马丁，2002）。在发达国家所主导的中心与外围国际生产分工模式下，对外直接投资有助于维持外围国家对发达国家的经济依附关系。"二战"以后，发达国家更倾向于通过跨国公司而非战争手段攫取财富，国际投资成为构建安全共同体的基础。此外，跨国公司所经营的战略物资本身也对母国经济安全起到支撑作用。

跨国公司全球扩张对母国文化、政治观念的传播起着重要的作用。跨国公司国际生产联系使国家间依存度日益加深，各国间交往活动不但更加频繁而且需要考虑的问题也更加复杂，这使得母国的政治和军事影响也随之扩散出去。以美国为例，跨国公司不仅是美国主导全球经济发展的工具、政府外交政策的工具，而且还是传播美国自由思想的渠道，跨国公司在全球范围内投资，开辟了美国影响和左右东道国经济和政治的新渠道。跨国公司经济和技术上的压倒性优势奠定了美国全球政治霸权的基础，跨国公司的海外直接投资成为美国在世界上维持和实现全球政治霸权的一个重要手段（罗伯特·吉尔平，1975）。

第二节　国际投资领域的动态矛盾可能使跨国公司面临政治风险

一　国际投资领域充满了动态矛盾

在国际投资中，外国直接投资普遍担忧的问题是，一个首选的行动或行为，一旦被采纳或实施之后，由于没有建立一种保证或承诺机制，而最终没能够坚持，即动态矛盾问题。动态矛盾通常表现为一种"时间矛盾"，即使当时情况并没有发生任何变化，最初形成的某种最佳方案在以后看来却不再是最佳的。与国际贸易相比，国际直接投资并不是一次性交易，它具有存量效应，即投资完成以后，投资者和母国在东道国的利益关系才刚刚开始。在一个主权国家与一个潜在的投资者谈判时，往往缺少一套令人信服的具体的法律程序来约束东道国的行为，无论投资前东道国给予的承诺多么得美好，如果东道国认为谈判所达成的协议不再像预期有效，就可以改变那些规则，甚至通过改变国内相关法律的方式来实现上述目的。

东道国是一个主权国家，其必须在社会和经济方面履行其国家职能。在政治、经济、文化和军事等方面，东道国以主宰者的身份出现，不但要保卫国家安全、增强民族价值观念，而且还要促进经济发展、增加就业和实现社会福利最大化。一些发展中国家担忧，高度开放的国际投资政策可能会使其丧失政策自主权和政策灵活性，某些有利于跨国公司的措施可能使本国企业收益或国民福利下降。为了推动技术进步、创造就业机会、促进经济发展、保障社会稳定和繁荣本国文化，东道国政府可能会采取诸如税收优惠、财政补贴等措施来推动本国企业发展和增进本国国民福利，而这些措施可能会影响到跨国公司的利益。此外，通过征用或迫使外国投资者撤回部分外资，东道国政府可以影响资产的所有权；通过限制外国企业的经营活动，东道国政府可以保护本国投资者利益。此外，通过对外国直接投资的限制，东道国政府还可以达到某些政治目的。

二 动态矛盾可能引致相关的政治风险

上述风险与国家主权密切相关，即表现为政治风险，主要有以下几个大类：

（一）征收、国有化或没收风险

所谓征收是指东道国政府对国内外商投资企业实行接管。东道国对原属于外国直接投资者所有财产的全部或部分采取征用或类似的措施，使其转移到本国政府手中的强制性行为，就是国有化。在没有任何补偿的条件下强制剥夺国内跨国公司财产，就是典型的没收。近二十年来，直接征收风险减少了，但隐性征收风险日益突出。例如，某些东道国以检查偷税漏税、走私、卫生、安全条件为名，频繁搜查外国企业，动辄处以高额罚款，课以重税，干扰其正常生产经营，甚至借助上述借口，没收企业的销售收入。关于征收，联合国大会1962年通过的《关于天然资源之永久主权宣言》规定："收归国有、征收或征用应以公认为远较纯属本国或外国个人或私人利益为重要之公用事业、安全与国家利益等理由为根据。"联合国大会1974年通过的《各国经济权利义务宪章》第2条规定："每个国家有权将外国财产的所有权收归国有、征收或转移，但在收归国有时应给予适当的赔偿，并且任何争执均应按实行国有化国家的国内法解决，除非有关各国同意用其他和平解决办法。"

（二）战争和内乱风险

东道国发生革命战争和内乱也会影响外资企业跨国经营。由于东道国政府领导层变动、社会各阶层利益冲突、民族纠纷、宗教矛盾等情况，东道国境内发生战争；社会矛盾激化，行政当局权威削弱，进而出现大规模的政治骚乱，或者政局因选举舞弊、党派倾轧等陷入混乱无序，个别国家甚至长期处于无政府状态，导致社会治安状况恶化，暴力犯罪活动严重。上述战争和内乱可能会使外资企业无法继续经营或给外资企业造成巨大经济损失。除了传统的战争风险以外，在和平环境中也可能出现不利于外资的政治暴力事件。例如，东道国某些政治势力为达到转移国内矛盾，通过有意识引导，将本国经济困难归咎于外国人，导致当地人对外国人的仇恨，最终使外国人的合法利益和生命处于危险之中。

（三）政策变动和违约风险

出于国内经济发展、国家安全或对外政策的需要，东道国可能会变更政策、非法解除与投资项目相关协议，违反或不履行与投资者签订的合同。东道国政策内容和政策实施的不确定性、监管法规的随意性以及缺乏产权保护，可能给外国投资者造成经济损失。例如，2017年德国联邦政府通过了一项加强监管限制外国投资的新政令，扩大了政府在某些情况下使用否决权的权限，同时德国也将和法国及意大利合作，推动欧盟进行类似修法。在新的法规下，德国决定用4个月的时间而不是现行的2个月来审查这些外国资本。这意味着中资企业在投资德国时，将面临更多的政策不透明和不确定性，增加企业在评估赴德投资、制订投资计划、准备相关材料等方面的人力、物力和时间成本，为企业投资德国带来不必要的困难和风险。

（四）延迟支付和转移风险

在跨国经营中，东道国政府停止支付或延期支付，可能使外国投资者无法按时、足额将本金、利润及其他合法收入汇出国外，外汇管制政策或对外国投资的歧视性外汇政策也可能使外国投资者根本无法将上述资金汇出东道国。例如，埃塞俄比亚工业基础非常薄弱，能源性材料全部依赖进口，主要靠咖啡、皮革、芝麻等部分农产品的出口创汇，远远满足不了国内经济发展的需求。因此，政府对外汇的管制非常严格。虽然按埃塞俄比亚现行法律规定，企业利润在完税后可以向国家银行提出申请，兑成美元汇到国外。但由于埃塞俄比亚一直都是贸易逆差，外汇短缺，政策难以得到有效地执行。

对于跨国公司来说，单纯依靠自身力量很难规避上述与国家主权密切相关的政治风险。跨国公司需要借助于母国政府力量，尽力使东道国对外资提供投资自由化、投资保护，并且借助国际机构合理地解决与东道国的国际投资争端。

第三节　母国应构筑有利于跨国经营的全球制度安排

由于跨国公司全球扩张是母国国家权力延伸和国民财富补充的重要途径，维护有利于跨国公司发展的制度，也是巩固有利于发达国家经济利益和政治利益的安排。

一　单边投资保护难以同时满足母国和东道国的要求

（一）外交保护

在国际法中，管辖权主要有属人管辖权和属地管辖权这两种形式，它们分别与国际社会中的主权因素和非主权因素相对应。在国际投资中，属人管辖权是指以当事人的国籍作为管辖的决定因素而行使管辖权，即一国对本国国民的国际投资活动具有管辖权；属地管辖权是指以当事人的住所地、居所地或事物的存在地等作为管辖权的决定因素而行使管辖权，即一国对在本国发生的国际投资活动具有管辖权。外交保护是指母国对本国投资者在东道国受到歧视性待遇，或因东道国拒绝司法或执法不公时所采取的对本国投资者的保护。外交保护是依据属人管辖权而派生出来的一种保护手段，它是国际投资保护的最原始方式。母国通常会因本国投资者在东道国受到歧视性待遇，或因东道国拒绝司法或执法不公而对本国投资者通过外交途径加以保护。

根据属人管辖权原则，国际投资的外交保护具有合法性，但这种形式的国际投资保护经常遭到资本输入国的非议。事实上，像东印度公司这样的早期跨国公司不但拥有王室授予的独家垄断权，而且兼有一定行政职能,在印度拥有领土管辖权、司法权,并拥有军队,并且可以影响东道国的政权和社会制度。在具体实践中,这种权力经常被某些资本输出国滥用,而且国际投资对资本输入国产生的影响往往大于对资本输出国的影响。因此,资本输入国更倾向于根据属地管辖权,运用国内投资立法来处理国际投资问题。

(二) 国内投资立法

国际法规定,如果上述两种形式的管辖权发生冲突时,各方遵守属地管辖权优先的原则。根据这一原则,东道国和母国就国际投资活动的管辖权发生冲突时,东道国具有优先管辖权,它通常会运用国内投资立法来处理国际投资问题。由于绝大多数发达国家一般不对外国投资进行特殊立法,有关对外商投资企业方面的规定,均散见于各个法律和行政法规中,东道国国内立法主要是指发展中国家的涉外投资立法。

东道国国内投资立法的主要缺陷是,由于经济发展水平不同而在发达国家与发展中国家之间存在着投资理念和投资立场的分歧。这种分歧突出表现在以下几个方面:在国内投资政策的制定方面,东道国国内投资立法不仅经常回避贸易问题、制定具有扭曲贸易效果的投资措施,而且其立法和政策制定也相对缺乏透明度,不能或很少全部给予外资以国民待遇;在投资争端的解决方面,发达国家对东道国用国内的司法、仲裁来解决其与外国投资者之间的投资争端持强烈的反对意见;在投资征用以及国有化补偿标准方面,发达国家一直坚持"充分、及时、有效"补偿的标准,即"赫尔三原则",而发展中国家强调"适当""合理"的补偿标准。

因此,外国投资者不能依靠东道国国内法来保护它们的利益,唯一可以指望的是国际法。但是,国际法也没有规定东道国必须对投资者做出可信且有约束力的承诺,而且即使东道国做出了承诺,投资者也不能确信东道国的法院或仲裁庭会做出或执行对东道国不利的裁决。

二 全球化和自由主义为国际投资扩张提供理论支持

20世纪80年代兴起的新自由主义为跨国公司的海外扩张提供了有力的理论支持,而"华盛顿共识"的形成与推广,则是新自由主义从学术理论嬗变为国际垄断资本主义的经济范式和政治性纲领的主要标志。20世纪80年代以来,为了激发企业经营活力,以美国为首的发达国家大力推行新自由主义,在进一步降低企业税率的同时,放宽或取消了对企业的管制。与此同时,在国际经济中居于主导地位的发达国家,通过对外援助、关税减让、扶植亲近政府等方式作为换取发展中国家接受并采纳新自由主义理论的筹码,积极向发展中国家推行"华盛顿共识",倡导自由化、私有化和市场化改革。新自由主义理论的提出,以及"华盛顿共识"在全世界的推行,为跨国公司全球快速扩张创造了十分有利的条件。

战后美国的全球霸权为跨国公司对外直接投资提供了良好的政治和安全环境。在全球层面上,关贸总协定及在此基础上发展起来的世界贸易组织(WTO),以及布雷顿森林体系为企业跨国经营提供了相对友好的政治经济环境。在海外投资利益保护方面,北大西洋公约组织、美日和美韩军事同盟关系以及在其他国家和地区的驻军,为美国公司的跨国经营活动提供了稳定和安全的政治环境,这种军事优势和政治影响力为美国公司进入第三世界,尤其是中东能源地区创造了条件。在文化和意识形态方面,美国所倡导的价值观外交以及自由贸易、自由竞争、市场资本主义等理念为跨国公司的国外市场进入清除了意识形态障碍。在国内政策方面,美国政府推行的税收优惠、信贷支持和投资保险等政策也促进了本国公司的海外扩张(余万里,2003;罗伯特·吉尔平,1975)。

三 国际投资协议成为普遍采用的跨国投资保护手段

无论是母国的外交保护,还是东道国的国内投资立法,都过多地考虑了本国的利益,而对他国利益没有给予充分的重视。这促使国际投资的母国和东道国进行协调和谈判,以就国际投资问题进行合理的规制。规制通常是指依据一定的规则对构成特定社会的个人和构成特定经济的经济主体活动进行限制的行为。对国际投资相关方规制的依据主要是国际投资规则。国际投资规则是通过国际谈判和政策协调而逐渐形成的对国际投资加以规范的基本原则,这些原则主要体现在双边投资协议、区域投资协议和多边投资协议的相关条款中。国际投资协议是在一系列国际投资规则基础上,国家之间达成的规范和协调国际投资行为的意思表示。国际投资协议主要阐明了国际投资中各方的权利和义务、投资争端解决以及例外条款等相关内容,目的是促进投资自由化、加强投资保护、有效解决投资纠纷,以此促进国际投资的发展。

与其他国际经济规则一样,国际投资规则具有双重作用。一方面,国际投资规则作为一种公共产品,它降低了国际投资的交易成本,优化了全球资源配置,提高了全球福利水平;另一方面,作为一种制度,它也表现出了非中性,即同一国际投资规则可能会对不同国家利益产生不同的影响。国际投资的主要利益相关者有母国、东道国和跨国公司,但国际投资规则是国家之间就国际投资安排所达成的协议,其制定者主要是主权国家,因此国际投资规则所要求的利益平衡主要是母国与东道国之间的利益平衡。同时,国际投资规则的制定过程又是参与国之间利益博弈的过程,每个国家都不应把自己的意志完全强加给别人,应当照顾到各参与方的利益。为了得到稳定的博弈均衡,博弈的结果应当是,各方遵守规则比不遵守规则的收益更大,遵从这一投资规则比遵从另一投资规则的收益更大。正是这种非零和博弈促使国际投资规则经历了从无到有、从简单到复杂的过程(李国学,2008)。

参考文献:

关雪凌、张猛:《发达国家跨国公司是如何为国家利益服务的——跨国公司的政治经济学》,《政治经济学评论》2014年第3期。

李国学:《WTO能够制定全球统一的国际投资协议吗?》,《国际经济评论》2008年第5期。

李国学、毛艳华:《跨境制度匹配与产业结构升级——发展中国家对外直接投资的一个理论解释》,《中央财经大学学报》2015年第6期。

李国学:《对外直接投资促进国家创新能力提升的机制与途径》,《国际经济合作》2017年第4期。

綦建红:《国际投资学教程》(第四版),清华大学出版社2016年版。

余万里:《跨国公司的国际政治经济学》,《国际经济评论》2003年第3期。

Dunning, J. H. and Lundan, S. M., *Multinational Enterprises and the Global Economy*, Edward Elgar Publishing, 2008.

Gilpin, R., *US Power and the Multinational Corporation: the Political Economy of Foreign Direct Investment*, New York: Basic Books, 1975.

Jeffrey Frieden and Lisa L. Martin, "International Political Economy: The State of the Sub-Discipline", in IraKatznelso and Helen Milner eds., *Political Science: The State of the Discipline*, 2002.

Kojima, K., *Direct Foreign Investment*, London: Croom Helm, 1978.

Porter, M. E., "The Competitive Advantage of Notions", *Harvard Business Review*, Vol. 68, No. 2, 1990, pp. 73 – 93.

Vernon, Raymond, "International Investment and International Trade in the Product Cycle", *Quarterly Journal of Economics*, Vol. 80, No. 2, 1966, pp. 190 – 207.

第二章 海外利益保护的研究综述[*]

关于中国境外资产利益保护的研究，国内部分学者一直比较关注。但由于海外投资所处的国际环境复杂，实际运作所受的制约因素较多，故对此领域的研究还处于起步阶段。中国的境外资产利益主要面临着政治、经济、政策、社会、自然灾害、运营六类风险。在这六类风险中，尤其以东道国政治动荡、东道国的安全审查、东道国工会活动、东道国金融不稳定与债务违约、中国企业不熟悉社会责任等对中国海外经济利益威胁最大。为了应对这些风险，中国政府已经采取了一些措施，但总体上中国保护海外经济利益仍然处于起步阶段，面临着诸多挑战（李众敏，2013）。有学者研究认为，我国海外经济利益目前面临着利益所在国政局动荡、贸易保护主义、海外投资风险上升以及海上运输通道安全受困等多重风险。"二战"后欧美国家通过制定海外经济利益维护战略、国内立法和机构建设、对国际机制和军事力量的动员以及对非政府力量的发动，逐渐构建起完备的海外利益维护机制，为海外经济利益的发展与安全提供了有效保障。中国应借鉴西方国家维护海外经济利益的历史经验，从战略框架搭建、国内立法与政府机构设置、国际机制改革与创建、海外军事力量投射与运用、民间力量培育等层面着力，构建海外利益维护机制以提升维护海外经济利益的合法性与有效性（王发龙，2015）。此外，我国的海外投资还面临经营严重亏损、国有资产流失、内部管理不善、缺乏投资保障机制等问题，中国有必要转变风险防范和管控思路，确立风险转移分担和补偿机制，从制度层面构建风险管控体系，从而稳步推进"走出去"构建我国海外资产安全防控与监管体系

---

[*] 执笔人：韩冰。

的思考战略（孙南申，2011）。

第一节　海外利益保护的国内因素

一　海外投资利益保护与国内法律制度框架

对中国境外资产监管法规的发展历史进行考察后，可以发现我国在 2008 年前后才开始正式建立境外资产监管法规体系。2008 年之前，国资委开始在央企推行"三重一大"制度试点，并于 2010 年将这一制度推广至所有国企，使境外投资成为需要集体决策的事项之一。此外，国资委还于 2008 年发布了《中央企业资产损失责任追究暂行办法》，规定对于导致中央企业资产损失的各种违法违规行为追究相关人员的责任。国资委 2011 年 6 月颁布的《中央企业境外国有产权管理暂行办法》和《中央企业境外国有资产监督管理暂行办法》对此前的相关规定进行了汇总，并建立了紧急事件"实时报告"制度，为央企海外投资风险应急机制奠定了良好基础（李众敏，2011）。目前央企境外资产监管相关法规是相对完善健全的，为海外资产安全保护提供了一个良好的监管框架，是解决央企境外投资风险问题的第一步。但是，仅仅有目前的法律框架是不够的，在现行法律框架的基础上，应从以下几个方面进一步完善海外资产安全保护机制：一是要建立境内外分表报表的信息披露机制；二是要建立央企管理层的市场化甄选机制；三是要建立有外部参与的决策和风险控制体系；四是要建立国际监管的协调机制（李众敏，2011）。还有学者认为，虽然《中央企业境外国有资产监督管理暂行办法》和《中央企业境外国有产权管理暂行办法》明确了央企作为其境外国有资产管理责任主体的地位，并规定央企负责人必须对其海外直接投资过程中的各种行为和结果负责，但鉴于目前我国企业海外投资的迅猛发展和相应的风险累积，我国应制定《海外投资法》，对国有资产的海外投资进行进一步规范，力争把海外投资的各种风险降低到最低程度（同生辉，2011）。

中国境外国有资产监管主要涉及对外直接投资和国有资产相关两个领域的法律法规，但两个领域的相关法律法规都缺乏针对性和实用性。境外国有资产管理的相关法规，包括国家国有资产管理局于 1992 年和

1996 年颁布的《境外国有资产产权登记管理暂行办法》和《境外国有资产产权登记管理暂行办法实施细则》以及财政部 1999 年颁布的《境外国有资产管理暂行办法》都严重滞后，2002 年由原外经贸部颁布的《境外投资联合年检暂行办法》和《境外投资综合绩效评价办法（试行）》也存在类似问题。此外，现存境外资产监管法规条例涉及境外国有资产监管的内容太少、缺乏具体的实施细则，也并未对各个政府部门在境外国有资产监管上的职责范围进行界定。完善境外国有资产法律监管框架应从四个方面着手：一是出台高层次法规加强统一指导；二是更新陈旧法规体系；三是强化境外国有资产监管的细节指导；四是建立国有企业境外资产信息披露制度（周煊等，2012）。

二 海外投资利益保护与公司治理

企业内部公司治理水平不高也是境外国有资产监管失效的主要原因。治理水平不高体现在两个层面，一是境内母公司层面；二是境外子公司层面。母公司治理结构是否科学在很大程度上决定了境外投资决策机制的合理性和决策内容的科学性。我国完善国企董事会的工作尚处于起步阶段，董事会制度建设的缓慢进度决定了短期内很难改变国有企业治理水平较低的现状。此外，缺乏系统科学的业绩考核制度也是国有企业境外子公司监管失效的重要原因。我国目前并没有专门针对国有企业境外资产的考核指标，境外资产仅被视作总体资产的组成部分，应该考虑赋予境外资产运营效率更大的考核权重。优化企业内部制度监管应从三方面着手：一是提高国有企业境内母公司治理水平，不但要着力改善董事会成员多元化程度，还应更多地引入有国际化背景的成员；二是要建立符合国有企业国情的独立董事制度；三是要通过监事会整合国有企业多元化监督系统；四是要推行境外"三重一大"决策机制（周煊，2012）。有学者认为，国有企业境外资产的监管能力本质上是境外子公司的内部控制能力问题。控制环境要素方面，应提升国有企业公司治理水平并完善境外高管的选聘、培训和激励机制；风险评估要素方面，应构建清晰的跨国经营战略控制风险，并构建多元化董事会结构提升风险识别和评估能力；控制活动要素方面，应强调业务控制与财务控制并重，构建境外高管的权力制衡机制；信息与沟通要素方面应利用计算机网络技术实现全方位监控，实现境内外信息传递的及时性、准确性与完整性；监督要素方面，应通过内部审计强化内控制度执行，通过外部审计实现内控制度评价及优化，通过政府审计强化境外国有资产管理（周煊，2012）。

三 境外资产安全应急处理机制

建立国有企业境外资产风险应急系统，对于有效保护境外资产安全至为重要。有学者认为应将构建企业境外资产风险应急系统重点放在三个方面：一是做到应急组织结构健全职责明确。设立包括风险管理委员会，必要时可选派企业领导内外部专家组成应急指挥小组；二是建立完善的应急预案并严格执行，具体来说可从综合应急和专项应急两方面建立预案，其中综合应急是从总体的角度对企业可能发生的风险事件规定机构职责、制定解决措施、明确基本程序，专项应急是对某类型风险、突发风险事件制定解决措施和程序；三是通过教育培训等手段增强应急意识，提高各级人员应对突发事件能力，并通过应急预案演练不断完善预案和改进措施（徐德健，2014）。还有学者认为建立好海外资产应急处理机制。第一，应当制定好应急预案。当面对危机时，要制定好危险等级确定、固定资产存储、流动资金保存、通信联络、员工撤退、企业财产证据保存等相关问题的预案。第二，在现有国际体系下，军事手段的运用受到诸多条件制约，但是民间安保企业却不在限制范围之内，应让民间安保在企业和项目的保护上发挥重要作用（何海，2013）。

第二节 海外利益保护的重要方式

一 国际投资协定

在"二战"前，国际投资的唯一外在保护是习惯国际法，它规定东道国有义务按照一套设定的国际标准对待跨国投资（Vandevelde，2009）。但这种保护被证明是不充分的，因为这套国际标准具有不确定性，而且往往会引起争议，并且一些发展中国家在对待跨国投资时也达不到国际标准的要求（UNCTAD，2004）。20世纪40年代以来，要求制定国际法律规则保护国际投资不受东道国征收和其他形式的干预的呼声日渐强烈。随着第二次世界大战后国际直接投资的迅猛发展，有关国际投资的国际法律制度日趋成熟并形成独立的法律体系。这一体系内容主要包括双边投资协定、区域性及全球性多边投资协定等国际条约和联合国大会的规范性决议以及国际惯例。

在过去的半个世纪中，双边投资协定得到迅猛发展，成为国际上最重要的投资保护工具之一。双边投资条约是资本输出国与资本输入国之间签订的以保护和促进国际投资与维护健康的投资环境为目的的专门性投资条约。它是能够建立一种保护相互投资的具体的法律机制的特别法（a lex specialis），特别是在这种投资保护方面的法律规则尚处于不确定的状态时，这种机制是重要的（刘笋，2001）。BITs 一般通过较宽泛的投资定义、给予缔约对方投资者国民待遇、最惠国待遇和公正与公平待遇、征收或国有化的条件和补偿标准、外汇转移、解决投资争端的程序等规定为外国投资者对其在东道国的投资提供法律保护。

在国际实践中，双边投资条约可以分为两大类型：一是友好通商航海条约，二是双边投资保护协定（姚梅镇，2011；余劲松，2007；梁咏，2012）。友好通商航海条约因涉及范围广、缺乏保护国际投资的程序性规定等固有的局限性，难以有效保护海外投资而淡出历史舞台。自20世纪50年代末开始，德国、瑞士等国开始与资本输入国签订促进与保护投资的专门性双边协定。1959 年，联邦德国与巴基斯坦和多米尼加共和国签订了最早的两项现代意义上的双边投资保护协定。

BITs 的最新发展动向与特征：第一，BITs 增速明显放缓。截至2016 年年底全球已缔结 2969 项 BITs，双边投资保护协定网格继续扩大。虽然 BITs 数量继续增加，但是近年来 BITs 增速明显放缓。有学者对 2001 年以来新增 BITs 数量持续递减的原因进行分析认为，最近以来对于双边投资协定可能会涉及的潜在的法律责任的广泛了解，使得对于 BITs 的采用趋向理性（Jandhyala 等，2011）。还有学者认为，在双边投资协定实践中，存在发达国家与发展中国家之间在谈判地位与能力、谈判目标与效果、权力与利益等方面的不平等或不平衡现象，国际社会特别是发展中国家应积极探索双边投资条约实践的革新路径（曾华群，2010）。第二，强化对投资和投资者的保护同时，注重平衡东道国的国家利益与投资者的个人利益。有学者对近年各国重新缔结的 BITs 研究分析指出，在投资者保护政策方面，公正与公平待遇已被大大缩小，允许东道国为了保持其金融体制的健全与完整性适用其法律申请延迟转移投资收益的规定也逐渐普遍。此外，强调一项投资必须遵守东道国的法律已成为更普遍的规定（Kehoe 等，2012）。还有的国际投资协定专门增加新条款以重新平衡国家和企业之间的权利和义务及确保国际投资协定和其他公共政策之间的一致性。有学者从国际法的人本化要求的视角分析认为，强化投资者的社会责任，给予东道国政府及其国民直接依据国际法追究跨国公司社会责任的权利和机会，将是未来国际投资法革新的重要内容（刘笋，2011）。第三，双边投资保护协定（BITs）是各国保护企业海外投资利益的重要工具，也是中国构建海外投资利益保护机制的核心与关键内容。当前中国与"一带一路"相关国家之间的 BITs 多是 20 世纪八九十年代签订的，这一时期中国主要从投资东道国立场出发，缔结的 BITs 内容较为保守与谨慎，对投资者提供的投资保护程度相对较低。中国当前亟须与相关的"一带一路"国家启动 BITs 的"升级"谈判，并在对中国与"一带一路"国家双向投资的实际情况及潜在趋势进行定量和定性评估基础上缔结"平衡范式"的 BITs（韩冰，2017）。

从多边投资立法的发展来看，虽然 20 世纪 90 年代 OECD 主导 MAI 谈判失败，其后发达国家寻求在 WTO 体制下启动 MAI 谈判也没有实质进展，但国际社会追求统一的、综合性并具约束力的多边投资协定的脚步并没有停滞不前，联合国贸发会、WTO 与经合组织仍在就多边投资立法持续地进行研讨。这无疑可以为未来在合适的时机下重启多边投资谈判积累经验。对于未来可能重启的多边投资协定谈判，中外学者也从不同视角出发给予了展望与设计，而其中易引起争论的问题之一即是多边投资协定制定的场所问题，目前已提出的四个场所包括联合国贸发会、世界银行、WTO 和 OECD。

在中国提出"走出去"战略之前，中国学者对国际投资协定的研究多从资本输入国的视角开展，强调保护东道国对外资的管辖权（刘笋，2001）。随着中国对外投资规模迅速增长，越来越多的中国企业走向海外开展直接投资，中国企业在海外遭受到了东道国的政变、动乱、征收、外汇管制等政治风险（如2011年以来北非中东地区的政治动荡与社会危机），除此外还遭遇了其他国家企业所没有的"非传统政治风险"，如中海油对美国尤尼科石油公司收购失败的典型例子。因此，当前一些学者认为，中国同时作为重要的资本输入国和输出国的独特地位使得中国在双边投资协定的谈判中需要兼顾不同方面的利益，并且从规避海外直接投资可能遭遇的各种风险，保障中国企业海外直接投资安全的视角，开始对双边投资保护协定展开全面、深入的研究。例如有学者从促进中国企业开拓海外投资市场、大力发展海外能源投资的视角，对中外BITs进行了全面深入的研究，并系统分析了我国如何建立和完善海外能源投资法律保障制度（梁咏，2012）。还有学者在厘清中国海外资源能源投资所面临的政治风险和主要法律障碍的基础上对改善我国海外投资法律保护的方法和途径进行了探讨（单文华，2012）。刘俊海（2012）的《中国企业赴美并购的法律风险及其防范对策》则对中国企业在赴美并购过程中存在的各种各样的法律风险给予了分析，并提出中国国有企业赴美并购时应高度重视美国的国家安全审查机制，清晰地突出国有企业的商事主体性质，要熟悉美国的公司并购规则与治理规则等对策。

二 国际投资仲裁

20世纪50年代，由于缺乏能够为发达国家和发展中国家共同接受的解决国际投资争端的方式和原则，国际直接投资遭遇了极大的障碍。为了解决上述问题，在世界银行的倡导下，1965年3月在华盛顿订立了《解决国家与他国国民之间投资争端公约》。该公约是目前国际上仅有的解决外国投资者与投资所在国之间投资争议的国际公约。

根据公约建立的解决投资争端国际中心（ICSID），总部设在华盛顿，专门负责解决东道国和外国投资者之间的投资争端，其宗旨就是提供调解和仲裁的便利。根据2014年《世界投资报告》统计，自ICSID设立以来，截至2013年年底，已知的基于条约的投资争端案件已达568件，仅2013年已知的投资者—东道国争端解决案例就至少增加了56件。

近年来，ICSID由于在解决投资争端中，存在裁决相互冲突、为扩大自己的权力而扩大管辖权、裁决偏向投资者的经济利益而不顾东道国的社会利益等缺陷，从而备受批评，要求其改革的呼声四起。为此，多民族的玻利维亚、厄瓜多尔、委内瑞拉等国家宣布要退出公约，还有国家已对国际投资协定做出部分改动。虽然 ICSID 在解决投资争端中存在相互矛盾的缺陷，但当前以投资者与东道国争议裁决为主体的国际投资判例法已然成型，并且这些裁决对各国的影响越来越大，而这些裁决展示了当代国际投资法的问题所在和发展趋势（王贵国，2011）。还有学者对一些发展中国家为了减少在仲裁庭面临的国际索赔的法律风险、实施旨在退出这一机制的策略的进行了利弊分析，认为发展中国家通过重新谈判寻求减少国际投资仲裁可能产生的负面影响是更好的方式，并得出结论认为，矛盾的是，国家寻求退出 BIT 体制的最合理的方式似乎是留在里面（Lavopa 等，2013）。还有学者建议可以通过鼓励投资者在投资争端出现后用尽东道国行政或司法救济的方法，寻求投资者保护与国家主权间的平衡，促进投资条约仲裁的长远发展（Foster，2010）。

三 海外投资保险

为减少投资者在发展中国家投资非商业性风险的顾虑，鼓励外国投资流向发展中国家以加强国际合作并推动经济发展，1985 年 10 月 11 日在世界银行汉城（首尔）年会上终于通过了《多边投资担保机构公约》（亦称《汉城公约》），并于 1988 年 4 月 12 日正式生效。中国政府于 1988 年 4 月 28 日和 4 月 30 日分别签署和核准了《汉城公约》，成为该公约的创始会员国之一。截至 2012 年 5 月，《汉城公约》的缔约方已达 177 个。

依据《汉城公约》成立了多边投资担保机构（Multilateral Investment Guarantee Agency，以下简称 MIGA）。该组织是世界上唯一一个专门应对政治风险的国际经济组织，主要目的是促进对发展中国家的外国直接投资，以支持经济增长、减少贫困以及改善人们的生活。根据 2012 年 MIGA 的年度报告，在 2012 财年，MIGA 签发了 27 亿美元新的担保，较上年增加 27%。MIGA 支持了 52 个项目，超过 2011 财年支持的 38 个项目。总承保金额达到 103 亿美元的历史最高水平，较 2009 至

2011 财年的历史平均水平上升 29%，较 2011 财年上升 13%。2012 财年中所支持项目的 58% 至少涉及 MIGA 四个战略优先领域之一：支持对最贫困国家的投资，对受冲突影响国家的投资，复杂的转型项目，南南投资。新项目中几乎一半是支持最贫困的国家。由此可见，MIGA 基本践行了其设立的宗旨。

MIGA 主要承保的险别包括货币汇兑险、征收及类似措施险、违约险、战争和内乱险四种险别。此外，应投资者和东道国的联合申请，董事会经特别多数票通过，MIGA 的承保范围可以扩大到上述风险以外的其他特定的非商业性风险。

MIGA 为国际投资的政治风险提供了安全保障，特别是为那些尚未建立海外投资担保机构的资本输出国（主要是发展中国家）提供了海外投资担保的便利和保障机制。同时对其他投资担保机构的业务起到了"拾遗补缺"的补充作用，有效地弥补了各国和区域性海外投资保险机构的不足（卢进勇等，2007）。

中国是 MIGA 的第六大股东，作为发展中国家，在过去一段时期我国政府多次与该机构开展合作，为外资进入我国相关行业提供担保和其他服务，对于我国吸引外资起到了良好的作用。当前我国的对外投资迅速增加，MIGA 承保的非商业风险对于我国企业的海外投资也可以发挥重要作用，即提供政治风险方面的保障。因此，我国政府与企业应善于运用该机构为政治风险提供安全保障的特殊功能，在向政治风险高的国家投资时考虑向其投保，从而增强海外投资风险的管理与控制能力。与该机构的合作也有利于构建我国海外投资保障的长效保护机制。

第三节 对代表性研究的梳理

李众敏（2012）认为目前我国在境外资产保护方面面临着五大挑战：第一，缺乏海外经济利益保护战略；第二，外交服务于经济利益的功能有待加强；第三，在全球规则制定中的地位有待提高；第四，应对海外风险缺乏部际协调；第五，缺乏相应的立法。具体来说，我国的海外经济利益保护战略应做到确立中国海外经济利益保护对象、确定中国海外经济利益保护的战略目标与重点、丰富中国海外经济利益保护的手段的短期目标。而在中国海外经济利益保护战略之下，应形成具体的海外经济利益保护机制：一是要健全海外经济利益保护的机制与机构，积极参与全球规则制定，同时加强国内机构和机制的建设；二是要加强相关立法和政策调整；三是要培育大型跨国公司。

施宏（2011）为构建海外资产防控及监管体系提出了五点建议：一是转换投资主体，如以港澳公司和海外侨胞公司的名义出现，同时积极物色可信可靠的国际知名顾问公司作指导，以此来规避西方对我国"走出去"的挑衅和忌恨；二是谨慎选择投资国和投资项目，规避海外投资的风险，使海外资产的运作真正体现我国战略决策的需要；三是完善风险评估机制，建立预警平台，组建常态性的专家机构为"走出去"的企业提供咨询服务，同时政府应建立问责制，健全和完善海外资产的监管体制和法规，形成规避风险的完整体系；四是加速海外资产管理人才的建设，以构建境外资产安全保护机制对高素质人才的需要；五是开展积极外交，为化解矛盾、增进了解、开展合作、实现互利创造条件，切实为维护海外资产安全服务。

宋莹莹（2012）对美国的海外经济利益保护机制进行了考察，认为美国的海外经济利益保护机制是由战略、政策和相关法律共同构成的，战略决策层高度重视保护海外经济利益，相关司法制度完善；其次，对突发事件的处置充分显示了美国海外经济利益保护机制的高效执行力，在海外经济利益受到损害或威胁时，美国保护海外资产的方式是十分多样化的，不但包括外交、情报部门的统一部署，必要时也会采取武力干预、国际制裁等保护海外经济利益的一系列行动，此外还非常注重发挥民间力量；最后，跨国公司的利润收入在美国海外经济收益中占比很高，跨国公司与美国政府之间的默契配合使其成为美国海外经济利益的重要载体。海外经济利益保护机制在服务于以跨国公司为代表的海外经济利益载体的同时，也将收益反馈于政府。

为保护中国赴美投资的资产利益，中国正与美国进行双边投资协定谈判。随着 2008 年中美 BIT 谈判的启动，中美 BIT 谈判成为了近年学界研究的热点问题之一。田丰（2010）对按照美国 BIT 范本达成中美双边投资协定，会对中国经济带来的影响进行了评估。2012 年，美国又推出了新的 BIT 范本。韩冰（2013）采用法学理论与规则分析方法，对美国于 2012 年 4 月 20 日公布的最新版本的 BIT 范本的新变化予以了详细研究,指出该范本反映了美国政府继续探索介于卡尔沃主义与新自由主义这两种制度间的国际投资法的"第三条道路"的发展范式,也反映了美国对外投资政策近来力推竞争中立政策与寻求可持续发展的新动向,而这对于中国走出去的企业将带来一定的影响与挑战,因此中国政府需要在中美双边投资协定谈判中予以高度重视。姚枝仲(2013)认为中美 BIT 的实质性谈判是中美两国重设双边国际投资规则的过程。这是一场美国发起的规则重构活动,中国在有限满足美国核心利益诉求的过程中,能够利用 BIT 为中国长期发展服务,但也需要特别小心由此带来的隐患,尤其是 BIT 可能带来的国内政策国际化和资本账户过度过快自由化。

在国际投资仲裁方面,由于国际投资仲裁庭对国际投资协定核心规则的"扩张解释",促使一些发展中国家为了减少在仲裁庭面临的国际索赔的法律风险,实施旨在退出这一机制的策略。Lavopa 与 Barreiros 等(2013)在评估了发展中国家的"退出战略"的利弊之后,认为发展中国家通过重新谈判寻求减少国际投资仲裁可能产生的负面影响是更好的方式,并得出结论认为,矛盾的是,国家寻求退出双边投资协定(BIT)体制的最合理的方式似乎是留在里面。

参考文献:

李众敏:《中国海外经济利益保护战略刍论》,《世界经济与政治》2012 年第 8 期。

梁咏:《双边投资条约与中国能源投资安全》,复旦大学出版社 2012 年版。

刘俊海:《中国企业赴美并购的法律风险及其防范对策》,《法学论坛》2012 年第 2 期。

刘笋:《浅析 BIT 作用的有限性及对 BIT 促成习惯国际法规则论的反对论》,《法制与社会发展》2001 年第 5 期。

卢进勇、余劲松、齐春生主编:《国际投资条约与协定新论》,人民出版社 2007 年版。

韩冰:《美国对外投资政策法律新进展——基于 2012 年美国双边投资协定范本的分析》,《国际经济评论》2013 年第 5 期。

韩冰:《BITs 与海外投资利益保护:基于中国与"一带一路"国家 BITs 的分析》,

《国际经济合作》2017 年第 5 期。

何海：《中国海外资产的安全与保障》，《才智》2013 年第 1 期。

单文华：《中国海外资源能源投资法律问题调查报告》，载陈安主编《国际经济法学刊》第 19 卷第 2 期，北京大学出版社 2012 年版。

施宏：《构建我国海外资产安全防控与监管体系的思考》，《国际贸易问题》2011 年第 12 期。

宋莹莹：《简析美国海外经济利益保护机制》，《世界经济与政治》2012 年第 8 期。

孙南申：《中国海外投资的风险防范与安全管理》，《中国经贸》2011 年第 8 期。

孙南申、王稀：《中国对外投资征收风险之法律分析》，《国际商务研究》2015 年第 1 期。

田丰：《中美双边投资协定对中国经济的影响》，《当代亚太》2010 年第 3 期。

同生辉：《建立海外资产安全保障机制》，《中国金融》2011 年第 22 期。

王发龙：《中国海外经济利益维护机制探析》，《学术交流》2015 年第 4 期。

徐德健：《国有企业境外资产风险管控研究》，《工业审计与会计》2014 年第 2 期。

姚梅镇：《国际投资法》（第三版），武汉大学出版社 2011 年版。

姚枝仲：《如何应对中美双边投资协定的实质性谈判》，《国际经济评论》2013 年第 6 期。

余劲松主编：《国际投资法》（第三版），法律出版社 2007 年版。

曾华群：《论双边投资条约实践的"失衡与革新"》，《江西社会科学》2010 年第 6 期。

周煊：《中国国有企业境外资产监管问题研究——基于内部控制整体框架的视角》，《中国工业经济》2012 年第 1 期。

周煊、汪洋、王分棉：《中国境外国有资产流失风险及防范策略》，《财贸经济》2012 年第 5 期。

Jandhyala, S., Henisz W. J., Mansfield E. D., "Three Waves of BITs: The Global Diffusion of Foreign Investment Policy", *Journal of Conflict Resolution*, Vol. 55, No. 6, 2011, pp. 1047 – 1073.

Kehoe, E. G. and Maslo, P. B., "Trends in International Investment Agreements, 2009/2010: Recent Steps in the Evolution of Bilateral Investment Treaties and the UNCITRAL Arbitration Rules", in Karl P. Sauvant ed., *Yearbook on International Investment Law & Policy 2010 – 2011*, Oxford University Press, 2012.

Lavopa, F. M., Barreiros, L. E., Bruno, M. V., "How to Kill A Bit and Not Die Trying: Legal and Political Challenges of Denouncing or Renegotiating Bilateral Investment Treaties", *Journal of International Economic Law*, Vol. 16, No. 4, 2013, pp. 869 – 891.

Vandevelde, K. J., "A Brief History of International Investment Agreements", in Karl P. Sauvant and Lisa E. Sachs eds., *The Effect of Treaties on Foreign Direct Investment: Bilateral Investment Treaties, Double Taxation Treaties, and Investment Flows*, Oxford University Press, 2009, pp. 3 – 36.

第三章 主权信用风险评估：
一个文献综述*

第一节 引言

  债务是经济活动正常和经常的产物。经济中的不同主体，如家庭、企业和政府，都需要做支出、消费和投资的决策。当支出的额度大于收入时，他们必须借入金融资源去弥补这一财务赤字，从而债务便出现了。当政府的支出超过收入时，也需要融资弥补赤字。与其他经济主体一样，政府借债也需要债权人相信债务可以连本带息地偿还，使债权人相信债务人会有效地借钱和还钱就是维持可持续的债务。当政府向国内外融资时，不可避免地产生债务可持续性的问题，中央政府借贷产生的问题便是主权债务可持续性问题。主权债务可持续性研究关注的核心问题是如何识别脆弱的债务，并对具有违约风险的债务提出预警。不少学者在这方面做了大量工作，他们从不同的角度分析主权债务可持续性，包括债务比率是否发散，政府跨期预算约束是否得到满足，政府债务是否超出了最优债务规模等等。已有研究为我们理解债务可持续性问题提供了重要参考，但也暴露出其债务危机预警能力的严重缺乏。刚刚经历的全球金融危机和欧洲主权债务危机便是一个明显例证。经济学家和主权信用评级机构因未能成功预测而广受批评。因此，对研究主权债务可持续性的文献进行全面梳理和系统概括，提出需要改进和深入研究的问题，是一项重要而紧迫的任务。

  全球金融危机和欧洲主权债务危机凸显了主权债务可持续性研究的

---

* 执笔人：戎梅、王永中。

现实意义。当前，主权债务危机的阴影仍然笼罩着欧元区经济体，虽然其曾为避免财政危机而专门设定了财政赤字上限和公共债务规模上限。美国虽避免了主权债务危机的发生，但是国会数次提高国家债务上限，政府数度"停摆"使这个世界头号强国一度陷入尴尬境地。拥有超过GDP两倍的政府债务的日本能否做到"大而不倒"，国际社会拭目以待。同样，中国也未能置身事外。虽然中国中央政府的财政状况依然良好，但地方政府债务问题已逐步浮出水面。据统计，2013年年底，中国地方政府的债务总额达17.9万亿元，约占当年GDP的30%。中国一些地方政府的债务风险突出，其债务占GDP的比例高达100%，债务负担沉重。因此，在当前的国内外环境下，对主权债务可持续性议题进行研究，具有双重实践意义：一是分析判断发达国家主权债务可持续性的发展现状及未来演变趋势，为中国适时动态调整海外资产特别是外汇储备资产的配置提供理论依据；二是预警中国主权债务可持续性的潜在风险，为中国经济社会稳定发展保驾护航。

本章随后的结构安排如下：首先，探讨主权债务可持续性的理论性定义和操作性定义；其次，分别从封闭经济和开放经济的角度，深入分析主权债务可持续性的理论评估方法，如债务比率法、现值预算约束法和债务阈值法等；再次，阐述主权债务可持续性的经验检验方法，如变量平稳性检验、协整检验等；最后，总结本章，提出未来研究需重视或改进的领域。

第二节 主权债务可持续性的内涵

关于债务可持续性的内涵界定，目前学术界仍未能给出一个较清晰的答案，也缺乏一个广受认可的衡量债务可持续性的指标，导致债务可持续性的评估备受挑战。一般而言，对债务可持续性这一问题的考察包括对外债务和公共债务两方面内容，外债通常与经常账户余额的变化相联系，而公共债务通常与政府的基本预算余额状况的变化相联系（Wyplosz, 2007）。

在主权债务可持续性基本内涵的界定方面，有多种竞争性的定义。国际货币基金组织（IMF）、欧洲中央银行（ECB）和一些学者给出了主权债务可持续的定义（见表3-1）。归纳起来，可以分为理论性定义和操作性定义两类：

一　理论性定义

关于主权债务可持续性的理论性定义主要来自 IMF（2002）和 ECB（2012）。IMF（2002）基于预算约束的角度给出债务可持续的条件：在给定融资成本，且没有出现重大调整（major correction）的情况下，如果债务满足可清偿性（solvency）条件，则其是可持续的。其中，债务可清偿性是指未来的基本账户盈余应足够大，以至于能够偿还债务的本金和利息。更为技术性的表述是，债务可清偿性要求当前债务与未来所有支出的现值之和，不大于未来所有收入之和的现值，或等价地说，当前债务不应超过未来收入减去非利息支出后的现值。

IMF（2002）的可持续定义包含了偿付能力和流动性两方面内容。偿付能力通常被作为可持续性的代名词，定义为"当前和未来支出的贴现值不大于当前和未来收入扣除早期债务的贴现值"。政府的偿付能力可以用数学不等式表示为

$$\sum_{i=0}^{\infty}\frac{E_{t+i}}{\prod_{j=1}^{i}(1+r_{t+j})} \leq \sum_{i=0}^{\infty}\frac{Y_{t+i}}{\prod_{j=1}^{i}(1+r_{t+j})} - (1+r_t)D_{t-1}$$

其中，$\sum E_{t+i}$ 代表未来主要支出的总和，$\sum Y_{t+i}$ 代表当前和未来收入的总和，D_{t-1} 是初始债务存量，$\prod(1+r_{t+j})$ 是支出和收入贴现率的乘积。

关于流动性，无论一个国家是否满足偿付条件，如果它的流动性资产和可能获得的融资不足以应付或者周转到期债务，则该国出现流动性不足。

显然，IMF 的债务可持续性定义的要求比债务可清偿性的更为严格。这主要体现在 IMF 定义的两个限定条件：一是消除基本账户余额的"重大调整"。"重大调整"可能是指支出大幅缩减或收入大幅增加。从而，这一定义包含了流动性约束问题，国内外融资渠道枯竭，需要进行严格的调整。二是融资成本（financing cost）给定。融资成本通常随时

间变化而变化，是不可预测的。融资成本在债务危机时会上升，从而产生恶性循环。需要指出的是，"重大"是一种主观判断，这意味着 IMF 的定义具有一定的模糊性。

与 IMF（2002）类似，ECB（2012）也是基于偿付能力给出政府债务可持续性的定义：政府积累的债务在任何时候均可被及时清偿，政府具有偿付能力和流动性。偿付能力是一个中长期的概念，要求政府满足其现值预算约束，保证政府未来基本财政盈余至少与政府债务存量一样大。流动性是一个短期概念，指一国政府进入资本市场筹集资金，确保偿还即将到期的短期债务的能力。

表 3-1　　　　　　　债务可持续性的理论性和操作性定义

定义类型	定义内容
债务可偿还性（serviceability）	可清偿性（solvency）且不存在非流动性。当债务在某一特定时点不能还本付息时，非流动性便出现了。
债务可持续评估（DSA）	$d_t \leq \bar{d}$，其中，$\bar{d}$ 为债务阈值。
IMF（2002）	可清偿性且不需做出大的调整。
ECB（2012）	政府债务在任何时候均可被及时清偿，政府具有偿付能力和流动性。
可清偿性	在长期中，d_t 的现值将变得接近于零，即 $\lim_{t \to \infty} d_t/(1+r)^t = 0$，其中，$r$ 为实际利率。一个等价的定义是，基本账户余额的现值大于等于 d_t。
Arrow（2004）	净财富，即基本账户余额的现值减去 d_t 的差，不随时间的变化而下降。
债务稳态性	d_t 不会无限制增长，或者 d_t 弱（weakly）下降。

注：d_t 为 t 时的债务占 GDP 的比率。本表所列的债务可持续性的各种定义是按条件的严格程度由弱到强的顺序依次排列。

Arrow（2004）将债务可持续性定义为一个实体（政府或国家）的净财富，即收益的现值与当前债务的差额，处于不再下降或弱增长的状态。与 IMF（2002）和 ECB（2012）的定义相比，Arrow 的定义有两点不同：第一，它不要求可清偿性。可清偿性的条件是净财富非负。Arrow 的主权可持续的定义并不排除初期的净财富为负，只要净财富维持增长，并最终变为非负数，便可满足可清偿性的条件。第二，它没有为债务水平设置具体的门槛。债务门槛是一个操作性强的概念。如果门槛是保守设定的，这一概念就比较严格（demanding），但如果债务门槛的设定水平不具约束性，这一定义将失之于空泛。IMF 的定义严重依赖于可清偿性和没有具体限制的"重大调整"，需要获取关于未来债务变化的大量信息，可操作性差。如果忽略基本账户余额（primary balance）现值的不可观测性，并要求债务占 GDP 比率处于稳态路径（stationary），Arrow 的概念便具有较强的可操作性。由于在实践中难以对稳态进行评估，这一定义通常要求债务占 GDP 比率处于一个下降的趋势。不过，这并没有消除政府债务偶然性、暂时性的增加。

二 操作性定义

在实际操作中，学者们在分析债务可持续性时经常关注债务比率的变化。Akyüz（2007）、李平和刘作明（2004）认为，相对于国民收入而言，公共债务不能一直增长，因为这将要求政府不断增加税收并减少商品与服务支出；当政府债务的实际利率超过 GDP 的实际增长率时（增长调整后的实际利率为正），债务比率将上涨，除非政府有足够的基本财政预算盈余（包括铸币税在内的政府收入与不包括利息支出在内的主要支出之间的差额）。

主权债务可持续性的典型操作性定义来自于债务比率阈值。例如，欧洲的《马斯特里赫特条约》（1991）和《稳定与增长公约》（1997）将一国的财政赤字率和债务比率限定在一定的数值之内，超过限定值的债务比率将被认为是不可持续的。债务阈值的方法在欧洲现已被普遍使用，尽管有些武断。

第三节 主权债务可持续性的理论评估方法

主权债务可持续性的理论评估方法有三种：一是债务比率法，在会计恒等式的基础上推导债务比率方程，并探讨决定债务比率高低变化的主要因素；二是现值预算约束（Present value budget constraint，PVBC）法，在债务方程的基础上通过迭代的数学方法推导出债务可持续的动态条件；三是债务阈值法，通过估算政府的最佳债务规模或者债务耐受水平设定主权债务门槛。

一 债务比率

(一) 封闭经济

封闭经济条件下,政府部门只有内债,没有向国外借款或者发行债券。如果税收收入超过了政府当前支出,则政府享有基本盈余;反之则是基本赤字。"基本"指的是税收及政府支出流,包括长期结构性支出(如军事开支或者基础设施)和周期性支出(如失业救济金)(Contessi, 2012)。基本盈余减去债务的利息支出为整体财政余额,若余额为正,被称为整体财政盈余,反之则称为整体财政赤字。

在基本预算赤字的情况下,政府需要为其支出融资,并支付债务利息。可以通过一个简单的等式来描述政府面临的静态预算约束(Chalk and Hemming, 2000; Bohn, 2005; Draksaite, 2011):

$$G_t + i_t D_{t-1} = T_t + (D_t - D_{t-1})$$

等式左边表示政府支出(含债务利息),等式右边表示政府收入(含新增债务)。其中,G_t 是政府支出,T_t 是政府收入,D_t 是债务存量,i_t 为债务利率。对上述等式略加变换后得到:

$$D_t = (1 + i_t)D_{t-1} - PS_t \tag{1}$$

其中,PS_t 是 t 期的基本预算盈余(收入包括铸币税,支出不包括利息支出)。式(1)表明,政府债务存量的变化受两个因素的影响:债务利率、基本财政盈余或赤字。当政府实现基本预算平衡时有 $PS_t = 0$,债务余额的增长速度就等于利率;当政府赤字运行时有 $PS_t < 0$,债务余额的增长速度将超过利率;当政府实现基本盈余则有 $PS_t > 0$,此时债务余额的增长速度将以小于利率。若政府各期实现的财政盈余超过利息支出水平,则其债务存量将会逐渐下降,最终趋于零。

为考虑经济规模和通货膨胀的影响,可用名义 GDP (Y_t) 去除公式(1)的两边,并令 $d_t = D_t/Y_t$、$ps_t = PS_t/Y_t$、i_t 为债务利率、g_t 为经济增长率,从而债务比率(债务存量与 GDP 的比率)可表示为:

$$d_t = \frac{1 + i_t}{1 + g_t}d_{t-1} - ps_t \approx (1 + i_t - g_t)d_{t-1} - ps_t \tag{2}$$

令 $\varphi_t = \frac{1 + i_t}{1 + g_t}$,$\varphi_t$ 被称为"贴现因子",ECB(2011, 2012)称其为

"雪球效应"。债务比率 d_t 的变化主要受两个因素的影响：一是"利率—增长率之差"；二是基本财政盈余或赤字。在给定债务利率、经济增长率和财政盈余比率的条件下，上式仅有两个变量，即 d_t 和 d_{t-1}，二者是线性关系，可在坐标轴中画出 $t-1$ 期与 t 期的债务比率关系。如果贴现因子 φ_t 大于 1，该方程的曲线斜率大于 1，债务—GDP 比率将持续增长，反之则下降。因此，当债务利率大于经济增长率时，债务是发散的，反之债务是收敛的。

关于债务比率的演变轨迹，Goldstein（2003）指出，在其他条件不变的情况下，当年的债务比率越高，经济增长率越低，债务利率水平越高，财政基本盈余越低，则下一年度的债务比率越高。在 Akyüz（2007）看来，只要债务比率不随着时间无限增长，则债务是可持续的。换言之，在政府债务可持续的情况下，债务比率随时间变化是稳定的或者下降的。Draksaite（2011）认为，债务比率的增加是财政系统脆弱的症状，可能表现为收入渠道较少，税收机制较弱，税收赦免频繁，财政支出刚性，以及次中央级政府的财政安排不够灵活。张春霖（2000）、孙海霞和斯图雅琴（2010）对债务比率动态路径的研究也遵循类似的思路。

与大多数文献不同的是，余永定（2000）用解微分方程的方法探讨了债务比率走向。通过求解微分方程，他得出，债务比率（z）受财政赤字率（g）和经济增长率（n）的影响，具体表现为：$z = \dfrac{g}{n} + C_1 e^{-nt}$。该曲线有一条渐近线，给定各变量初始值的条件下可以得出债务比率的极限值或者均衡值。他这一分析方法的特点是将赤字率和经济增速作为债务比率变动的决定性参数，但并未忽略利率的影响。他认为，扩张性的财政政策将提高债务依存度和偿债率，会对利率调整产生压力，进而影响财政稳定性。

（二）开放经济

在开放经济条件下，一国政府可向国外的机构或居民借债，从而，政府赤字融资来源和偿债途径均发生变化。政府发行外债，可以一种或多种外币计价。在以 f 种货币计价的情况下，可以写出类似式（1）的一般性债务方程（Ferrucci and Penalver，2003）：

$$\sum_{0}^{F} D_t^f E_t^f = \sum_{0}^{F} (1 + i_t^f) D_{t-1}^f E_t^f - PS_t \tag{3}$$

其中，E_t^f是货币f的名义双边汇率（本币发行的债务默认汇率为1）。式（3）表明，政府本期新增债务（包括以本币和外币计价）用于弥补本期财政赤字和偿还上期债务产生的利息。特别地，假设发行了以两种货币计价的债券，债务比率演化如下：

$$d_t \equiv d_t^d + d_t^f = \frac{1+i_t}{1+g_t} d_{t-1}^d + \frac{(1+i_t^f)(1+q_t)}{1+g_t} d_{t-1}^f - ps_t \tag{4}$$

其中，债务比率d_t是本币债务与外币债务之和与GDP的比率，本币债务的借贷成本是i_t，外币债务的借贷成本是i_t^f，g_t为实际经济增长率，q_t为实际货币贬值率，ps_t为基本盈余与GDP的比率。式（4）可用于分析一国总体债务比率的衍化路径。显然，以多种货币计价的债务变得更为复杂，债务比率变动不仅受国内利率和经济增长率的影响，还受国际市场利率和汇率变动的影响。

在开放经济条件下，主权债务可持续性的分析方面，Ley（2010）的贡献在于，根据债务比率表达式 $d = \dfrac{D^d + e D^f}{P^d Y^d + e P^f Y^f}$，推导了债务衍化方程，分析了汇率变动对债务比率的影响。如果内债与外债的比率等于非贸易部门产出与贸易部门产出的比率，则债务与产出的构成是相同的，此时汇率变动对整体债务可持续性没有影响；如果内债与外债的比率大于非贸易部门产出与贸易部门产出的比率，汇率变动对债务可持续性有直接影响；在极端情况下，如果贸易部门的产出微不足道，汇率贬值对债务比率的影响最大。

马拴友（2001）建立了包括央行在内的整个公共部门的预算约束式，得出了我国公共部门可持续的赤字水平。财政赤字规模受如下因素决定：经济增速和国债利率的相对大小，出口增长率与国际真实利率和汇率变动之间的比较，通货膨胀和货币发行，现有的内债和外债余额及其增长率。当国内债务占GDP比重、外债占出口比重不再变化时，债务趋于稳定，赤字具有可持续性，财政是稳定的。他提出如下建议：在经济增速大于国内利率时发行内债；在出口增速大于国际利率和货币贬值速度之和时发行外债；发行货币（债务）筹资，即铸币税收入。

二 现值预算约束

(一) 封闭经济

现值预算约束是在债务方程的基础上得到的,需综合考虑所有财政年度政府应满足的预算约束,属于跨期考察方法。Chalk 和 Hemming (2000) 指出,政府必须满足跨期预算约束和每期的静态预算约束。"跨期"的思想是:一旦政府在某期发生财政赤字,未来就必须要实现财政盈余,而且欠债时间越久,未来需要实现的财政盈余规模越高。政府的借贷规模无法直接通过会计恒等式体现出来,而应由"现值预算约束"(Present Value Budget Constraint,PVBC)决定。

现值预算约束法是由 Buiter (1984) 最先提出。现值预算约束要求政府各期支出总和的现值不能超过收入总和的现值,以达到长期财政稳定的效果。这说明一个国家不能通过借新债还旧债的方式来不停地借债,而必须要满足"非蓬齐博弈"(Non-Ponzi)条件 (Greiner et al., 2007)。因此,政府必须满足跨期预算约束和每期的静态预算约束。跨期预算约束可由静态预算约束得出 (Hamilton and Flavin, 1985; Bravo and Silvestre, 2002; Greiner et al., 2007),具体表示如下:

令 $R_{t+1} = 1 + i_{t+1}$,利用式 (1) 向后各期迭代,求解 D_t 可得

$$D_t = R(t, t+T)^{-1} D_{t+T} + R(t, t+j)^{-1} \sum_{j=0}^{T} PS_{t+j}$$

当 $T \to \infty$ 时,债务余额的表达式变成

$$D_t = \sum_{j=0}^{\infty} R(t, t+j)^{-1} PS_{t+j} + \lim_{T \to \infty} R(t, t+T)^{-1} D_{t+T} \tag{5}$$

其中,$R(t, t+j) = \prod_{k=0}^{j} R_{t+k}$ 是 t 期和 $(t+j)$ 期之间的贴现因子。主权债务可持续性要求政府不能进行蓬齐融资,即式 (5) 中的横截性条件 $\lim_{T \to \infty} R(t, t+T)^{-1} D_{t+T} \leq 0$ 必须成立。从而,政府的现值预算约束可表示为

$$D_t = \sum_{j=0}^{\infty} R(t, t+j)^{-1} PS_{t+j} \tag{6}$$

在跨期预算约束条件下,可持续性(或偿付能力)要求未来基本盈余的现值必须超过未来基本赤字的现值足够的数额,以弥补初始债务存

量与终期债务存量现值的差额（Chalk and Hemming，2000）。

（二）开放经济

开放经济条件下，政府外债具有双重身份，既是主权债务的一部分，又是整个国家外债的一部分，因而，主权债务可持续性的分析变得更加复杂，要同时考虑外部可持续性与财政可持续性。

外部可持续性指的是一国偿还当前和未来外部债务的能力，包括私人和公共部门，而不至于导致拖欠、依赖债务重组或者收支平衡表的重大调整。外部可持续性强调经济体需要创造足够多的外汇盈余以偿还和稳定其外债。要使两期之间的外债比率维持稳定或者下降，需要足够的贸易盈余。所需的贸易盈余量随外债比率的上升而提高，随着经济增长调整的实际利率的上升而增加。与基本预算平衡不同的是，贸易盈余不直接与政策相联系，但受到许多进出口变量的影响，尤其是汇率和增长率（Akyüz，2007）。

若将财政可持续性和外部可持续性联系起来考虑，存在以下三种情形：在财政可持续及外部可持续同时成立时，如果净外债（以本国货币表示）比政府债务大，私人储蓄应超过私人投资（现值条件下），以偿还未来外债；在财政可持续而外债不可持续时，私人部门的储蓄不足以偿还外债，私人部门净外债比国外利率增长得快（私人部门将外债展期），如果宏观经济政策不转变的话，外债可能违约；在外债可持续而财政政策不可持续时，政府通过发行国内债务为过多的赤字融资，若财政政策不改变，政府将不可避免地对国内债务违约（Chalk and Hemming，2000）。

三 债务阈值

债务阈值是这样一个比值，即在保证一国能够按期偿还其债务本金和利息的前提下，其主权债务余额与经济总量的最高比率。因此，债务阈值是一个安全的临界值，起到"门槛"的作用。不高于临界值的债务水平是安全和可持续的债务水平，不会对本国经济和债权人造成不利影响；高于门槛的债务水平则是不可持续的，会对本国宏观经济造成不利影响，使政府面临违约的风险。在已知债务阈值的条件下，可以判断一国的当前债务水平是否适度。如果当前负债尚未达到阈值水平，说明该国的主权债务是可持续的，财政政策尚有空间；如果当前负债水平已经达到或者超过阈值水平，说明该国的主权债务面临不可持续的威胁，财政政策需要调整。

阈值法判断可持续性的关键在于寻找或估算阈值水平。已有研究对债务阈值的估算有两条差异较大的路径：一是适度债务规模的方法，关注债务水平多高合适；二是最高负债能力的方法，关注一国能够承受的最高债务水平。近十几年来，用阈值法判断主权债务可持续性逐渐受到研究者的青睐，尤其自 Reinhart 和 Rogoff（2010）发现关乎经济增速的债务临界值之后，有关债务与增长的关系更是引发学界的激烈讨论。

（一）适度债务规模

债务规模要"适度"，因为政府债务对经济的影响是非线性（nonlinear）的，往往先是正面影响而后是负面影响。适度债务规模要求债务发挥正面影响，不仅能够缓解财政压力，还应促进经济增长。当债务对经济增长的影响从正面转向负面时，转折点处的债务水平就是"临界值"。

1996 年，IMF 和世界银行发起了重债穷国（HIPCs）减债计划，目的在于将这些国家的外债负担降到可持续水平，条件是他们需要实施强有力的宏观经济调整和结构改革，以此来促进增长消除贫困。重债穷国是否真的面临债务积压困境，它们的债务是否真的对经济增长造成重要影响，债务水平多高合适？IMF 的一些学者对此进行了研究。Cordella 等（2005）利用 79 个发展中国家的数据估算了负债水平与经济增长之间的关系。样本中超过 30 个国家是重债穷国，与其他发展中国家在债务水平、政策及制度的质量上有差距。为了探讨重债穷国是否面临债务积压问题而需要减债促增长，他们分别估算了重债穷国及非重债穷国的债务阈值。对于重债穷国而言，当名义债务比率处于 20%—29% 时即将面临债务积压问题，更高的债务将导致负的边际效应。对于政策及制度较好的国家而言，债务超过 GDP 的 15%—30% 时可能面临问题，但是当债务超过 GDP 的 70%—80% 时，其边际效应与增长几乎不相关了。Marcelino 和 Hakobyan（2014）检验了削债计划是否真的可以刺激经济增长，不管是直接刺激还是借助投资的间接刺激。证据表明，借助减债计划，重债穷国确实实现了更高速度的经济增长，然而经济增速提高是由于高投资还是其他原因仍不得而知。

　　Reinhart 和 Rogoff（2010）利用 44 个国家跨越 200 年的 3700 个年度数据，用直方图的方法研究了不同政府债务水平下经济增长和通货膨胀之间的联系，得出的政府债务阈值是 90%。Reinhart 和 Rogoff（2010）的主要结论有：首先，当债务比率低于 90% 时，政府债务与实际 GDP 增长之间关系较弱，而当债务比率高于 90% 时，经济增速的中位数降低一个百分点，平均增速下滑更大，且发达国家和新兴经济体的债务阈值较为相似；其次，新兴经济体的外债阈值更低一些，当外债达到 GDP 的 60% 时，年经济增长率将下降 2 个百分点，更高的外债水平下经济增速则可能减半；最后，若将发达国家作为一个整体来考察，发现其通胀水平与公债比率之间没有显著的联系，而对于新兴经济体情况就完全不同了，当政府债务上涨时通胀水平显著上升。

　　Caner 等（2010）利用 99 个国家 1980—2008 年的数据估计了债务阈值。结果显示，对于样本整体而言，债务阈值水平是 77%，债务比率每上升 1 个百分点年实际经济增长率将下降 0.017 个百分点；发展中国家的阈值水平是 64%，债务比率每上升 1 个百分点年实际经济增长率将下降 0.02 个百分点。

　　也有一些研究发现，不存在单一的债务阈值，政府债务与经济增长之间不存在显著关系。Bowdler 和 Esteves（2013）基于欧元区主权债务危机的经验，分析了主权债务上升对债券收益率、经济增长和通货膨胀的影响机制。该研究认为，不存在单一的阈值以至于超过该阈值的主权债务水平会对宏观经济造成不利影响，要弄清给定债务水平可能造成的后果，必须分析内外债的债权人结构、计价货币、债券期限、债务发行相关的法规，以及各种经济及政治约束。Pescatori 等（2014）的研究也表明，不存在一个对中期经济增长造成显著影响的债务阈值。他们指出，若考虑未来经济增长前景，债务变动轨迹和债务水平同样重要。一些国家债务水平虽高却呈下降态势，从而其经济增长速度很可能与低债务国家一样快。

　　贾康和赵全厚（2000）将国债的最优规模定义为使"净正面效应最大化"的规模，在这一规模上国债的积极影响可以达到最大化，或者抵消消极影响之后的净积极影响达到最大化。在实践中，关于国债的适度规模，贾康和赵全厚（2000）认为要根据国债规模的效应来判断，注重分析国债规模的决定因素，以及国债规模变动对经济总量均衡、结构合理化、对投资储蓄和财政金融状况的影响。

何代欣（2013）选取美国、加拿大、澳大利亚、法国、英国、日本和德国 1990—2008 年的财政数据，对经济增长的门槛效用进行估计，获取主权债务规模的门槛值，通过 bootstrap（拔靴法）检验门槛估计值的显著性，在 10% 的显著性水平下接受单一面板门槛模型，获得的单一门槛是 42.2%。他认为，当样本国家的主权债务 GDP 的比率低于 42.2% 时，主权债务能够较好地发挥作用，促进 GDP 和基本财政盈余同向变化；反之，当样本国家的主权债务比率大于 42.2%，主权债务不能充分发挥作用，其与 GDP 和基本财政盈余之间的关系不显著。

（二）债务耐受能力

债务耐受能力体现为一国的债务上限（debt ceiling），表明一国政府能够承受或者支撑的最高债务水平，不高于上限的债务水平被视为安全和可持续的，出现债务危机的风险较低。反之债务不可持续，出现危机的风险较高。

Bascand 和 Razin（1997）指出，判断一国财政状况可持续性使用的方法是，检验可持续的净债务水平与实际净债务水平之间的关系，如果实际债务水平低于可持续的债务水平则不存在财政可持续性问题。净债务由总债务减去政府石油储备与外汇储备的市场价值得到，而可持续的净债务是指给定当前基本赤字的条件下政府能支撑的最高净债务水平。他们使用这种方法判断印尼的财政可持续性，发现其不存在财政不可持续的问题。

Reinhart 等（2003，2008）在主权债务可持续性问题上做了大量的研究，他们建立了世界上大部分发生过债务危机的国家几个世纪以来的债务数据库，概括了债务危机国家作为一个整体存在的典型特征。在特征事实中最突出的一点是，不同国家或同一国家不同时期所能承受的债务水平差异很大。一些国家违约时其债务水平甚至低于 15%，他们称其为"债务不耐"（debt intolerance）国家。他们的研究表明，欧盟《稳定与增长公约》中规定的 60% 的债务上限并非普适标准。

Manasse 和 Roubini（2009）指出，并不是所有的主权债务危机都是一样的，取决于政府是否面临破产和流动性不足，还有各种宏观经济劣势及风险。他们总结了主权债务危机的一些经验性特征，试图找出有效识别主权债务危机的脆弱性指标，发现以下三点核心因素：一是偿付能力，如公共和外部债务与 GDP 的比率；二是流动性，如短期外债和外债偿还额与外汇储备或出口的比率；三是偿债意愿，由一国的政治、制度和其他变量度量。此外，还要关注宏观经济变量，如实际增长率、通胀、汇率等，以及外部波动性和经济政策的波动性等。他们采用分类与回归树（CART）的方法，分析债务危机的复杂成因，并指出零风险国家应具有如下特征：相对于偿付能力而言外部整体债务较低；相对于外汇储备而言短期债务较低；相对于财政收入而言外部公债较低；汇率没有被过分高估。他们的研究表明，债务与产出之比对于评估债务违约可能性没有多大意义，导致债务危机的因素非常复杂，是多种脆弱性因素综合作用的结果。

Saxegaard（2014）提供了两种方法来估算一国可以持有的最高"安全"债务水平。第一种方法受益于 Reinhart 等（2003）的研究成果，借鉴基于国际投资者评级机构（IIR）打分对国家分区的办法，估算一国的上限债务水平。第二种方法利用现值预算约束（PVBC）的思想，认为政府债务存量的上限应与未来基本盈余的现值相等，也就是说，未来基本盈余的现值与初始债务水平应该一致。Saxegaard 认为，财政政策应该设定一个低于债务上限的目标水平，以便留有财政空间应对经济冲击。例如，虽然他估算的南非债务上限是 60%，其仍然建议南非将债务水平降至 40%，以确保中期内不会达到债务上限。

第四节 主权债务可持续性的经验检验方法

主权债务可持续性的经验检验方法有变量稳定性检验和协整检验两种。变量稳定性检验是指对累积债务和财政赤字（或盈余）的稳定性检验，若变量序列是稳定的，则政府财政状况是稳定的，债务可持续。协整检验是对政府财政收入和财政支出的长期变动趋势进行的检验，若二者具有长期均衡关系，则债务是可持续的。开放经济条件下，债务可持续性检验还包括对外债可持续性的检验，即对一国进出口变量序列的协整检验。

一 债务平稳性检验

经典计量检验来自 Hamilton 和 Flavin（1986），该文开创了利用序列平稳性检验主权债务可持续性的先河。他们在对美国 1960—1984 年赤字政策进行可持续性检验时指出，政府可以通过永久的赤字融资积累日益增长的债务。这在数学上等同于这样一个命题，即在一个自我实现的投机泡沫里价格可以持续上涨。对后者的实证检验也可以用来研究政府借贷约束。该研究所采用的检验方法，借鉴了 Flood 和 Garber（1980）用于检验美国"二战"后价格泡沫的模型，并对其稍加扩展。

Hamilton 和 Flavin（1986）要检验的是式（7）所示的跨期预算约束：

$$\frac{B_{t-1}}{P_{t-1}} = \sum_{i=1}^{N} \frac{S_{t+i-1} - V_{t+i-1}}{(1+\bar{r})^i} + \frac{B_{t+N-1}}{P_{t+N-1}(1+\bar{r})^N} \tag{7}$$

赤字政策是否可持续取决于式（7）中右边第二项随着 N 增大会怎样变化。这一项决定了公众持有的政府债券增速是否高于利率。它反映了政府永远赤字运行的可行性，是否可以简单通过发行新债偿还利息。该检验的零假设：

$$H_0: \lim_{N \to \infty} \frac{B_{t+N}}{P_{t+N}(1+\bar{r})^N} = 0 \tag{8a}$$

或者

$$H_0: \frac{B_t}{P_t} = \sum_{i=1}^{\infty} \frac{(S_{t+i} - V_{t+i})}{(1+\bar{r})^i} \tag{8b}$$

式（8）被 Buiter（1984，1985）称为"现值预算约束"。West（1988）研究股票价格波动性的时候将类似于式（8）的约束条件称为"横截性条件"。当且仅当式（9）中 $A_0 = 0$，零假设 H_0 成立。

$$\frac{B_t}{P_t} = A_0(1+\bar{r})^t + \sum_{j=1}^{\infty}(1+\bar{r})^{-j}(S_{t+j} - V_{t+j}) \tag{9}$$

其中，$A_0 = \frac{B_0}{P_0} - \sum_{j=1}^{\infty}(1+\bar{r})^{-j}(S_j - V_j)$。对式（9）稍加变形：

$$\frac{B_t}{P_t} = A_0(1+\bar{r})^t + E_t\sum_{j=1}^{\infty}(1+\bar{r})^{-j}S_{t+j} + n_t$$

其中，P_t 是经济体中商品的总价格指数，$\frac{B_t}{P_t}$ 和 S_t 是调整后的债务和盈余（包含铸币税收入，不包括利息支出），$\bar{r}$ 是政府债券的年均实际利率，E_t 代表债权人的预期，n_t 是回归干扰项，反映利率短期变动、长期利率期限结构和测量误差。

Hamilton 和 Flavin（1986）使用 D-F 方法检验债务序列 $\frac{B_t}{P_t}$ 和盈余序列 S_t 是否存在单位根，其结果在 10% 的显著性水平下拒绝数列不稳定的原假设，认为美国的债务和预算盈余都是稳定的。据此，他们认为，政府未来基本财政盈余的期望现值等于初始债务，在现值条件下美国的预算可以达到平衡。

Wilcox（1989）对 Hamilton 和 Flavin（1986）的工作进行了三方面的拓展：首先，实际利率被允许随机变动，而不再是固定的；其次，基本盈余可以是非平稳的，不再限定为平稳序列；最后，对借贷约束的违反可以是随机的，也不再限定为非随机的。其得出的结论与 Hamilton 和 Flavin（1986）截然不同，认为美国的赤字政策是不可持续的。

应用平稳性检验对欧盟成员国债务可持续性的研究见 Caporale（1995）。通过对欧盟成员国的财政赤字和累积债务进行平稳性检验，结果发现德国、意大利、希腊和丹麦的债务不可持续。

二 财政收支协整性检验

协整方法的基本理念是，在长期内，包括利息支付在内的政府支出如果与政府收入共同变动，那么短期内的不均衡状态会逐渐消失，财政状况会趋于可持续。

1. 封闭经济

Trehan 和 Walsh（1988）将协整检验应用于主权债务可持续性的实证研究，此后的很多研究沿用了这一方法。他们认为，现值条件下政府预算约束平衡等价于这样一个命题，包含利息在内的政府支出与包含铸币税在内的政府收入之间具有协整关系。利用美国 1890—1986 年的财政数据，Trehan 和 Walsh（1988）分别对财政支出与财政收入进行单位根检验和协整检验，结果表明现值条件下的政府预算约束得到了满足。

很多学者对美国或者欧盟的财政可持续性进行了协整检验。Bravo 和 Silvestre（2002）对 11 个欧盟国家 1960—2000 年的财政状况是否满足跨期预算约束作了考察。他们分别对各国的财政收入、财政支出占 GDP 的比率进行单位根检验和协整检验，发现：澳大利亚、法国、德国、荷兰和英国的预算路径是可持续的，而比利时、丹麦、爱尔兰、葡萄牙、意大利和芬兰的预算路径不可持续。Greiner，Koeller 和 Semmler（2007）关注了欧洲债务比率较高的国家和违反《马斯特里赫特条约》3% 赤字警戒线的国家，发现它们的财政政策是可持续的，主要原因是政府提高了基本盈余所占的比率以应对不断上涨的债务比率。政府的跨期预算约束虽然要求在远期实现，但是对当前预算约束有直接影响。

郭庆旺等（2003）指出，在财政赤字只能通过发行国债来弥补的情况下，财政赤字规模大小问题等同于是否能满足政府跨期预算约束问题，也就是说，以现值计算的未来债务（债务的极限水平）是否为零的问题。若政府财政收入与财政支出之间具有协整关系，则政府满足跨时预算约束条件，但是当回归系数小于 1 时，总支出增加一单位所对应的收入增加小于一单位，债务不是收敛的，政府会出现逃避偿债的动机。基于我国 1978—2001 年财政收支数据，他们发现我国财政收入—GDP 比率与总支出—GDP 比率之间在 95% 的置信水平上存在协整关系，且二者的回归系数接近于 1。这说明中国 1978—2001 年期间的财政政策没有违背跨时预算约束，且政府没有通过恶性通货膨胀的方式偿还债务。

周茂荣和骆传朋（2006）证明了包括经济增长率、名义利率和通货膨胀率在内的经济因素对欧盟的财政可持续性具有重要影响。基于欧盟 9 个成员国 1981—2005 年的年度数据，他们分别进行相关经济因素给定下及可变条件下的协整检验，发现相关经济因素可变条件下欧盟成员国的财政可持续状况有所改善。

目前，一些对我国财政可持续性的检验结果大都是可持续的，相关文献见周茂荣和骆传朋（2007）、涂立桥（2008）等。周茂荣和骆传朋（2007）对我国 1952—2006 年财政收入和支出数据进行协整检验，结果表明在 1% 的显著性水平上我国是财政可持续的。涂立桥（2008）以我国 1978—2006 年的财政数据位样本，对我国的财政收支进行协整检验，并且对基本财政盈余和国债负担率进行线性回归，结果均表明我国的财政政策是可持续的。

2. 开放经济

开放经济条件下，要考虑外债可持续性和财政可持续性，计量检验涉及对经常账户赤字和财政赤字的可持续性的检验。Trehan 和 Walsh（1991）认为，经常账户可持续要求当前净对外资产存量与当前及未来经常账户赤字的贴现值相等，实证检验考察外国人持有的国内净资产存量的变化是否平稳。他们使用美国 1946—1987 年的国际净投资头寸来检验可持续性，单位根检验在 5% 的显著性水平上拒绝了外部投资头寸的变动非平稳的原假设，因此也推翻了美国当时经常账户赤字"过大"的观点。

一些研究基于进出口数据考察二者的协整关系，据此判断外部可持续性，如 Husted（1992）、Ahmed 和 Rogers（1995）等。具体做法是先检验进口及出口序列的平稳性，在各变量序列平稳或存在同阶单整的前提下进行协整检验。Ahmed 和 Rogers（1995）同时检验了美国和英国的外部可持续性和财政可持续性。他们发现财政收入与支出之间、出口与进口之间都存在协整关系。平稳性检验和协整检验的结果都支持美国和英国财政可持续性，以及外部可持续性。

第五节 评论性结论

基于对主权债务可持续性基本内涵的讨论，本文利用政府事后的平衡预算约束恒等式，进行了简单的事后债务可持续性估算，分析主权债务可持续性的决定因素，试图为识别主权债务脆弱性和潜在风险提供一个有用的分析框架。基于现有文献，本文得出如下综述性结论：

1. 根据债务利率与经济增长率之间的差值可判断债务比率的变化方向。在利率小于经济增长率的情况下，债务比率趋于降低，债务是可持续的；在利率大于经济增长率的情况下，债务比率趋于上升，债务不可持续。因此，利率—增长率的差值决定了政府降低债务比率的难度。利率与经济增长率的差值越大，政府降低债务比率越难。高负债国家比低负债国家需要有更多的财政盈余来稳定或者降低负债率。

2. 基本盈余较大的国家可担负较高的初始债务量，且能在长期内保持债务可持续性。在给定利率和经济增长率的条件下，只要政府愿意实现足够大的基本盈余，任何水平的初始债务存量都是可持续的。因此，初始债务存量的大小并不具有决定意义。

3. 政府一直采取赤字政策将会导致债务增长速度高于债务利率，这违背了横截性条件（政府债务增速不高于利率）。但若赤字政策能刺激经济高速增长，可能会出现"经济增速 > 债务增速 > 债务利率"的情况，此时债务比率是趋于下降的，债务可持续。

4. 动态有效经济中，只要经济增长率高于债务增长率，非蓬齐博弈条件自动得到满足。动态无效经济中，政府可以进行蓬齐博弈。

5. 开放经济条件下，外部可持续性与财政可持续性的分析框架相类似，理论上都要求满足"现值预算约束"，计量上都采用协整检验的方法判断可持续性。协整检验存在一个可能的漏洞：若政府未来每期都能够实现基本财政平衡，但每期都要发行新债来支付当前债务的利息时，有关财政收支的协整检验可能是通过的，然而政府却违背了非蓬齐融资的规则。

未来的研究中在评估主权债务时，应该注意到以下几点：

首先，前瞻性分析。主权债务可持续性评估是建立在债务可清偿性的基础上，是一种前瞻性思维。债务可持续性状况取决于财政基本账户余额的未来变动状况，而不是其过去和现在的债务余额状况。因此，高额债务可能被清偿，而小额债务可能不具备可清偿性。在评估主权债务时，应牢记变量的内生性特征：一是利率不是由债务存量单独决定的；二是经济增长率转而依靠利率；三是国内利率和国外利率均不是独立决定的。

其次，政府税收收入指标。公共债务是由政府利用当前和未来的财政收入来进行偿还的，从而，政府在目前和未来的征税能力至关重要。在对公共债务占 GDP 的比率这一指标进行国别比较时，需要记住政府收入占 GDP 的比例和政府收入构成等指标也很重要。若政府债务是以外币计价的外债，只能用外币收入来进行偿还。在这种情况下，GDP 与外币收入之间没有多大联系，传统上可以用出口规模作为去量纲的指标。例如，假定出口收入的一个固定比例用于偿还外币债务。

再次，或有负债。当前债务存量忽略了政府的或有负债。私人部门的债务可能突然变成了公共债务。在最近的全球金融危机过程中，政府对银行系统的注资将会显著增加政府债务。造成欧洲主权债务危机的一个重要原因，是政府对金融部门的巨额财务支援导致其主权债务风险大幅上升。

最后，需要处理好长期和短期的关系。一些学者强调以长期视角看待政府主权债务问题，并将关注的焦点转向政府的跨期预算约束。然而，从务实的角度看，若将关注焦点转向无限期的政府净财富（相对于债务）的现值，很可能衍生短期政府债务问题不重要的想法，甚至忽视政府短期债务的重要性。如果这一观点被狭隘的理解，可能会导致政府短期债务的非理性膨胀，进而致使政府债务偏离长期稳态或可持续的路径（Levy，2010）。

参考文献：

龚仰树：《国债学》，中国财政经济出版社 2000 年版。

郭庆旺、吕冰洋、何乘才：《我国的财政赤字"过大"吗?》，《财贸经济》2003 年第 8 期。

何代欣：《主权债务适度规模研究》，《世界经济》2013 年第 4 期。

贾康、赵全厚：《国债适度规模与我国国债的现实规模》，《经济研究》2000 年第 10 期。

李平、刘作明：《货币区成员国政府债务的可持续性分析》，《经济学动态》2004 年第 6 期。

马拴友：《中国公共部门债务和赤字的可持续性分析——兼评积极财政政策的可持续性及其冲击》，《经济研究》2001 年第 8 期。

孙海霞、斯琴图雅：《欧元区主权债务危机：一个理论分析框架》，《欧洲研究》2010 年第 5 期。

涂立桥：《我国赤字财政可持续性的探讨》，《税务研究》2008 年第 9 期。

王晓霞：《财政可持续性研究述评》，《中央财经大学学报》2007 年第 11 期。

余永定：《财政稳定问题研究的一个理论框架》，《世界经济》2000 年第 6 期。

张春霖：《如何评估我国政府债务的可持续性?》，《经济研究》2000 年第 2 期。

周茂荣、骆传朋：《欧盟财政可持续性的实证研究》，《世界经济研究》2006 年第 12 期。

周茂荣、骆传朋：《我国财政可持续性的实证研究——基于1952—2006年数据的间序列分析》，《数量经济技术经济研究》2007年第11期。

Ahmed, S. and J. H. Rogers, "Government Budget Deficits and Trade Deficits: Are Present Value Constraints Satisfied in Long-term Data?", *Journal of Monetary Economics*, Vol. 36, 1995, pp. 351 – 374.

Akyüz, Y., "DebtSustainability in Emerging Markets: a Critical Appraisal", DESA Working Paper, No. 61, 2007.

G. Bascand and A. Razin, "Indonesia's Fiscal Position: Sustainability Issues", in John Hicklin, D. Robinson and A. Singh eds., *Macroeconomic Issues Facing ASEAN Countries*, Washington, IMF Press, 1997.

Bohn, H., "The Sustainability of Fiscal Policy in the United States", CESifo Working Paper, No. 1446, 2006.

Bowdler, C. and R. P. Esteves, "Sovereign Debt: the Assessment", *Oxford Review of Economic Policy*, Vol. 29, 2003, pp. 463 – 477.

Bravo, A. B. S. and A. L. Silvestre, "Intertemporal Sustainability of Fiscal Policies: Some Tests for European Countries", *European Journal of Political Economy*, Vol. 18, 2002, pp. 517 – 528.

Buiter, W. H., "Measuring Aspects of Fiscal and Financial Policy", NBER Working Paper, No. 1332, 1984.

Buiter, W. H., T. Persson and P. Minford, "A Guide to Public Sector Debt and Deficits", *Economic Policy*, Vol. 1, 1985, pp. 13 – 79.

M. Caner, T. Grennes and F. Koehler-Geib, "Finding the Tipping Point: When Sovereign Debt Turns Bad", World Bank Conference Volume on Debt Management, 2010, pp. 63 – 75.

Caporale G. B., "Bubble Finance and Debt Sustainability: a Test of the Government's Intertemporal Budget Constraint", *Applied Economics*, Vol. 27, 1995, pp. 1135 – 1143.

N. Chalk and R. Hemming, "Assessing Fiscal Sustainability in Theory and Practice", IMF Working Paper, No. WP/00/81, 2000.

S. Contessi, "An Application of Conventional Sovereign Debt Sustainability Analysis to the Current Debt Crises", *Federal Reserve Bank of St. Louis Review*, Vol. 94, 2010, pp. 197 – 220.

T. Cordella, L. A. Ricci and M. Ruiz-Arranz, "Debt Overhang or Debt Irrelevance? Revisiting the Debt-growth Link", IMF Working Paper, No. WP/02/223, 2005.

A. Draksaite, "Assessment of theSustainability of Government Debt in a Stochastic Economy", *Intellectual Economics*, Vol. 5, 2011, pp. 401 – 415.

ECB, "Ensuring Siscal Sustainability in the Euro Area", ECB Monthly Bulletin, 2011 April.

ECB, "Analyzing Government Debt Sustainability in the Euro Area", ECB Monthly Bulletin, 2012 April.

G. Ferrucci, and A. Penalver, "Assessing Sovereign Debt under Uncertainty", *Financial Stability Review*, 2003, December, pp. 91 – 99.

R. P. Flood, and P. M. Garber, "Market Fundamentals versus Price Level Bubbles: the First Tests", *Journal of Political Economy*, Vol. 88, 1980, pp. 745 – 770.

M. Goldstein, "Debt Sustainability, Brazil, and the IMF", Istitute for International Economics, Working Paper, No. 03 – 1, 2003, pp. 299 – 332.

A. Greiner, U. Köller and W. Semmler, "Debt Sustainability in the European Monetary Union: Theory and Empirical Evidence for Selected Countries", CEM Working Paper, No. 71, 2007.

J. D. Hamilton, and M. A. Flavin, "On the Limitations of Government Borrowing: a Framework for Empirical Testing", *The American Economic Review*, Vol. 76, 1986, pp. 808 – 819.

S. Husted, "The Emerging U. S. Current Account Deficit in the 1980s: a Cointegration Analysis", *The Review of Economics and Statistics*, Vol. 74, 1992, pp. 159 – 166.

IMF, "Assessing Sustainability", IMF Staff Paper, No. 02/28/2002, 2002.

E. Ley, "Fiscal (and External) Sustainability", MPRA Paper, No. 23956, 2010.

P. Manasse, and N. Roubini, "Rules of Thumb for Sovereign Debt Crises", *Journal of International Economics*, Vol. 78, 2009, 192 – 205.

S. R. Marcelino, and I. Hakobyan, "Does Lower Debt Buy Higher Growth? The Impact of Debt Relief Initiatives on Growth", IMF Working Paper, No. WP/14/230, 2014.

A. Pescatori, D. Sandri, and J. Simon, "Debt and Growth: is there a Magic Threshold?", IMF Working Paper, No. WP/14/34, 2014.

C. M. Reinhart, K. Rogoffand M. A. Savastano, "Debt Intolerance", NBER Working Paper, No. 9908, 2003.

C. M. Reinhart, and K. S. Rogoff, "This Time is Different: a Panomic View of Eight Centuries of Financial Crises", NBER Working Paper, No. 13882, 2008.

C. M. Reinhart, and K. Rogoff, "This Time is Different: Eight Centuries of Financial Folly", New Jersey, Princeton University Press, 2009.

C. M. Reinhart, and K. S. Rogoff, "Growth in a Time of Debt", NBER Working Paper, No. 15639, 2010.

M. Saxegaard, "Safe Debt and Uncertainty in Emerging Markets: an Application to South Africa", IMF Working Paper, No. WP/14/231, 2014.

B. Trehan, and C. E. Walsh, "Common Trends, the Government's Budget Constraint, and Revenue Smoothing", *Journal of Economic Dynamics and Control*, Vol. 12, 1988, pp. 425 – 444.

B. Trehan, and C. E. Walsh, "Testing Intertemporal Budget Constraints: Theory and Applications to U. S. Budget and Current Account Deficits", *Journal of Economic Dynamics and Control*, Vol. 23, 1991, pp. 206 – 223.

K. D. West, "Bubbles, Fads and Stock Price Volatility Test: a Partial Evaluation", *The Journal of Finance*, Vol. 43, No. 3, 1988, pp. 639 – 656.

D. W. Wicox, "The Sustainability of Government Deficits: Implications of the Present Value Borrowing Constraint", Journal of Money, Credit and Banking, 21, 1988, pp. 291 – 306.

C. Wyplosz, "Debt Sustainability Assessment: the IMF Approach and Alternatives", HEI Working Paper, No. 03/2007, 2007.

第四章 海外利益保护的国际经验[*]

主要大国历来注重海外利益的保护。推进和确保海外利益是这些国家发展崛起的主要途径之一。"二战"以来，这些国家主要通过建立国际秩序并采取外交、政治、经济、法律甚至军事等手段，切实维护本国企业和公民的海外利益。作为新兴大国，中国的海外利益发展历程较短、海外利益维护经验不足。为更好地维护海外经济利益，中国应了解、借鉴这些国家"二战"后采取的维护海外利益的成熟经验，为我国构建中国特色的海外利益保障体系提供有益启示。

第一节 国别经验

一 美国

美国一直对国际投资持开放的态度，但这并不意味着美国政府对资本的跨国流动完全放任。美国非常注重对外直接投资立法，其对外直接投资国内立法主要体现在《对外援助法》及其多次修订法和1970年的《财政收入法》之中。内容涉及海外投资保险、税收优惠、信贷支持甚至信息服务等内容，并且通过海外投资保险制度中"合格投资和投资者"的规定，对中小企业的对外直接投资予以多方面的资助，对于不利于美国经济发展的投资项目或产业采取不予承保和不给予优惠等措施，间接地对本国对外直接投资进行监管和产业布局的调控。在美国对外直接投资立法中，1948年的《对外援助法》处于对外直接投资基本法的地位。该法除对海外投资保险制度进行规定以外，还对美国职能部门的

---

[*] 执笔人：韩冰、潘圆圆。

国内外职权予以明确化，同时设立诸多具有灵活性的条款，确保主管机构的自主权。

美国对境外投资基本不实行管制措施。美国投资者在国外或国内进行直接投资无须得到批准。美国对居民或非居民由国外汇入或向国外汇出资本，不实行外汇管制。但是，对于一些特殊国家，如古巴、朝鲜等进行的交易则受到限制。

1977年《美国反海外腐败法》是美国规范对外直接投资的特有制度。该法对美国公司设立在海外的跨国公司子公司向外国政府官员行贿进行规范，如果发现跨国公司子公司存在违法行为，在美国的母公司就要为此承担责任，以迫使其主动约束子公司。由于《反海外腐败法》使美国公司在海外市场上处于竞争劣势，因此近些年美国一方面对该法进行修订以令法律更加适应国际市场的情况，另一方面则是寻求国际支持，将《反海外腐败法》国际化，目前已取得了一定成效，并有继续扩大的趋势。

在国际规则层面，美国联邦政府构建一系列国际投资贸易自由化条约和制度，对外缔结高标准的双边投资保护协定，为美国企业在全球范围谋取利润提供保障。

二 德国

德国目前尚无关于对外直接投资的专项法律法规。在对外经贸领域，现行法律法规主要有《德国对外经济法》和《德国对外经济法实施细则》。德国对境外投资采取开放和支持的态度，在《德国对外经济法》中，德国采用对外贸易和国际支付交易自由原则。出于外交政策、外汇或者国家安全的考虑，《德国对外经济法》对境外投资设定了一些限制。在实践中，除了国防和国家秘密领域，对外直接投资并不需要经过审查。

与美国相同，德国在1959年建立了符合本国国情的海外投资保险制度。由德国信托与监察股份公司和黑姆斯信用保险公司共同开展海外投资保险业务。这两家公司受政府的委托，主要责任是代表联邦政府发表和接受所有与投资担保有关的申明。经济部、财政部以及外交部组成有实际决定权的委员会，审核海外投资是否值得鼓励，以及是否符合德国的利益。只有经财政部批准，这两家公司才能承担保险责任。德国基本上是仿照美国投资保险制度，但其保险的范围较宽，在适用上也较有弹性。

此外，德国一贯重视用各种优惠政策鼓励德国公司向海外投资，早在 1961 年德国就在所得税法中规定了对发展中国家投资的税收优惠。1975 年又专门颁布了《促进私人资本向发展中国家投资法》，对于向发展中国家投资的税收优惠予以具体规定。此外，德国对双边投资协定采取积极态度，向发展中国家投资，一般都订有关于保护及鼓励投资的双边协定。目前德国是全球缔结双边投资保护协定最多的国家，已签订 135 个双边投资保护协定。

三 日本

日本在长期的对外直接投资实践中，逐步形成了较为完善的对外直接投资法律体系，包括国际法和国内法两部分。国际法规范主要由国际条约、区域条约、双边投资协定和税收协定等组成。国内法则主要由多个部门法以及行政规章构成规范对外直接资的各环节的综合法律体系，形成了一套行政管理体系。一是"分工管理，一个窗口"模式，其目的是掌握本国企业在海外经营活动现状，了解此类经营活动对当地和国内带来的影响，为对外直接投资政策的制定提供依据。二是对海外投资的统计调查，日本的财务省和经济产业省对企业和个人在海外的投资情况从不同角度进行统计、调查及发布。财务省每季度定期公布按国别和产业划分的海外投资数据；经济产业省对企业的海外投资经营活动进行调查。这对企业及各界了解、研究、评估对外投资发挥积极作用。三是促进海外投资的各项制度。1956 年日本出台了《输出保险法》，成为继美国之后世界上第二个创设了海外投资保险制度的国家。1964 年的《日本特别税收措施法》以及 1975 年的《日本特别征税措施法》中，规定了日本对境外直接投资实行税收抵免和各项税收优惠政策。同时日本实施准备金制度，该制度的核心内容是"满足一定条件的对外直接投资，可将投资的一定比例计入准备金，享受免税待遇；一旦投资受损，则可以从准备金得到补偿；若未损失，则在准备金积存 5 年之后，从第 6 年起将其分成 5 份逐年合并到应税所得中进行纳税"。

日本境外直接投资经历了严格审批到放松管制的发展过程，目前日本虽逐步放松了对外直接投资管制，但是同时建立了特许、事前申报、事后报告以及统计调查制度的一系列的严格监管体系。其对国有资产的管理尤其严格。日本通过各个部门分工协作共同实施对国有资产的管理职能，并通过制定相应法律来确定国有资产经营企业的权利和义务，还对国有资产经营企业的经营活动实施行政监督。日本国有资产经营企业的开设、业务范围、投资范围、业务方式、事业计划、收费标准和停业等重大事项都受到政府和国会的控制。日本法律规定主管大臣有业务监督权，除军事工业外，对国有资产经营企业拥有监督、命令和现场检查的权限。因此，日本国有资产监管与经营治理模式强调政府作为所有者的职能较多，国有资产经营治理主体的自主权较少。

四　加拿大

加拿大没有外汇管制及对外投资审批制度，也没有制定专门的对外直接投资法。对外投资如果涉及法律法规限制的技术和产品，由加拿大外交和国际贸易部下的出口控制司依据加拿大规范其进出口贸易的法规——1974年《进出口许可法》，对其进行审查。

加拿大国内法关于对外直接投资的内容更多体现在对境外投资的支持方面。例如，在保险制度方面，依据《出口发展法》，1944年成立的加拿大出口发展公司为加拿大境外企业提供担保、保险及再保险、资信调查等服务。

加拿大对境外投资的保障主要通过其签订的众多双边或多边协定实现。目前加拿大已签订54个国际投资协定，包括双边投资保护协定以及北美自由贸易协定等，这些协定发挥着保护加拿大的对外直接投资的重要作用。

五　韩国

从20世纪60年代起，韩国政府开始鼓励企业到境外投资，与此同时，韩国的对外直接投资法律制度也逐步建立。为健全对外投资法律体系，韩国先后颁布了一系列有关境外投资的法律法规，主要包括《外汇管理规章》《海外资源开发促进法》《审查批准海外投资标准》和《扩大地位投资自由化方案》等，从而以法律的形式规定了对外投资者应具备的条件，鼓励或禁止个人及企业对外投资的行业，以及审批程序、注意事项等。韩国有关对外直接投资的审批与监督主要是由韩国银行负责，具体审批归由韩国银行下设的由韩国银行及其他13个政府部门官员组成的"海外投资事业审议委员会"负责。该委员会制定对外直接投资的政策、措施，统一掌管和协调对外投资业务，审批对外投资项目和执行对境外投资企业的制裁。

韩国是少数几个建有海外投资保险制度的发展中国家之一。韩国政府还设立了海外投资损失准备金制度、税收控制制度和海外资源开发项目免征所得税制度。此外，韩国还根据1987年《对外经济合作基金法》设立了对外经济合作基金，专门资助韩国跨国公司在发展中国家从事自由开发或股权投资，为韩国海外投资提供资金支撑。在对外投资安全保障方面，韩国政府主要通过签订国际双边、多边投资保护协定来实现。

六 新加坡

新加坡是实行自由港政策和全面的投资自由化政策的国家。新加坡对资本转移没有限制。新加坡的居民、公司等投资主体都可以不受任何限制地以任何一种货币形式对国外任何一个国家进行支付或进行投资。新加坡的国有经济主要是靠政府投资建立的新企业发展起来的。根据国家所有股份比例的不同，新加坡将国有企业分为国营企业、国营公司和国有公司，并分别采取不同的控制和管理方式。国营企业接受政府最直接、最广泛的控制和管理。主管部长根据行政法规和法定程序代表政府行使管理职能，并向政府内阁和国会负责，接受国会的检查和财政部的监督。主管部门审查和批准国营企业的预算、资金支出等财务方面的事项，并报财政部审核，财政部拥有最终决定权。发展计划委员会要审阅国营企业的预算和国家对国营企业的投资。国营企业没有独立的资本和资产，一般不具有独立的法人资格，不构成法律主体，但它具有一定的豁免权。国营公司由主管部长任命董事会成员和总经理。资金通过借款来筹集，并由财政部担保，财政部控制和管理资金的来源和资金支出。政府各部门通过公司董事会来指导和监督国营公司的生产经营活动。新加坡对国有公司的控制和管理则比较松，主要通过国有控股公司和金融机构对国有公司进行参股，实现间接控制，并通过在董事会的代表对国有公司的经营决策施加影响。此外，还根据公司法和习惯法对国有公司进行监督和管理。

第二节　行业经验：能源行业

能源业是一个充满争议，容易引发矛盾的投资领域，其原因是多方面的：能源业是资本密集行业，对发展中国家能源业的投资与东道国经济总量相比是一大笔金额，对东道国经济影响很大。如果是单一资源的国家，能源业可能是当地政府的主要税收来源和当地出口收入的重要来源，占 GDP 比重也很高，容易引发东道国的敏感和关切。能源行业常具有垄断寡头的竞争格局，无论是在母国还是东道国都是如此，一种情况是来自发达国家的跨国公司投资于发展中国家，会冲击东道国的生产商；另一种情况是东道国在学习了跨国公司的经验后，逐步建立本国的寡头企业，也会抵制来自国外的生产商。由于能源业与东道国的生活关联度高，当地居民对本地能源矿藏怀有深厚的感情，这种感情可能被东道国政党或政府利用，煽动对外国投资者的排外情绪，尤其在东道国在外国资本经营一段时间后，东道国经济得到一定发展之后，民族情绪高涨的可能性会上升。

外国投资者和东道国在谈判能力上存在此消彼长的关系。在跨国公司对发展中国家投资的初期，因为人均收入较低的东道国可以从与跨国公司的特许协议中获得一定收益，东道国政府迫切希望获得相关资源。跨国公司的税收也将成为东道国政府的重要收入来源。以 20 世纪中期为例，跨国公司拥有先进的管理能力、技术水平、资本、市场知识，甚至能提供贷款，这些都是发展中国家政府迫切需要的东西。因此最初东道国常欢迎外国投资者，甚至提出一些优惠条件吸引外国投资，包括土地的无偿使用或长期使用，税收的优惠等等。

随着外国投资到位，开始在东道国进行生产，本国出于经济和政治原因对外国资本的不满逐渐升温。东道国政府意识到可以改变特许协议的条款从中获利，原有的优惠条件慢慢出现落实困难的局面。

尤其在外国投资者经营了一段时间之后,东道国学会了管理和技术,与投资者的讨价还价能力大幅上升,国内民族主义情绪快速上升。这个时候外国投资者则处于劣势:投资者在东道国需要运营较长时间,早期的投入尤其是固定资产的投资无法撤出;追加投资主要来自于东道国的利润,补充东道国资本的作用也在下降;其他潜在投资者虎视眈眈,向东道国提出更优惠的条件,随时可以取而代之。力量对比变化的最终结果是:东道国希望完全摆脱外国投资者的控制,自己获得对能源业的完全掌控。极端的方式就是征收或国有化。

投资母国需要区分东道国政党及精英阶层对外国投资者的不同政治诉求,采取不同的应对方法。东道国第一类诉求是为了满足个人或精英团体集聚财富的要求,当然这通常发生在较为落后的国家,即无法区分个人财富和国家财富的国家。例如1904年和1905年,委内瑞拉一些有政治特权的人物征收了两家美国沥青公司,目的仅仅是增加个人财富。第二类诉求是提升政党在国内的政治权利以及控制力,常通过迎合国内民众对外国投资的怨恨情绪,提高本政党的影响力,实现执政的目的,增强执政合法性。1937年,玻利维亚的军事政权国有化了美国新泽西标准石油公司在当地的分公司,因而获得了国内各阶层的支持,并最终上台。第三类诉求是将投资者待遇作为国际舞台上谈判的筹码,通过变换立场来换取其他资源,或者起到国际政治中"站队"的表态作用。例如,1937年玻利维亚国有化新泽西石油公司的行为,部分原因是通过将石油运营权转交阿根廷,以获得阿根廷外交支持来反对巴拉圭。东道国还可能通过对外国投资者的态度来实现对本国劳动力的控制。当东道国尚未掌握生产技术时,如果工人罢工和动乱引发投资者离开,那么国内的工厂可能处于停工状态,这会带来更大的社会动乱,也是东道国政府不愿意面对的,东道国政府这种"既要恁惠利用本国劳动力又要控制罢工规模"的心态多次出现,包括1936年的委内瑞拉,1930年、1941年和1960年的秘鲁,这种情况下政府会考虑是否用武力控制劳动力,重新支持外国投资者。

东道国政府会在以下三方面损害外国投资者,第一种方式是消减其利润,例如改变合同或协议条款,从固定产量分成变成按价值分成。第二种方式是争夺企业的所有权和管理权。美国企业在墨西哥和古巴等地都遭遇了接管、征收、国有化，在古巴一地被征收的资产超过 10 亿美元，美国投资者在不同程度上减少了对投资企业的控制权。第三种方式是影响外国投资者和员工的个人财富和人身安全。

面对东道国的征收国有化，外国投资者通常没有有效的反制措施，在偶尔的例外情况下，母国公司利用自己在国际市场上的影响力，限制东道国在国际市场上出售资源能源，这算是最有力的反击手段，对东道国的经济利益和整体福利都有很大影响。20 世纪 50 年代早期，英国石油通过撤出技术和供给，并在第三国提出诉讼，阻止了伊朗的原材料生产。另外一个例子是 1969 年玻利维亚国有化政策后，由于海湾国家进行了法律诉讼，并控制了附近的处理玻利维亚原油的炼油厂，玻利维亚很难销售自己生产的石油。但这种案例数量很少，并不具有代表性。

外国投资者资产被国有化后，较为理想的状态是获得适当的补偿。这也取决于企业的竞争力，包括市场份额、对国际市场定价的影响力、对政治的影响力等等。竞争力较高的企业能获得更高的补偿，例如对东道国资源的优先使用权，更快速或更高金额的补偿。例如除了企业本身的竞争力，法律诉讼裁决的结果，其他国家出于不同动机对东道国施加的压力，都会影响补偿的水平。例如在智利经营的美国企业 Kennecott 被智利政府国有化，Kennecott 在美国和其他地方对治理财产提出了诉讼，Kennecott 西欧和日本的顾客和债权人为了维持自己的利益，也通过本国政府对智利政府施压，力图挽回部分损失。

除了大型的跨国企业，大部分企业并没有能力应对东道国的征收和国有化，求助母国政府是一个很自然的选项。在公共政策决策者的偏好方面，Krasner 比较了美国和英国在对待企业请求时的不同态度：美国的外交政策强调长期政治目标和经济目标的重要性，包括资源的安全供给、降低能源价格和提高市场竞争水平等。与此同时，美国政府对于美国特定投资者、或者说单个企业的利益则没有那么关注，不愿意公开或潜在地使用国家力量来保护企业特权。总的来说，美国政府通常重视一般的外交目标甚于能源的安全供给，能源的安全供给的重要性又高于保持市场的竞争程度。而且美国认为如果满足三个条件，即对投资者非歧视、为了公共目的、给予投资者充分且及时的补偿，外国政府有征收资产的权利。美国企业遭遇委内瑞拉（20 世纪初）和墨西哥（1920—

1930年）的国有化时，美国政府都奉行了相同的理念。相反，英国常认为征收是没有道理和不公平的。例如1938年墨西哥对石油产业进行了国有化，而英国拥有墨西哥石油行业70%的股份，是荷兰皇家壳牌的主要持股人。1951年伊朗国有化了盎格鲁－伊朗石油公司。在这两个案例中，英国都不承认东道国有征收的权利，并强硬要求墨西哥和伊朗政府归还英国所属的资产。美国在这两个国家同样遭遇了国有化，但接受了东道国的行为。美国的反应也有其优势：美国模棱两可的态度给予了政策操作更大的空间，因为其并没有放弃干预东道国的权利。甚至在东道国已经进行了补偿的情况下，美国仍然保有自己的权力。

美国国内的政治体系和政策执行方式，意味着通过国家力量帮助美国海外企业应对征收的政策很难实施。Krasner归纳了影响政策实施的两方面原因：一是美国国内不同的商业主体有不同的利益，不同方向的利益汇总后不利于公共政策决策者的行动。总的来说，私人公司对美国政策的影响有限，这可能是因为：部分有实力的企业会选择直接与东道国政府就国有化或征收问题进行协商；有的企业愿意损失部分控制权和管理权，换得更高收益；也有些企业倾向政府采取强硬措施。不同企业的不同的偏好使得政府难以建议一致的保障体系和防御行动。具体来说，美国国内金融机构提供资金并通过财务投资支持直接投资企业，这类机构不愿意发生激烈的冲突，因为冲突可能导致情况失控，使东道国完全放弃债务偿还的义务。美国国内的其他投资人，担心如果美国政府介入已经发生的征收案例，东道国会对美国国民的其他资产展开报复，这会波及其他投资人的利益。甚至被征收的不同企业本身也意见不一，有的企业担心美国政府的军事行为或强硬立场会影响自己在其他国家的投资，而一旦美国政府没有深度介入，也不利于获得东道国的补偿，得不偿失。多方面的利益汇总之后，即使有些投资企业希望得到美国政府在外交、军事、经济方面的支持，即使美国政府有意进行支持，相关政策也难以真正实施。二是美国的政治体系使得中央决策者受到企业的压力和干扰。主要是白宫和国务院制定应对国有化的政策，这两个机构受到来自企业压力的可能性较小，因此可能坚持将宏观政策目标置于私人利益之上。相对来说，美国国会与企业的联系更紧密，也更有可能制定维护企业利益的政策。例如Gonzalez修订案，要求东道国给予及时和充分补偿,如果未能实现,美国有权进行经济反制,这一修订条款即源于国会。不同层级政府、不同部门也持有不同立场,这使得外交行动成为一个非常低效的利益保护方式。

　　Krasner 将时间划分为 20 世纪 50 年代前后两个不同的时期,以区分美国政府在保护本国投资者上的不同态度。20 世纪 50 年代之前美国对石油行业企业被征收和国有化的态度,很大程度上反映了美国整体的政策,并且美国在以后的多次案例中延续了这一态度,即美国的最高决策者愿意通过外交手段和经济手段保障美国投资者的正当权利。但不倾向于使用军事干预手段,除非东道国的行为影响了美国外交与政治目标的实现。作者选取了 1937 年玻利维亚国有化美国企业的案例,和 1938 年墨西哥征收美国企业土地和石油企业,以及阿拉伯半岛征收美国石油业共三个案例。美国政府和企业都倾向于避免密切的政企关系①,美国政府促进投资的主要方法是提供普遍的有利于企业运营的环境,提高美国在特定国家整体的影响力,当中央政府感觉更大的政治目标受到了威胁时(例如避免东道国政权落入共产主义阵营,以及纳粹势力在拉丁美洲的蔓延),也可能使用武力、外交手段或经济手段。政府忽略特定的投资及可能的影响,尤其回避影响企业的决策和选择,例如对投资地的选择。政府的公共决策主要起到补充私人决策的作用,私人的偏好对外扩展不等同于也不会直接导致政府的行为。阿拉伯半岛案例则说明了美国在实施投资者支持政策中的困境。虽然当时的美国总统、内阁官员、联席会议均认为:美国政府购买加利福尼亚标准石油公司和德士谷公司所有的位于沙特的特许经营权,将有助于促进美国的公共利益。但是中央决策者难以实施这政策,因为政策制定的核心已经转到国会手中。Krasner 还给出了三个美国政府大力支持本国企业的案例:第一个是美国石油公司进入荷属东印度和中东地区(20 世纪 20 年代),20 世纪 20 年代晚期 Firestone 在利比里亚建立的大型橡胶园,美国在伊朗建立的石油联合体。Krasner 总结说这三个案例有共同特点,或者是没有官方支持美国企业无法进行成功投资,或者是美国政府希望企业进入企业不偏好的领域。

---

　　① 美国的商业道德之一是与政府官员保持一定的距离。

Krasner 将 20 世纪 50 年代之后的美国投资者保护划分为两种情况，第一种情况下中央政策制定者抵制了企业要求使用武力应对国有化，主要使用外交和经济压力来为本国企业获得补偿，这包括美国在赞比亚、智利的铜矿投资，在秘鲁的石油和其他产业投资，以及 20 世纪 70 年代的石油危机。中央决策者认为这仅仅是一个经济问题，因此无须武力介入。

不同案例各侧重说明了政府应对中不同的注意点。例如在美国对秘鲁投资的案例中，美国政府并没有意识到东道国民族情绪的变化，在东道国提出类似国有化措施时没有及时采取武力措施，也没有经济惩罚方式，最后只能接受东道国的全盘国有化。发展中国家政府在征收或国有化的时候，通常采取渐进或缓慢的方式，最初可能不引人注目，容易被忽视。因此对于企业利益损害的早期预判与政府的及时行动是非常必要的。

在赞比亚国有化美国铜公司案例中，由于赞比亚的铜在全球占据重要地位，1969 年单个国家的产量超过全球产量的 10%，赞比亚的铜在全球贸易中的比重更高，因此赞比亚政府针对铜行业的政策会影响全球铜的价格，进而间接影响美国铜价。1967 年，智利、秘鲁、赞比亚等国试图成立铜出口国家政府间的委员会，也就是铜行业的国际卡特尔。这个委员会如果成立，将使得以美国为代表的西方国家可能无法进入赞比亚市场。美国有一定的动力控制赞比亚公司，保障美国能源的安全供应。

这个威胁虽然大，但美国认为另外一个因素对美国的直接影响更大：如果美国出手制裁赞比亚，可能导致赞比亚倾向共产主义，而防止第三世界国家出现共产主义政府是美国非常重要的外交政策目标，对赞比亚的经济制裁会威胁这个目标的实现。例如在安哥拉 1975—1976 年发生的内战说明，发展中国家有动力根据经济利益决定自己的政权形式，包括倒向苏联，这对美国的外交目标是巨大的打击。所以美国政府权衡之后的选择是牺牲部分美国企业的利益。

美国应对智利国有化的案例则说明，来自国际法律诉讼和经济方面（美国公司的新资本投入，部分来自于进出口银行和智利，还有部分借款来自欧洲和日本）的压力，可以使企业至少获得较为充分的补偿。

美国应对石油危机中阿拉伯国家国有化的措施，也说明了美国基本的外交目标是维持当地保守政权，包括伊朗和沙特的君主政权，因为美国将这些封建政权视为可靠的盟友，尽量避免共产主义的渗透。但事实的发展促使美国反思当地国家主义情绪如何影响美国利益，因为这些国家的利益与西方差异仍然非常大，并不是像美国想象的那样，这使得美国承受了较大的经济代价。

Krasner 还给出了美国武力保护海外投资的四个案例：1954 年的危地马拉，20 世纪 60 年代早期的古巴，1965 年的多米尼加，以及 Allende 领导下的智利。在这四个案例中，美国经济利益受到了严重的损害，经济考量上升为美国外交政策中一个主要目标，与此同时这几个身为第三世界国家的东道国受到共产主义渗透，同样也是美国政府非常关注的一个方面。

第三节　经验总结

综上所述，主要大国维护海外利益的主要经验包括：

一、依靠国内立法和机构建设维护海外利益。第二次世界大战后，国内立法成为西方国家维护海外利益的显著特点，这些国家在对外贸易、海外投资、对外援助等方面的立法，为海外利益安全提供了法律保障。例如，美国 1948 年制定《对外援助法》，规定了海外投资保险制度、明确了美国职能部门的国内外职权。其后又适应不断变化的形势对该法进行了多次修订。

二、借助多边国际机制维护海外利益。在多边国际机制方面，西方国家建立了以国际货币基金组织、世界银行和世界贸易组织为支柱的国际经济体制。奥巴马政府的《美国国家军事战略》提出："美国利益与更加广泛的国际稳定体系紧密相连，该体系包括联盟、伙伴关系和多边机制。"美国凭其在上述国际组织中的主导地位，以推行贸易自由化、巩固美元国际地位等方式保障海外经济利益安全。

三、充分利用国际规则维护海外利益。国际规则是美欧等国维护海外利益的重要工具。例如，在海外投资方面，双、多边投资保护协定是当前国际上重要的投资规范、投资保护与投资促进工具。截至 2016 年年底全球已缔结2969项双边投资保护协定。对美国、德国、日本、加拿大、韩国和新加坡六个对外直接投资大国的对外直接投资法律体系研究显示，这些国家主要通过对外商签的双、多边国际投资协定保护其海外经济利益。目前德国是全球缔结双边投资保护协定最多的国家，已签订135个双边投资保护协定。

四、运用军事力量维护海外利益。"二战"后，军事力量仍是西方国家维护海外利益的重要选择。美国对军事力量的投射和运用有多种方式，部署海外军事基地是其维护海外利益的重要战略依托。《2013财年美军基地结构报告》显示，美国在全球40多个国家部署了598个海外军事基地，为能源运输、海上商船、远洋补给等提供军事保障。作为世界军事强国，俄罗斯亦高度重视军事对海外利益的保障作用。《俄联邦2020年前海洋学说》提出，"海上军事活动事关俄在世界海洋的国家利益和安全，属国家的最优先方向"。英国至今未放弃以武力为市场开拓、获取原料和远洋贸易保驾护航的传统。英国《2007年度政府改革报告》提出，将国防部工作与军事开支作为维护全球利益的重要支柱。

五、发动民间组织、行业协会、智库等非国家行为体维护海外利益。西方国家的公民社会较发达，跨国公司、行业协会、商会等非国家行为体是维护海外利益的重要辅助力量。非国家行为体与政府通常保持着技术性和政策性的互动关系，参与海外利益维护。值得注意的是，近年来作为新兴经济体的印度亦注重发挥企业、商会、智库、海外印度侨民等非国家行为体在海外利益维护中的作用，并取得一定成效。例如，印度初步放开双重国籍政策，同意给予英国、法国、美国、加拿大、澳大利亚、新加坡等18国（主要是发达国家）符合条件的海外印度人申请者双重国籍待遇。海外印度人长期在西方生活，深耕细作，已逐步在联合国、世界贸易组织等国际组织以及大型跨国企业中身居高位。这一群体大大提升了印度的国际形象和海外影响力，巩固了印度在国际规则方面的话语权。

六、建立海外投资保险制度。海外投资保险制度是指资本输出国在保护和鼓励本国资本向海外投资的过程中，对本国海外投资者在国外可能遇到的政治风险提供保证或保险，若承保的政治风险发生，致使投资者遭受损失，则由国内保险机构补偿其损失的一种制度。这是国际投资保护的重要法制之一。从主要大国已建立的海外投资保险制度来看，主要是对海外投资的外汇、征收、战争等政治风险承保。例如，1956年日本出台了《输出保险法》，继美国之后第二个在世界上创设了海外投资保险制度。德国在1959年建立了符合本国国情的海外投资保险制度。

参考文献：

董晓岩：《借鉴国际经验 构建我国海外投资的税收激励政策体系》，《兰州商学院学报》2010年第3期。

龚旭慧：《美日两国对外投资立法分析》，《魅力中国》2010年第7期。

亓长东、周燕：《日本对外直接投资法律及行政管理体系的经验启示》，《中国经济时报》2013年第5版。

祁欢：《美国对外投资政策法律研究》，《北京工商大学学报》（社会科学版）2012年第3期。

申林平：《境外直接投资法立法建议稿及理由》，法律出版社2015年版。

沈四宝、郑杭斌：《构建我国国有企业境外直接投资法律监管的若干思考》，《西部法学评论》2009年第2期。

谈萧：《韩国海外投资法制评析及启示》，《国际贸易问题》2006年第9期。

邢玉升：《法经济学视角下日本对外直接投资法律述评》，《对外经贸》2013年第3期。

张志元：《比较与借鉴：海外投资保险制度研究》，《世界经济与政治》1998年第6期。

Richardson, E. L., "United States Policy toward Foreign Investment: We Can't Have It Both Ways", *American University International Law Review*, Vol. 4, No. 2, 1989, pp. 281 – 317.

Canada. Export Development Act, 1985, http://laws-lois.justice.gc.ca/eng/acts/E - 20/page - 1. html? txthl = development + export + act#s - 2.

第五章　BITs 与海外利益保护：基于中国与"一带一路"国家 BITs 的分析[*]

当前国际格局正处于调整、变革、发展的关键时期，英国退欧、恐怖主义持续发酵、欧洲难民潮和极端政治力量勃兴、亚洲地缘政治之争等均表明当今世界秩序正面临诸多挑战。与此同时，2008年国际金融危机深层次影响继续呈现，世界经济总体低迷、增长乏力，民粹主义、贸易保护主义、反全球化的声音日渐增多。在此背景下，中国企业在参与"一带一路"建设中，需要更加重视对东道国政治、经济与法律风险的防范。双边投资保护协定（BITs）是保护企业海外投资利益的重要工具，分析梳理中国与一带一路相关国家之间的 BITs 现状以及 BITs 在保护海外投资利益实践中存在的问题，可以为我国进一步完善与"一带一路"国家的 BITs 以及提高海外投资利益保护水平提供决策参考。

第一节　BITs 与中国海外投资利益保护

一　中国亟须构建海外投资利益保护机制

投资合作是"一带一路"建设的重点内容。中国自2004年以来，对"一带一路"相关国家的直接投资持续增长。2013年"一带一路"倡议提出后，中国对"一带一路"相关国家和地区直接投资更是表现为快速增长，如图 5-1 所示。截至2015年年末，中国对"一带一路"

---

[*] 执笔人：韩冰。

第五章 BITs与海外利益保护：基于中国与"一带一路"国家BITs的分析

相关国家对外直接投资存量达到了1156.8亿美元，在中国对外直接投资存量中占比为10.5%。商务部最新数据显示，2016年，我国对"一带一路"相关国家直接投资额为145.3亿美元，占同期总额的8.5%。"一带一路"国家已经成为我国对外投资的重要目的地。随着中国与"一带一路"国家签订的投资合作项目的不断落地，可以预见"一带一路"国家未来投资前景良好。

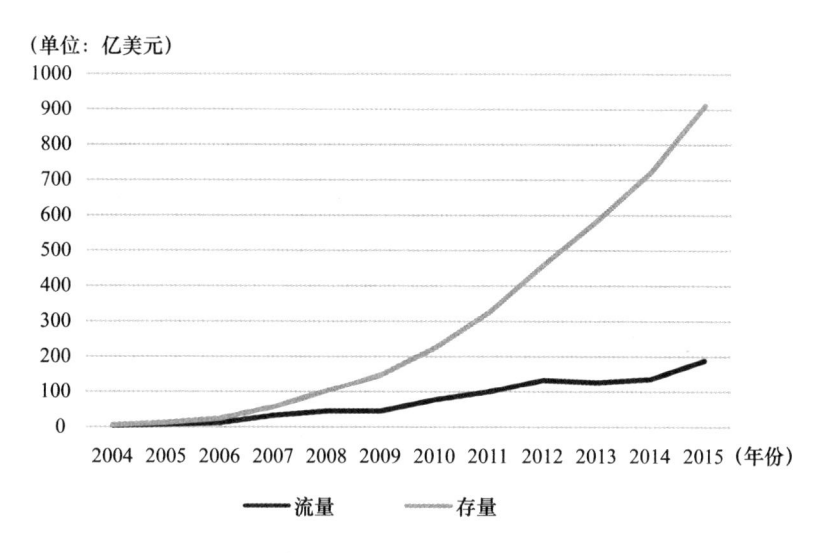

图 5-1　2004—2015年中国对"一带一路"相关国家直接投资情况
资料来源：CEIC数据库。

然而，有投资就有风险，共建"一带一路"必然会面临各种困难与风险，如何确保中国在"一带一路"国家大规模投资的安全性已成为当前亟须深入探讨的重要课题。随着中国对外投资规模迅速增长，中国企业近年来在海外已遭受到东道国的政变、动乱、征收、外汇管制、环境风险以及其他"非传统政治风险"。例如，中国石化、采矿、水电等领域的企业在缅甸、柬埔寨、蒙古国、印尼等国的投资遭遇民众和环保组织的抵制以及政府环境处罚等风险。再如，一些中国企业的海外并购因东道国监管部门的安全审查这一非传统政治风险而被迫终止，有研究对2005年至2014年中国企业对外直接投资遭遇风险的216个案例进行分析显示，在这216个案例中，中国企业对外投资遭遇的政治风险案例最多，一共有 90 个，占比 37%，而政治风险主要集中在国家安全审查风险和政治暴力风险，两种风险占政治风险案例的 75%。国家安全审查风险在政治风险案例中超过一半，占比 57%。

"一带一路"国家和地区由于经济发展阶段、治理水平的差异，营商环境差别也较大。依照 2017 年世界银行发布的全球 190 个国家和地区的营商便利度排名，以目前吸纳中国对外直接投资存量前 10 位的国家新加坡、俄罗斯、印度尼西亚、阿联酋、印度、土耳其、越南、老挝、马来西亚和柬埔寨为例（截至 2015 年年末，见图 5-2），可以看出"一带一路"相关国家的投资环境可以大致分为三类。一是营商环境良好的国家，如新加坡；二是营商环境一般的国家，如哈萨克斯坦。三是营商环境相对较差的国家，如缅甸。中国企业在营商环境仍待大幅改善的国家投资，其面临的投资风险也相应增加。

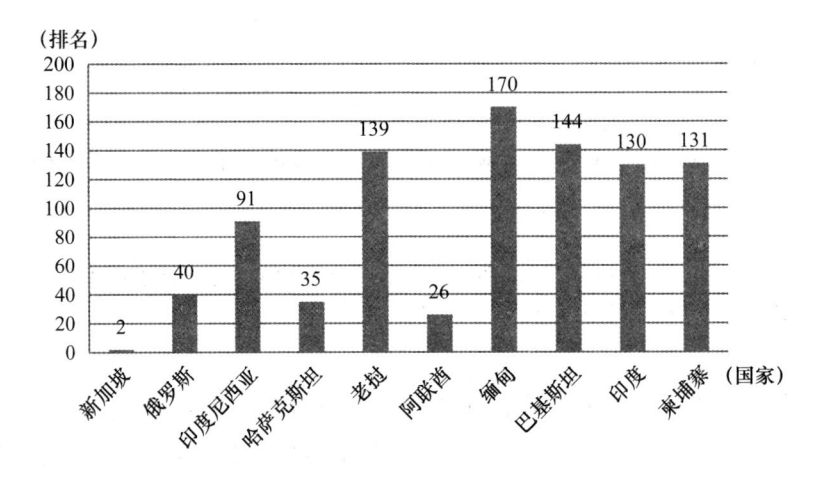

图 5-2　2017 年吸纳中国对外直接投资存量前 10 位国家营商环境全球排名

资料来源：笔者根据世界银行 Doing Business database 整理。

此外，在中国的对外直接投资中，央企一直发挥着主力军的作用。从投资存量来看，截至 2015 年年末，央企在中国对外直接投资存量中占比为 63.3%，而 2006 年时央企的比重高达 82.14%。虽然近年来地方企业（包括地方国企和民营企业）对外直接投资存量规模逐年扩大，但央企的海外资产依然构成了"海外中国"的主体。基于中国海外投资所具有的独特性,更需要从国家层面上构建海外投资利益保护机制。

二 BITs 是中国海外投资利益保护机制的重要内容

国际投资协定是国际上重要的投资规范、投资保护与投资促进工具,包括双边、区域和多边投资协定。其中,双边投资保护协定(BITs)最受青睐,截至 2016 年年底全球已缔结 2969 项 BITs。BITs 可以为投资者提供一个明确、稳定和透明的投资法律框架,有助于为外国投资者对其在东道国的投资提供法律保护。特别是当投资者与东道国发生投资争端时,BITs 为投资者提供依据其规定寻求国际救济的可能性。并且,缔结 BITs 有助于以"非政治化"的方式解决海外私人投资争端,即建立不需要任何的政府干预便可以为投资者提供有效救济的机制。中国是发展中国家,又是新兴的经济大国,许多中国企业投资的东道国也是发展中国家,这致使中国与一些发展中国家之间形成了具有一定"南北"色彩的关系,中国需要考虑避免不时出现的私人海外投资争端破坏中国与其他发展中国家一些更为重要的关系,而 BITs 有助于中国政府在不削弱对投资者的有效救济的情况下,从私人海外投资纠纷中解脱出来。对美国、德国、日本、加拿大、韩国和新加坡六个对外直接投资大国的对外直接投资法律体系研究显示,这些国家主要通过对外商签的双、多边国际投资协定保护其对外直接投资。因此,BITs 也应是中国构建海外投资利益保护机制的重要抓手与关键内容。

第二节 中国与"一带一路"国家 BITs 现状与存在的问题

中国自 20 世纪 80 年代初开始对外商签 BITs,目前已经与"一带一路"56 个国家签署了 BITs。值得注意的是,中国已缔结的 BITs 多是在 20 世纪八九十年代签订的,在已签订的 56 个 BITs 中,1985 年至 1990 年间签订生效的有 7 个,1990 年至 2000 年间签订生效的有 40 个,2000 年后签订生效的仅有 9 个(见表 5-1)。20 世纪八九十年代这一时期,中国主要以吸引外资为主,在签订 BITs 时主要从资本输入国立场出发,缔结的 BITs 内容较为保守与谨慎，提供的投资保护程度相对较低。实证研究显示双边投资协定对我国企业海外并购的区位选择和投资规模在总体上并无显著影响。而这一研究结果也为实践所证实，对我国在非洲部分国家的中资企业的调研显示，双边投资保护协定无法为其提供有效保护。因此，从保护投资者角度看，当前中国在积极与更多的"一带一路"国家商签 BITs 的同时，更为重要的是与相关的"一带一路"国家启动 BITs 的"升级"谈判。

表 5-1　　中国与"一带一路"相关国家缔结的 BITs 一览表

序号	国家	签订时间	生效时间	序号	国家	签订时间	生效时间
1	泰国	1985 年	1985 年	33	罗马尼亚*	1994 年	1995 年
2	新加坡	1985 年	1986 年	34	以色列	1995 年	2009 年
3	科威特	1985 年	1986 年	35	阿曼	1995 年	1995 年
4	斯里兰卡	1986 年	1987 年	36	塞尔维亚	1995 年	1996 年
5	马来西亚	1988 年	1990 年	37	柬埔寨	1996 年	2000 年
6	保加利亚*	1989 年	1994 年	38	叙利亚	1996 年	2001 年
7	巴基斯坦	1989 年	1990 年	39	黎巴嫩	1996 年	1997 年
8	土耳其	1990 年	1994 年	40	沙特阿拉伯	1996 年	1997 年
9	蒙古国	1991 年	1993 年	41	孟加拉国	1996 年	1997 年
10	匈牙利	1991 年	1993 年	42	马其顿	1997 年	1997 年
11	越南	1992 年	1993 年	43	也门	1998 年	2002 年
12	菲律宾	1992 年	1995 年	44	卡塔尔	1999 年	2000 年
13	希腊	1992 年	1993 年	45	巴林	1999 年	2000 年
14	哈萨克斯坦	1992 年	1994 年	46	伊朗	2000 年	2005 年
15	土库曼斯坦	1992 年	1994 年	47	缅甸	2001 年	2002 年
16	吉尔吉斯斯坦	1992 年	1995 年	48	塞浦路斯	2001 年	2002 年
17	乌克兰	1992 年	1993 年	49	拉脱维亚	2004 年	2006 年
18	亚美尼亚	1992 年	1995 年	50	捷克	2005 年	2006 年
19	摩尔多瓦	1992 年	1995 年	51	斯洛伐克	2005 年	2007 年
20	老挝	1993 年	1993 年	52	印度	2006 年	2007 年
21	阿联酋	1993 年	1994 年	53	俄罗斯	2006 年	2009 年

第五章　BITs 与海外利益保护：基于中国与"一带一路"国家 BITs 的分析　73

续表

序号	国家	签订时间	生效时间	序号	国家	签订时间	生效时间
22	塔吉克斯坦	1993 年	1994 年	54	乌兹别克斯坦	2011 年	2011 年
23	白俄罗斯	1993 年	1995 年	55	约旦	2001 年	
24	格鲁吉亚	1993 年	1995 年	56	文莱	2000 年	
25	立陶宛	1993 年	1994 年	57	马尔代夫		
26	爱沙尼亚	1993 年	1994 年	58	尼泊尔		
27	斯洛文尼亚	1993 年	1995 年	59	不丹		
28	克罗地亚	1993 年	1994 年	60	伊拉克		
29	阿尔巴尼亚	1993 年	1995 年	61	巴勒斯坦		
30	印度尼西亚	1994 年	1995 年	62	波黑		
31	埃及	1994 年	1996 年	63	黑山		
32	阿塞拜疆	1994 年	1995 年				

注：* 2007 年 6 月 26 日中国与保加利亚签订保加利亚附加议定书，并于 2007 年 11 月 10 日生效；2007 年 4 月 16 日中国与罗马尼亚签订附加议定书，并于 2008 年 9 月 1 日生效。

资料来源：笔者根据商务部和 UNCTAD 数据整理。

BITs 主要包括投资与投资者定义、国民待遇、最惠国待遇、公正与公平待遇、征收或国有化的条件和补偿标准、外汇转移、解决投资争端的程序等条款，为外国投资者对其在东道国的投资提供法律保护。下文以 BITs 中的核心条款规定与相关实践为例，具体分析 BITs 对于企业保障海外投资权益的作用以及中国已缔结的 BITs 在实践中存在的问题。

一　国民待遇

国民待遇条款是 BITs 中的核心条款之一。作为一种相对待遇标准，国民待遇一般以东道国投资者享受的待遇为参照对象，要求东道国政府在相似情况下给予外国投资者的待遇不低于其给予本国投资者的待遇，其主要针对东道国政府的法律、法规和其他措施。早期 BITs 中的国民待遇条款着重于对投资的保护，东道国一般会承诺给予准入后的外国投资国民待遇，即外资运营阶段的国民待遇，以确保东道国对其征收行为的全额赔偿。随着经济全球化的推进，晚近以来BITs中的国民待遇条款不仅是投资保护条款，而且逐渐成促进投资自由化的核心规则。一些BITs中国民待遇义务延伸至准入前阶段，即外资准入阶段的国民待遇，具体而言就是在外资投资领域、设立过程以及相关的实体和程序条件要求等方面实现内外国民平等对待。准入前国民待遇要求东道国放宽市场准入，有利于投资者进入东道国市场。

从中国与"一带一路"国家已缔结的BITs来看，对国民待遇条款的具体表述措辞不一、适用范围参差不齐。例如1985年中国与马来西亚缔结的双边投资保护协定中，未承诺给予外国投资或投资者国民待遇，而1998年中国与也门签订的双边投资保护协定中规定了运营阶段的国民待遇原则。总体而言，中国对于国民待遇一直持谨慎态度，对于运营阶段的国民待遇实行差别政策，对于准入阶段的国民待遇义务则一直未接受。中国企业在没有约定给予运营阶段国民待遇的国家投资，将面临无法与该国国内投资者以及其他享有国民待遇的其他国家投资者公平竞争的挑战。

二 最惠国待遇

最惠国待遇条款是BITs中至关重要的条款，一般与国民待遇条款结合使用。最惠国待遇要求缔约国给予对方投资者的待遇，不得低于其给予任何第三国投资者的待遇，其实质是要求缔约国将给予第三国投资者的优惠待遇无条件地给予另一国缔约的投资者和投资。正是基于最惠国待遇条款所具有的传递性，中美双边投资保护协定谈判才被称为"二次入世"。最惠国待遇条款的目的旨在为不同国籍的投资者创造公平的竞争环境。

最惠国待遇条款适用于实体性事项已广为接受，但能否适用于争端解决等程序性事项，以及在何种情况下适用则存在激烈的争议。2000年"马菲基尼诉西班牙案"首先引发了各界对最惠国待遇条款适用范围是否扩展到程序性事项的讨论，中国政府首次成为国际投资争端解决中心（ICSID）被告的"马来西亚伊佳兰公司诉中国"案也涉及最惠国待遇条款的适用范围问题。最惠国待遇条款的适用范围的扩张，使其日益发展成为投资者"挑选条约"的工具，有利于投资者利益保护，但对东道国而言，会导致投资者滥用 BITs 中的某些条款。

三 公正与公平待遇标准

公正与公平待遇标准，也被称为最低待遇标准。与前述国民待遇和最惠国待遇条款依据东道国给予本国和第三国投资者的待遇决定的"相对"待遇标准不同，公正与公平待遇的含义不是参照其他待遇来确定的，而是参照所适用的具体情况确定的，被认为是"绝对的""无条件的"待遇标准。

近年来相关国际投资仲裁实践表明，仲裁庭在对公正与公平待遇标准进行解释和适用时，倾向于采取比传统国际最低标准更为宽泛的解释。基于此，在仲裁庭的演绎下，与国际最低待遇标准存在历史渊源的公正与公平待遇标准已不再仅仅局限于国际最低标准所提供的保护程度，而是在其基础上逐渐演变为一种较国际最低标准更高的绝对待遇标准，进而使投资者向东道国索赔的门槛更低，而且赋予了国际仲裁庭更大的自由裁量空间，成为投资者将与东道国的争议提交国际仲裁的重要依据。但值得注意的是，为避免讼累，近年来各国在一定程度上提高了投资者利用该项待遇标准条款寻求赔偿的门槛。

我国与"一带一路"国家已签订的 BITs 中多数包含公正与公平待遇标准并且该条款大多是独立的。但是，由于我国 20 世纪八九十年代签订的 BITs 多数仅同意将征收补偿数额问题提交国际仲裁，因此，投资者在实践中并不能以公正与公平待遇标准为据索赔。

四 资金转移

资金转移条款与外国投资者的利益直接相关，是东道国给予外国投资者及其投资具体待遇标准的一个重要内容。通过转移条款的规定，外国投资者投资的经济利益才能得以自由转移或汇回本国。对东道国而言，既要通过资金转移条款达到吸引投资的目的，同时又要防止因放松外汇管制而可能给国内经济带来的不利影响。

中国已签订的 BITs 对于转移条款规定并不一致。例如，2003 年中国与德国签订的双边投资保护协定中规定："缔约任何一方应保证缔约另一方投资者转移在其境内的投资和收益"，并且规定上述转移应以可自由兑换的货币按照转移当日接受投资的缔约一方通行的市场汇率不迟延地进行。而1994年中国与埃及签订的双边投资保护协定中规定："缔约任何一方应在其法律和法规的管辖下，保证缔约另一方投资者转移在其领土内的投资和收益"，从而将"转移"条款的适用限定在符合"缔约国法律和法规"范围中，并且也没有约定转移应"不迟延地进行"。通过对比，可以看出，中德双边投资保护协定为投资者转移投资收益提供了充分保障，相较而言中埃双边投资保护协定保护力则较弱，我国在埃及投资的企业如遭受到投资收益无法汇回问题时，中国虽然已与埃及缔结双边投资保护协定，但却无法为其提供有效帮助。

五　间接征收

征收或国有化问题是国际投资协定谈判的最重要议题之一。征收系指东道国政府基于公共利益的需要对外国投资者在东道国的部分或全部资产实行剥夺的行为，包括直接征收与间接征收两种形式。直接征收通常指东道国以国有化、法律强制或没收等方式完全取得投资者财产的征收行为。随着经济全球化的发展和投资自由化趋势不断加强，东道国实施直接征收的情况已较为少见，各国主要采取更为隐蔽的间接征收措施干涉外国投资者。间接征收主要指未直接转移或剥夺投资者的财产权，但东道国政府以与征收具有"相同效果的措施"或"类似的任何其他措施"，干涉财产的使用或收益的享用。

间接征收的表现形式多种多样，其中典型表现形式包括强制转让财产、完全禁止转让或支配财产、实质干预企业的管理控制权、过度或任意征税、取消许可或批准、违法驱逐外国投资者、冻结银行账户或推动罢工、停工和致使劳工短缺等等，不一而足。实践中，出现上述表现形式未必一定构成间接征收，还要根据具体案例"逐案"考察分析。

间接征收是我国海外投资较易遭受的政治风险之一，目前中国投资者在ICSID诉东道国的5起仲裁案中，其中有3起涉及间接征收问题。这与我国ICSID海外直接投资存量大量分布在发展中经济体有一定关系，由于发展中国家的经济、政治和社会等各项制度往往仍处于形成中，发生调整或转型的风险较高，客观上增加了这些国家发生间接征收的风险。然而，我国早期签订的 BITs 很多都未对间接征收做出明确约定，这为国际投资仲裁庭的自由裁量留下空间。

六　投资者与东道国争端解决机制

投资者与东道国争端解决机制是投资者在投资争端发生后与东道国进行仲裁的法律基础，被形象地称为 BITs 的"牙齿"。通过这一机制，外国投资者可以在其认为东道国违反 BITs 义务时将争端提交到国际投资仲裁机构解决，从而使 BITs 中的所有保护外国投资者利益方面的规定切实发挥作用。1966 年依照《华盛顿公约》成立的国际投资争端解决中心（ICSID）是世界上第一个专门解决政府与他国国民间国际投资争端的机构。ICSID 与其他国际仲裁机构相比，具有更强的执行效力，其裁决生效后可以在各成员国直接执行，无须通过各国内法院承认后再予以执行，这就确保了仲裁裁决的执行，为投资者提供了强有力的支持。目前已有 161 个国家签署了该公约，其中 153 个国家已批准正式加入。中国于 1990 年 2 月 9 日签署该公约，并于 1993 年 2 月 6 日正式生效。

从中国与"一带一路"国家已签订的 BITs 来看，中国对于可以提交 ICSID 仲裁的争端范围，因 BITs 缔结的时间不同而有所不同。中国在 20 世纪八九十年代签订的 BITs 中，多未接受 ICSID 的仲裁管辖权。如果投资者无法将投资争议诉诸国际投资争端解决机构，意味着其只能在东道国国内寻求救济，而这往往是比较艰辛的，特别是当东道国法制不够健全时。

第三节　中国亟须对外商签"平衡范式"的 BITs

前述分析充分说明，BITs 是一把双刃剑。对 BITs 中的条款的分析会因基于东道国立场抑或是基于投资者保护立场而有不同的评价。我国在 20 世纪八九十年代基于投资东道国立场签订的"保守主义范式"的 BITs，适应当时我国作为吸引外资大国的国情，切实维护了我国作为投资东道国的监管权力与国家利益。2000 年以来，随着中国对外投资规模迅速增长，我国 BITs 在内容上也有了较大的发展，与一些国家，如德国、荷兰、瑞典等国签署了新的协定或修改了原协定的议定书。新签订的这些BITs呈现出投资自由化、对外资保护标准不断提高的态势,例如扩大了国民待遇适用范围,放宽外汇转移限制,接受国际投资仲裁管辖权等方面。但是,总体而言,我国与"一带一路"国家的BITs"升级"较慢,保护水平亟待提高。因此,当前中国亟须"升级"与"一带一路"国家的BITs,使之能适应中国与这些国家间双向投资的客观情况,助力中国企业在国外市场的公平竞争,为"一带一路"建设护航。具体而言,应着力从以下三个方面入手:

一 亟须与"一带一路"国家启动BITs升级谈判,商签"平衡范式"的BITs

中国作为双向投资大国,客观上要求其在与"一带一路"国家商签或启动BITs升级谈判中兼顾不同方面的利益。为了确保我国与"一带一路"国家签订"良好标准"的BITs,应对当前中国与"一带一路"国家双向投资的实际情况及潜在趋势进行定量和定性评估,在此基础上做出战略选择,而不是想当然地选择立场。

二 秉持"开门立法"态度,广泛征求与整合各利益攸关方的意见

在过去十多年间,中国"走出去"的企业积累了大量的海外投资经验,当前亟须认真梳理总结这些经验与教训。中国与相关"一带一路"国家的BITs谈判中,应对企业在实践中遇到的可以纳入BITs中解决的问题做出"必要"的回应与反应。BITs作为两国间特殊的投资方面的安排与约定,为此提供了方便。此外,国家相关主管部门在对外谈判中,也应广泛听取和整合商会、行业协会、中介机构以及相关领域的国内外专家等利益攸关方的关切、意见和建议。

三 积极参与全球投资治理,为与"一带一路"国家BITs升级谈判营造良好的国际环境

BITs作为双边谈判机制,虽然会使谈判各方"强者更强,弱者更弱",但是在当前全球投资治理处于转折点之际,中国积极参与全球投资治理仍然可以为中国与"一带一路"国家BITs升级谈判营造良好的

国际氛围。2016 年中国作为 G20 峰会主席国，倡议制定的《G20 全球投资指导原则》即为良好范例，向国际社会传达了中国将进一步改善投资环境，为投资者提供开放、非歧视、透明与可预见的营商环境的承诺。当前中国需要积极参与国际投资便利化议程、推动国际投资仲裁机制改革等全球投资治理改革的核心与关键问题，这既符合中国自身利益，又有利于促进世界经济复苏。

综上，BITs 作为保护和促进国际投资的法律规则与我国对外投资实践发展具有时滞本不可避免，当务之急是我国需要根据已经变化的情势，及时升级我国与"一带一路"国家已缔结的 BITs。否则，当前中国已缔结的 BITs 不仅无法为我国与"一带一路"国家的海外投资提供有效保护，而且长此以往会影响我国海外投资的可持续发展。中国作为投资东道国与成长中的海外投资大国，需要认真深入研究 BITs 问题，引导企业善于运用国际规则保护海外投资合法权益，在"守法"与"适法"中，使其"为我所用"。

参考文献：

韩冰：《二十国集团在国际投资领域的合作与前景展望》，《国际经济评论》2016 年第 4 期。

韩冰、姚枝仲等：《冲突与趋同：中美双边投资协定谈判研究》，中国社会科学出版社 2016 年版。

刘青、陶攀、洪俊杰：《中国海外并购的动因研究——基于广延边际与集约边际的视角》，《经济研究》2017 年第 1 期。

桑百川、靳朝晖：《中美双边投资协定前景分析》，《国际经济合作》2011 年第 11 期。

单文华：《外资国民待遇与陕西的外资政策研究》，《西安交通大学学报》（社会科学版）2013 年第 2 期。

申林平：《中国〈境外直接投资法〉立法建议稿及理由》，法律出版社 2015 年版。

太平、李姣：《开放型经济新体制下中国对外直接投资风险防范体系构建》，《亚太经济》2015 年第 4 期。

王小林：《论间接征收及其法律表现形式》，《求索》2011 年第 9 期。

中国社会科学院世界经济与政治研究所与中债资信评估有限责任公司主编：《中国对外直接投资与国家风险报告（2017）》，社会科学文献出版社 2017 年版。

UNCTAD, *World Investment Report* 2016: *Investor Nationality Policy Challenges*, United Nations, 2016, UNCTAD/WIR/2016.

UNCTAD, Expropriation, UNCTAD Series on Issues in International Investment Agreement II, United Nations, 2016, UNCTAD/DIAE/IA/2011/7.

中　篇
（风险篇）

第六章　中国对外直接投资的企业社会责任[*]

第一节　部分中国对外直接投资企业存在社会责任缺失问题

伴随着企业"走出去"的除了中国资本和市场外，还有对当地社会和环境的影响力。在这一过程中，部分中国企业存在社会责任缺失问题，受到了当地社会的揭露、批评和指责。这些问题对我国企业和产品的声誉以及国家形象造成了不利影响，阻碍了我国企业进一步的对外直接投资。具体而言，部分企业社会责任缺失问题主要表现在以下三个方面：

首先，劳资纠纷和劳动者权益保障不足问题。

安全生产意识缺失，对从事危险行业员工的安全保护不足。2005年4月，由中国有色金属建设股份有限公司控股的赞比亚谦比希铜矿发生大规模爆炸，造成46人死亡。据赞比亚全国矿业联合工会推测，导致事故的一个重要原因是矿厂雇用不具备相关技术的临时工和廉价工人。2005年6月，赞比亚关闭了由中国人控股的Collum煤炭开采实业公司，原因是该公司缺乏对工作人员的安全保护，让工人在没有穿防护服和防护靴的情况下到井下作业。2010年9月，上海电气股份有限公司在埃塞俄比亚总承包、吉林送变电工程公司分包的电力建设项目发生输电线铁塔坍塌事故，造成5人死亡。2012年12月，大唐集团在建柬埔寨水电站大坝发生开裂，有3名柬埔寨员工失踪，5人轻伤。

---

[*] 执笔人：王碧珺。

在员工的工资和福利待遇方面投入不足。在非洲等欠发达国家，部分中国企业套用国内经验，用金钱刺激鼓励加班、提高劳动强度和延长工时，无视当地法律，雇工不签合同，随意解雇劳工。2011年南非纺织业协会向劳工法庭投诉，要求劳工法庭对那些违反工人最低薪资规定的工厂执行处罚。由于给工人支付的薪酬低于合法水平，南非纽卡索（Newcastle）大部分华人制衣厂都收到了巨额罚单。据非洲制衣和纺织工会统计，2011年年初，南非全国1058家中资制衣企业中，共有562家未达到法定薪酬标准，支付给工人的工资低于当地的最低工资。

其次，缺乏诚信和企业伦理。

生产或销售假冒伪劣、质量低下产品。某些在海外经营的中国企业依赖超常规的低价战略，为了维持低价优势，不时以次充好或降低产品质量标准。有的产品并不符合国外的技术标准、安全标准、质量标准和环保标准。例如不少越南民众将中国商品作为"低质量、不安全"的代名词。越南人一开始使用的摩托车大都产自中国，后来发现中国生产的摩托车不及日本的耐用，而且经常出故障。

恶性竞争、不重视合约。追求双赢或多赢才是现代企业的竞争理念，但中国企业之间缺乏相互合作，不严格履行合同和恶意竞争的现象时有发生。中国企业在海外有较多的工程承包，但部分中国企业常常在工程竞标时以超低报价赢得承建权，但在实际操作中却以高于竞标价来结算或者以偷工减料等明显违反合同的方式降低成本。中国海外建设集团在波兰A2高速公路的经历就是一个教训。

最后，对当地环境保护重视不够。

2004年5月，中国企业作为投资者之一的五指山集团在柬埔寨原住民地区开展伐木业务，对于规划的20万公顷的松树植物园没有进行任何环境影响评估。由于项目的实施会影响到当地的牧区、森林、墓地和生物保护区，当地居民举行了大规模的抗议行动，最终公司不得不中断正在开展的业务。2007年，中冶公司取得阿富汗艾娜克地区的采矿权，开采铜矿将破坏2600年的古迹和6个村落，造成毒物污染。2009年，中电投集团投资兴建的密松水电站由于可能对下游生态环境和居住环境造成破坏被叫停。2013年5月，国际河流组织发布《新的长城——中国海外水坝行业指南》，在肯定中国企业在全球水坝建设中担任越来越重要的角色的同时，呼吁中国水电企业和银行更积极地采纳与国际标准接轨的海外投资环境影响准则，重视对当地环境的保护。

第二节　中国政府积极倡导履行企业社会责任的政策措施

在海外经营中部分中国企业存在的社会责任缺失问题在一定程度上反映了中国国内企业社会责任履行状况堪忧，不时曝出的食品安全问题、环境污染问题和员工待遇问题等都是其表现。

中国政府近年来颁布了不少政策措施，努力促进企业履行社会责任。不过在20世纪末，中国政府官员和媒体还将海外市场要求的负责任的商业行为称为"绿色贸易壁垒"和"变相的贸易保护主义"。直到2004年起，特别是2004年9月提出创建"和谐社会"的目标之后，中国政府的态度才由消极（担心经济制裁和贸易壁垒）向积极参与转变。

一　公司法中有原则性规定

2006年《中华人民共和国公司法》修订案总则第五条明确规定：公司从事经营活动，必须遵守社会公德、商业道德，诚实守信，承担社会责任。尽管缺乏社会责任的具体描述，却是我国首次在法律层面明确提出公司要承担社会责任。

二　证券交易所对上市公司的披露要求

2006年，深圳证券交易所发布《上市公司社会责任指引》，鼓励上市公司积极履行社会责任，自愿披露社会责任的相关制度建设，鼓励上市公司定期检查和评价公司社会责任制度的执行情况和存在的问题，形成社会责任报告，并与年度报告同时披露。

深交所的《指引》尤其强调上市企业要加强对股东和债权人、公司职工、供应商、客户和消费者的权益保护，并且列出了许多切实可行的规定和明令禁止的事项。比如第十四条明确提出公司不得非法强迫职工进行劳动，不得对职工进行体罚、精神或肉体胁迫、言语侮辱及其他任何形式的虐待；第十六条要求公司不得克扣或者无故拖欠劳动者的工资，不得采取纯劳务性质的合约安排或变相试用等形式降低对职工的工资支付和社会保障；第二十一条提出上市公司应保证其提供的商品或者服务的安全性。对可能危及人身、财产安全的商品和服务，应向消费者作出真实说明和明确的警示，并标明正确使用方法。此外，《指引》还要求上市公司制定整体的环境保护政策，减少包括原料、燃料在内的各种资源的消耗，尽量采用环保的材料和可以节约能源、减少废料的设计、技术和原料。以上具体的条款丰富了企业社会责任的内涵，为企业社会责任的履行提供了参考的标准。

除了深圳证券交易所外，2008年上海证券交易所发布了《关于加强上市公司社会责任承担工作的通知》，要求在上交所上市的公司在披露公司年度报告的同时也要披露公司的年度社会责任报告。《通知》明确规定了上市公司年度社会责任报告需至少包含的具体内容：一是公司在促进社会可持续发展方面的工作，例如对员工健康及安全的保护、对所在社区的保护及支持、对产品质量的把关等；二是公司在促进环境及生态可持续发展方面的工作；三是公司在促进经济可持续发展方面的工作，例如如何通过其产品及服务为客户创造价值、如何为员工创造更好的工作机会及未来发展、如何为其股东带来更高的经济回报等。

上交所在《通知》中还首次提出了"每股社会贡献值"概念，即在公司为股东创造的基本每股收益的基础上，增加公司年内为国家创造的税收、向员工支付的工资、向银行等债权人给付的借款利息、公司对外捐赠额等为其他利益相关者创造的价值额，并扣除公司因环境污染等造成的其他社会成本，计算形成的公司为社会创造的每股增值额，从而帮助社会公众更全面地了解公司为其股东、员工、客户、债权人、社区以及整个社会所创造的真正价值。作为鼓励措施，上交所对积极披露社会责任报告的公司，优先考虑其入选上证公司治理板块，并相应简化对其临时公告的审核工作。

三 以要求发布企业社会责任报告为手段

2007年，银监会发布《关于加强银行业金融机构社会责任的意见》，要求建立定期评估企业社会责任履行情况的评估机制，推动大型银行编制社会责任报告。《意见》结合银行业金融机构的实际，提出银行业金融机构的企业社会责任主要包括维护股东合法权益、公平对待所有股东；以人为本，重视和保护员工的合法权益；诚信经营，维护金融消费者合法权益；反不正当竞争，反商业贿赂，反洗钱，营造良好市场竞争秩序；节约资源，保护和改善自然生态环境；改善社区金融服务，促进社区发展；关心社会发展，支持社会公益事业。此外，《意见》明确提出履行社会责任是提升银行业金融机构竞争力的重要途径。市场竞争不仅是技术、产品质量和价格的竞争，更是社会责任意识的竞争。这说明监管层已经逐渐意识到履行社会责任对企业发展的重要意义，是提高企业竞争力和企业形象的必然要求。

2008年，国务院国有资产监督管理委员会颁布《关于中央企业履行社会责任的指导意见》，要求有条件的企业要定期发布社会责任报告或可持续发展报告，公布企业履行社会责任的现状、规划和措施，完善社会责任沟通方式和对话机制，及时了解和回应利益相关者的意见及建议，主动接受利益相关者和社会的监督。

2009年，中国银行业协会颁布《中国银行业金融机构企业社会责任指引》，是对银监会发布的《关于加强银行业金融机构社会责任的意见》的扩展和补充。《指引》将银行业金融机构的企业社会责任概括为经济责任、社会责任和环境责任，并且要求各银行业金融机构在每年6月底前向银行业协会提交上一年度的企业社会责任报告。

四 以信贷为筹码

2007年7月，国家环保总局、中国人民银行、中国银监会三部门联合发布《关于落实环境保护政策法规防范信贷风险的意见》，首次将信贷管理和环境保护联系起来，用信贷的差别管理"监督"企业履行环境保护的社会责任。《意见》要求银行业金融机构要依照环保法律法规的要求，严格新建项目的环境监管和信贷管理。具体地，对未通过环评审批或者环保设施验收的项目，不得新增任何形式的授信支持；对国家产业政策限制和淘汰类新建项目，不得提供信贷支持。此外，《意见》还注重了实践的可操作性，要求各级环保部门与金融机构建立信息沟通机制，环保部门要对金融部门提供发生重大、特大环境污染事故或者事件的企业名单、环境友好企业名单等八项信息，作为金融机构发放贷款的参考。

2007年11月，银监会制定了《节能减排授信工作指导意见》，确定了"区别对待"的授信原则，对限制类和淘汰类的项目进行授信限制。对列入国家产业政策限制和淘汰类的新建项目，不得提供授信支持。对节能减排主管部门公布和认定的耗能、污染问题突出且整改不力的授信企业，除了与改善节能减排有关的授信外，不得增加新的授信，原有的授信要逐步压缩和收回；对有关部门已列入落后生产能力名单的企业和项目贷款，要及时调整、压缩和收回与落后产能有关的授信。《意见》要求金融机构不仅在授信前仔细审查企业的项目是否符合环境保护的标准，而且要在授信后加强对企业的监督，比如：项目环保设施的设计、施工、运营与主体工程不同时的，银行业机构应暂停主体工程建设的资金拨付；项目完工后应获得而未获得项目竣工环评审批，银行业机构不得拨付项目运营资金。与此同时，《意见》要求银行业金融机构对节能减排效果显著并得到国家主管部门表彰、推荐、鼓励的企业和项目，在同等条件下，可优先给予授信支持。

2007年12月，银监会发布《关于加强银行业金融机构社会责任的意见》，要求各银行业金融机构要在授信及业务流程和管理程序中体现企业社会责任的管理要求。

五　规范中国企业对外直接投资，从"获取"到"给予"

2010年国家的"十二五"规划针对"走出去战略"提出了更高更明确的要求，不再单纯强调"获取"（市场、资源、技术），而是要求企业要履行社会责任、造福当地人民。

2011年3月，商务部会同外交部、国资委和全国工商联联合发布了《境外中资企业（机构）员工管理指引》，要求境外中资企业应当了解当地的文化差异，尊重当地的风俗习惯，尤其注意维护当地员工的合法权益。比如：境外企业要与雇员签订劳动合同，为雇员提供符合法律规定及双方合同约定的工资待遇和社会医疗保险；境外企业（机构）要为雇员提供必要劳动保护，遵守东道国有关生产、技术和卫生安全标准，制定安全生产操作规程，避免安全事故发生，并为雇员办理相应的意外伤害保险。

2012年5月，商务部、中央外宣办、外交部、发展改革委、国资委、国家预防腐败局和全国工商联联合颁布《中国境外企业文化建设若干意见》，把坚持合法、合规作为中国境外企业文化建设的主要内容。要求境外企业要认真履行社会责任，要努力为当地社会提供最好的商品和服务，保证经营活动公开透明，积极参与当地公益事业，将企业生产经营活动对环境的污染和损害降到最低程度，积极为当地培养管理和技术人才，促进当地就业。

2013年2月，商务部、环境保护部印发了《对外投资合作环境保护指南》，旨在指导中国企业进一步规范对外投资合作中的环保行为，及时识别和防范环境风险，引导企业积极履行环保社会责任，支持东道国的可持续发展。该《指南》进一步细化了我国境外企业在环境保护方面的具体要求，尤其强调要熟悉当地的环保法律、为当地员工提供安全的工作环境以及加强对项目环境影响的评估。比如，第五条规定企业投资建设和运营的项目，应当依照东道国法律法规规定，申请当地政府环境保护方面的相关许可；第七条要求企业建立健全环境保护培训制度，向员工提供适当的环境、健康与生产安全方面的教育和培训；第八条规定企业应当根据东道国的法律法规要求，对其开发建设和生产经营活动开展环境影响评价，并根据环境影响评价结果，采取合理措施降低可能产生的不利影响。

第三节 政策措施中存在的问题与完善建议

尽管中国政府已经采取多项政策措施鼓励企业履行社会责任，并且注重与国家正在实施的节能减排等战略相结合。但是中国现存的有关企业社会责任的法律法规还存在以下不足和需要完善之处：

一是在立法层面上加强对企业社会责任的系统性描述。有关企业社会责任的明确定义主要存在于各部门规定的内部文件中，在国家的法律层面并没有对企业社会责任的具体描述。《公司法》第5条只是原则上倡导企业要承担社会责任，但是对企业承担社会责任的内容、违反社会责任的处罚措施等操作细则都没有明确的规定。此外，《劳动法》《消费者权益保护法》《产品质量法》等一系列法律虽然也有企业社会责任的意思，但也并没有对企业社会责任进行明确的规定。一旦企业做出了违反社会责任的行为，利益受到侵害的主体很难通过法律途径来维护自身的合法权益。最近屡屡发生的"毒胶囊""老酸奶""煤矿爆炸"等企业社会责任严重缺失的事件说明，只是在法律层面倡导企业承担社会责任是远远不够的，要通过立法将企业社会责任变成强制性规定，如果企业违反了相关规定，就应该受到法律的严惩。

中国需要加强相关法律法规建设，将企业社会责任的规定纳入到法制化的管理体系之中。在《公司法》《劳动法》《消费者权益保护法》《产品质量法》等一系列法律中，明确并细化企业社会责任的具体规定和未履行企业社会责任的法律惩罚。很多发达国家有关企业社会责任的法律规定值得我们借鉴和参考。比如，英国《公司法》第172条第1款规定："公司董事必须以一种为了全体成员利益而促进公司成功的方式行事，并且在行事过程中，已经充分考虑了：（一）任何决策从长远来看可能产生的后果；（二）公司雇员的利益；（三）培育与供应商、顾客及其他方的商业关系；（四）公司的运作对社区及环境的影响；（五）通过高标准的商业行为来维持声誉的愿望；（六）在公司成员之间公平行事的必要性。"德国的《股份公司法》明确要求公司董事必须在追求利润的同时，考虑"公司雇员的利益和公共利益"。因此，我们建议在《公司法》等相关法律中，明确提出企业承担社会责任的具体内容，让企业了解应该具体承担哪些方面的社会责任，为企业履行社会责任提供相应的指导。比如，我们可以对《公司法》的第5条进行适当的扩充，强调企业在生产经营中要提高产品的质量、综合考虑节约资源和保护环境，维护公司员工的合法权益，保证员工的生产安全。

二是设立专门的企业社会责任的执法管理部门，加强相关法律法规的可操作性，建立企业社会责任监督体系。从有关企业社会责任的法律法规可以看出，企业社会责任的规定分散在各个法律法规中，比如《公司法》规定企业要承担社会责任；《环境保护法》规定企业要在生产经营中加强对环境的保护；《劳动法》规定企业要维护员工的合法权益；国资委、银监会、商务部等部委也分别出台有关企业社会责任的法规文件。从实践来看，各执法部门存在交叉执法、重复执法甚至是相互推责的情况，一定程度上降低了法律法规的可操作性。因此，我们建议成立专门的企业社会责任的执法管理部门，明确该部门执法的权限，提高相关法律法规的执行力度。与此同时，可以借鉴行业协会的经验，在管理部门下设企业社会责任协会，加强企业对履行社会责任的经验交流，提高企业社会责任的意识。

三是将企业社会责任与税收、信贷等政策联系起来，鼓励企业履行社会责任。目前较好的实践是将企业履行社会责任与贷款政策有效结合，比如《关于落实环境保护政策法规防范信贷风险的意见》要求银行业金融机构对未通过环评审批或者环保设施验收的项目，不得新增任何形式的授信支持；对国家产业政策限制和淘汰类新建项目，不得提供信贷支持。因此，有关部门在相关法规的制定过程中，可以借鉴上述经验，将企业社会责任的履行与相关政策联系起来，尤其着重对积极履行社会责任的企业的奖励，鼓励企业履行社会责任。比如，在税收的相关法律中明确规定，对于企业的社会捐赠和慈善行为，可以相应减免一定比例的企业所得税；对于跨国企业在当地积极履行企业社会责任的，可以增加在出口退税、信贷等方面的支持。由于我国企业社会责任的履行还处于起步阶段，企业责任缺失的事件时有发生，因此将优惠政策与企业社会责任挂钩，可以有效地引导企业履行社会责任，提高企业的社会责任意识。

四是建立和完善有关企业社会责任的诉讼制度。目前，我国的法律法规中缺乏关于企业社会责任的诉讼制度，缺少诉讼人使得很多企业淡化企业社会责任的履行，不利于社会的监督。2013年1月，深圳南山区数百名居民上街游行，反对在科技园内兴建LED工厂。2011年8月，大连市居民联名抗议对二甲苯化学污染工程的项目。由于缺乏相关的诉讼制度，很多利益相关者只是通过游行示威表达他们的不满。我们建议在相关立法中明确企业的利益相关者可以作为诉讼人对企业违反社会责任、侵害自身利益的行为提出诉讼，加强社会的监督机制。

五是需要在对外直接投资管理制度中建立起企业社会责任审查程序。虽然中国政府要求境外企业履行社会责任，但更多是一种倡导性质，并没有很强的政策手段加以保证。国资委和地方政府也许能够通过一些行政性手段和政策工具来约束国有企业，但是对于民营企业，尤其是对于大量中小民营企业，它们在海外的违法违规行为，中国政府常常鞭长莫及。因此，中国政府以及商务部、国家发展和改革委、外管局等相关部门应该将所倡导的企业履行社会责任规范化，推动对外投资管理体制改革，将企业社会责任考核纳入到对外投资前、投资中、投资后的各个管理环节中，将企业海外履行社会责任的情况作为享受国家资金、财政、审批等各方面优惠政策的重要依据。

第四节 中国企业社会责任意识有所提高

不管是由于受到政府政策的影响，还是迫于市场竞争压力，抑或是人民生活水平提高后的自然要求，越来越多的中国企业开始注重社会责任的履行，主要体现在以下几方面：

首先，很多中国企业开始撰写和发布企业社会责任报告。在2005年之前，我国发布企业社会责任报告的企业很少。2006年成为我国企业社会责任报告元年，有11家企业发布其首份社会责任报告，其中最引人注目的是国家电网2006年3月10日对外发布的央企第一份社会责任报告，以及中国远洋集团发布的世界第一份按照GRI2006版要求编写的社会责任报告。此后主动发布社会责任报告的企业逐年增加，到了2012年，共有1337家中国企业发布社会责任报告（见图6-1）。

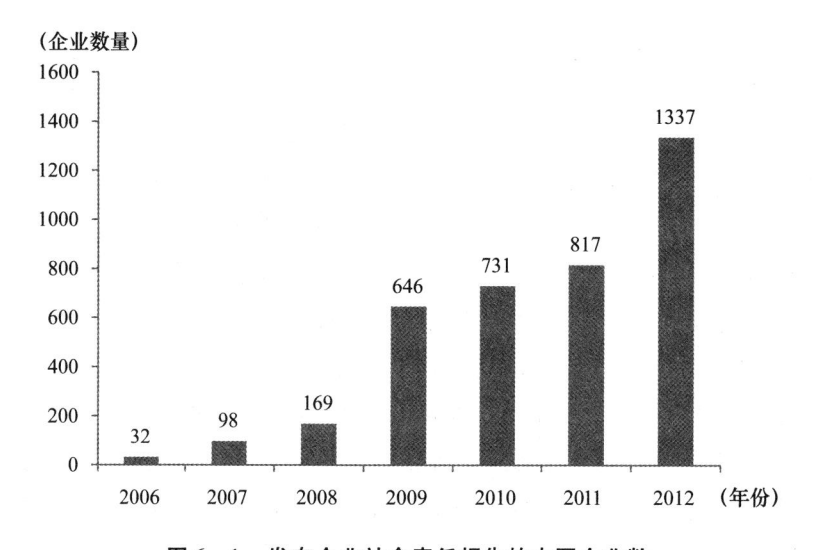

图6-1 发布企业社会责任报告的中国企业数

资料来源：《金蜜蜂中国企业社会责任报告》，其中2012年的数据截止到10月份。

其次，加入联合国全球契约组织的中国企业逐渐增加。联合国全球契约要求各企业在各自的影响范围内遵守、支持以及实施一套在人权、劳工标准、环境及反贪污方面的十项基本原则，推进全球契约和负责任的商业行为。越来越多的中国企业加入到联合国全球契约之中，到2012年已经达到219家（见图6－2）。

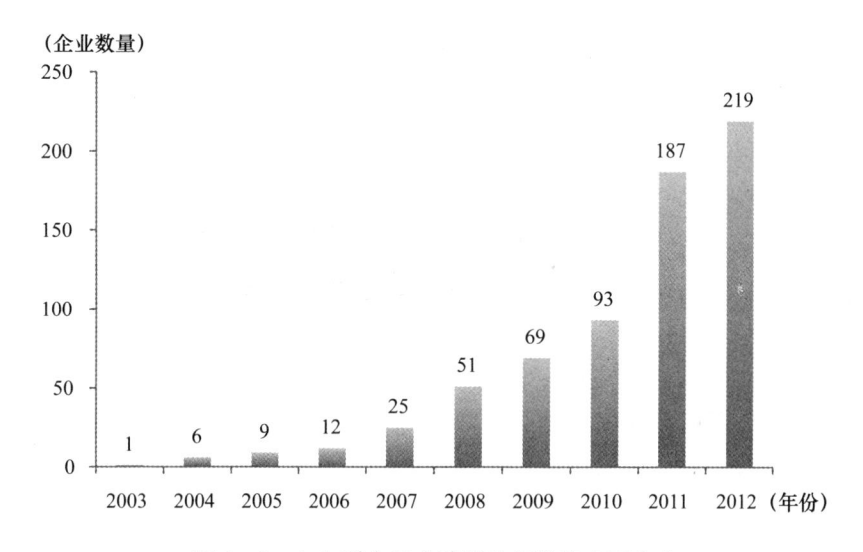

图6－2 加入联合国全球契约组织的中国企业

资料来源：作者根据联合国全球企业组织网站的统计，http://www.unglobalcompact.org/。

同时，越来越多的企业开始建立慈善基金，积极参与慈善捐助活动。根据民政部《中国慈善捐赠报告》的统计，2011年度，全国款物捐赠总额为845亿元，其中来自企业的捐赠达60%。2012年4月，四川雅安地区发生地震，很多企业第一时间通过慈善机构向灾区捐款捐物，其中，加多宝集团、恒大集团、万达集团等公司的捐赠总额都超过了1000万元人民币。

不过中国企业要避免形式化、作秀化地履行企业社会责任，而要将社会责任真正融入经营理念与意识中。目前，中国企业在发布社会责任报告方面还有很多地方需要改进。比如，中国企业的社会责任报告没有遵循统一的标准，有的遵循全球报告倡议组织可持续发展报告指南，有的遵循证券交易所的指导意见，还有一些企业按照国资委的指导意见编制报告。虽然报告的数量逐年增加，质量却存在很大的差异。其次，很多企业的报告缺乏全面的信息。大多数报告只包含做得好的方面，对可能存在的风险或者不足却避而不谈。另外，公司慈善事业在中国各大公司年度企业社会责任报告中占据很大篇幅。虽说慈善行为可以构成企业履行社会责任的渠道之一，但并不能代替负责任的商业行为。在国际公认的公司行为标准中，不管是《经合组织跨国企业准则》还是《联合国全球契约十项原则》均未将慈善捐赠明确定义为企业社会责任的一种形式。

第五节　中国企业"走出去"过程中履行社会责任的表率

虽然如前文所述某些中国对外直接投资企业存在社会责任缺失问题，在劳动者权益保障、企业诚信、对当地环境保护等方面做得不如人意。但大多数海外中国企业在促进当地就业、进行慈善援助方面有较多贡献。

中国企业对外直接投资为当地居民提供了大量工作机会，即使是金融危机期间也表现出与投资地共担危机。从2007年到2010年，中国境外企业就业人数从65.8万人增加到106.1万人，其中外方雇员所占比重同期从46.85%增加到71.08%（见表6-1）。受到全球金融危机的影响，大量外国跨国公司纷纷裁员、减产。中国企业虽然也受到了冲击，例如2009年境外企业雇员下降了5.5%。但受到影响的主要是中国员工，雇用外方人员数量一直在上升，体现出中国企业在海外坚持不撤资、不裁员，与投资地共担危机。

很多中国企业在"走出去"的过程中，也非常注重对其他国家的援助和支持。2010年，华为向委内瑞拉、哥伦比亚、墨西哥和越南各捐助了价值超过100万美元的现金和物资，以帮助这些国家应对洪涝灾害。2011年，日本发生9.0级地震，中石化向日本捐助了3000万元人民币。同年，中石化向苏丹政府捐助100万美元用于当地的机场建设；向沙特捐款30万里亚尔，帮助当地超过200名患有唐氏综合征和自闭症的儿童进行必要的康复治疗；与哈萨克斯坦的贫困家庭组成帮扶对子，为他们解决生活上的困难。

表6-1　　2007—2010年中国企业海外市场雇用情况

年份	非金融类	金融类	整体
境外企业就业人数（万人）			
2007	65.8	2.63	68.43
2008	94.5	8.1	102.6
2009	94	3	97
2010	106.1	4.2	110.3
其中雇用外方人员数（万人）			
2007	29.5	2.56	32.06
2008	37.6	7.9	45.5
2009	42.87	2.93	45.8
2010	74.3	4.1	78.4
雇用外方人员比重（%）			
2007	44.83	97.34	46.85
2008	39.79	97.53	44.35
2009	45.61	97.67	47.22
2010	70.03	97.62	71.08

资料来源：笔者根据《中国对外直接投资统计公报》的整理。

此外，部分中国大型国有和民营企业在海外安全生产、环境保护、与当地融合方面履行了较好的社会责任，做出了表率。以中石化和华为为例，中石化的勘探开发项目分布于23个国家，遍布非洲、南美、中东、亚太、俄罗斯—中亚和北美六大油气区。总的来说，中石化在履行海外社会责任方面最大的亮点在于将该公司的HSE（健康、安全、环境）管理体系运用到海外业务中，最大限度地确保开采地员工的人身安全，减少对当地环境的污染和破坏。

在安全生产和环境保护方面，中石化在哈萨克斯坦的勘探业务中，严格执行岗前签字制度。员工在工作前，必须到生活区的卫生站测血液中的酒精含量，经医生签字后才可以上岗。此外，工作区还配备急救车和直升机停机坪，一旦出现重伤事故，可以迅速将伤员运往医院。由于哈萨克斯坦具有严格的环境保护制度，在勘探的过程中，不能出现水泥浆污染水质的情况。中石化在施工过程中和固井结束后，技术人员都会严格操作，多年来没有发生一起环保事故。

在与当地融合方面，中石化沙特国际勘探项目有 80% 的外籍员工来自伊斯兰国家，当地的中方人员非常注意尊重外籍员工的信仰和习惯，做到不吃猪肉、不喝酒、不谈政治敏感话题等。勘探队还在当地专门搭建了帐篷，方便员工在帐篷内做祈祷。在穆斯林斋月期间，公司会适当减少他们的工作量。

华为是中国民营企业的代表以及全球领先的通信企业。在中国社会科学院发布的 2012 年《企业社会责任蓝皮书》中，华为排名第六，在民营企业中排名第一。在"走出去"过程中，华为在消除数字鸿沟、推进绿色环保等方面获得了广泛的赞誉和认可。2009 年年底，华为启动"绿色认证"计划，内容涵盖了能效、再生能源使用、重量、包装、有害物质、回收、噪声和电磁辐射安全等绿色环保领域的所有法规、指令、标准与要求。华为建立了全球首个 Tier IV 等级的集装箱数据中心，实现了 PUE 小于等于 1.5，第一期年节约用电量高达 172 万千瓦时。2012 年，华为在全球范围内共处理废弃物 7336 吨，其中 96.6% 的原材料实现再利用，343 吨危险废弃物进行焚烧处置，只有约 3% 的回收废物采取符合环境法规要求的最终处置填埋。

此外，华为还广泛参与当地的公益事业。为帮助印度偏远地区的学生普及基本的电脑知识，华为主持的 E-HOPE 项目计划每年向 10 万名学生提高电脑知识教育，目标是在未来的两到三年内建立覆盖 1000 所学校的知识网络。2012 年，华为在菲律宾发生台风灾害后积极提供援助，并赞助菲律宾的基金会实施环保项目；在阿联酋、意大利、英国等地开展"海外优秀大学生赴华为工作体验项目"。

世界经济论坛与波士顿咨询在 2012 年发布的研究报告"中国企业国际化新兴最佳实践"同样关注了中国企业履行社会责任方面所作出的努力和取得的进步。在他们的报告中，除了华为和中石化外，其他较好履行企业社会责任的表率还包括：中化集团在阿联酋等国进行油气生产时严格执行 HSE（健康、安全、环境）管理体系，有效地避免了对当地环境的破坏;中铝在秘鲁的铜矿项目中建立了污水处理场,将其矿业活动对环境的破坏降至最低;海尔与跨国公司合作,进行绿色技术的研发,有效地降低了其产品中的氟排放,由于其在绿色技术上的贡献,海尔获得了美国、意大利、希腊等国政府的奖励性补贴;中国五矿为澳大利亚土著居民提供教育、培训和工作机会等。

整体而言,中国企业在发达国家的经营更加规范,企业社会责任履行情况也更好。以蓝星集团为例,其三家海外企业法国蓝星有机硅国际、法国安迪苏集团以及澳大利亚凯诺斯公司都能积极履行企业社会责任:(1)法国蓝星有机硅国际签署了国际化学协会(ICCA)的"责任关怀"(Responsible Care)全球宪章,致力于在改善安全、维护健康与保护环境的前提下进行公司运营,同时,其采用独有的质量、安全、卫生、环保(QHSE)管理系统将产品安全、运输安全与环境保护、工业卫生提升等不同层面紧密地结合在一起;(2)法国安迪苏集团研发的反刍动物产品用于奶牛,促进奶牛生长,增加产奶量和牛奶中的蛋白质含量,能够有效避免人为加入三聚氰胺等化学品,安迪苏有完备的三废处理装置,从未发生过环境污染事故,同时,安迪苏也建立了完善的员工安全和健康保护体系,没有发生过人身伤亡事故;(3)澳大利亚凯诺斯公司严格执行了国际先进水平的安全、环保、健康运行系统和质量管理制度,连续16年未发生一起安全、环保、健康和质量事故,该公司还主动投资节水技术改造项目,2006年、2007年都获得所在澳大利亚维多利亚州节水奖。

在发展中国家,中国企业社会责任履行情况也有所进步。中非合作论坛与浙江师范大学等组成的课题组在2011—2012年间对尼日利亚、马里、埃塞俄比亚、苏丹、南非、赞比亚6个非洲国家进行了实地考察,重点对上述国家的中国企业经营和履行社会责任的情况进行了调研。他们发现在非洲人民眼中,只有少部分中国在非企业能够较好地履行社会责任,但有88.8%的被调查者同意或基本同意"中国在非企业履行社会责任取得了进步"的观点,说明绝大部分中国企业履行社会责任情况在大部分非洲国家取得了进步,特别是在肯尼亚、纳米比亚、坦桑尼亚、尼日尔、贝宁、中非、几内亚、乍得。在加纳和赞比亚,也有2/3的所在国被调查者同意这个观点。

第六节　让中国海外企业履行社会责任成为一个更普遍的现象

虽然有以上表率企业和案例，但我们需要更多的海外中资企业积极履行社会责任，实施本土化经营，注重可持续发展，促进投资地的就业、人才培养、民生改善、环境保护和技术进步。

为了实现这些目标，首先涉及对企业社会责任的认识问题。企业社会责任既不是包罗万象包括企业承担的法律、经济、社会、道德、政治、环境、伦理等所有责任和义务，也不是局限于伦理道德层面，即企业履行的保护与促进社会福利行动，而是企业在追求利润最大化的同时，对社会应承担的责任和应尽的义务，其目的是最终实现企业的可持续发展。

企业社会责任并不是一种负担，也不是一个意识形态的概念，相反已经成为企业重要的竞争力之源，是更为温和、更利于维护客户忠诚度的竞争筹码。尤其是对于外国投资者而言，积极履行企业社会责任，为当地民众、环境和社会造福，才能取得社会的信任与尊重，得到市场的青睐，也因此具有更强的竞争力，从而实现企业发展、环境保护与社会效益的综合价值最大化。

其次，在正确认识企业社会责任的基础上，海外中资企业还需要增加海外经营经验以及处理好社会公共关系。虽然已经有不少中国企业认识到企业社会责任的意义和重要性，但由于缺乏跨国经营经验，不了解当地的法律法规、风俗文化，以及不善于跟工会打交道，致使中国企业在处理劳资纠纷上遇到了不少麻烦，在用工标准、环境保护、安全生产上屡屡违法违规。

同时，中国国内的制度特征与大多数国外环境有很大区别。在国外，不论是发达国家还是发展中国家，大多是"小政府、大社会"，当地民众、社区、公益组织、宗教团体和相关利益方对企业经营的影响更大。如果按照中国国内的办事方法和经营风格，不善于和这些团体沟通和公关，遇到事情一味回避，不主动出面澄清事实、阐述自己的观点，会处处被动。即使我国企业较好地履行了社会责任，也会误会不断。因此，海外中资企业需要加强责任沟通机制建设，定期在当地公布企业社会责任报告，及时、主动、积极应对各类社会责任危机，建立起积极履行社会责任、敢于应对、勇于负责的企业形象。

最后，中国企业需要加强机制建设，建立长期、有效、系统的社会责任内部管理机制。目前，中国企业大多没有设立专门负责企业社会责任的管理机构，也缺乏企业社会责任的评价体系，这直接导致在企业内部履行社会责任无规可循，无法落到实处，无法纳入企业的长期管理战略中。因此，中国企业需要参考例如社会责任国际标准体系（Social Accountability 8000 International standard，简称SA8000）制定明确的社会责任规范，设置专门的管理部门，给予相应的经费保障，将社会责任和企业管理结合起来，更好地统筹企业社会责任管理体系。

第七章 风险偏好、投资动机与中国对外直接投资：基于面板数据的分析[*]

第一节 引言

自"走出去"战略实施以来，中国的对外直接投资一直保持着迅猛的增长势头，现已成为全球重要的资本输出国。中国对外直接投资的流量由2002年的27亿美元快速上升至2014年的1231.2亿美元，增加了44.6倍，年均增速达34.2%；中国对外投资的存量也相应由2002年年末的299.2亿美元攀升至2014年年末的8826.4亿美元，增长了28.5倍，年均增速达29.7%。同时，中国的对外投资在全球输出资本中的份额显著上升，在资本输出国中的地位明显提高。中国的对外投资流量份额由2002年的0.55%大幅上升至2014年的9.09%，近三年来稳居全球第三大对外投资国的地位；中国对外投资的存量份额也由2002年的0.41%快速升至2014年的3.59%。未来一段时间，随着"一带一路"倡议的实施，将会有越来越多的中国企业"走出去"开展对外投资，中国在全球资本输出国的地位和份额预计会继续快速提升。

作为一个发展中国家和国际投资领域的后来者，中国的对外投资主要分布于发展中国家，特别是自然资源丰富的国家，如苏丹、伊朗和委内瑞拉等。根据中国官方的统计数据，截至2014年年末，约84.7%的中国直接投资资本投向发展中国家，仅有15.3%的中国资本配置于发达国家。相对于发达国家，发展中国家的经济基础大都较为薄弱、法律

---

[*] 执笔人：王永中、赵奇锋。

制度不够健全，甚至一些国家还经历了长期的政局动荡。这给中国海外投资带来了巨大的不确定性风险。近年来，中国企业海外投资屡次因东道国的政治、社会和经济风险因素而遭遇挫折，引发了国内外的强烈关注。例如，利比亚政局剧变和动荡导致中国承建数百亿美元的基建工程损失殆尽，中国被迫大规模撤回在当地工作的侨民；缅甸国内政治局势的变化导致中缅密松大坝工程和中缅合资的莱比塘铜矿项目被叫停、中缅皎漂—昆明铁路工程计划被取消；斯里兰卡新政府上台导致中国交建承建的科伦坡港口城项目面临着不确定的政治风险；墨西哥政府无限期搁置高铁招标计划，并勒令中资坎昆龙城项目停工；美国外资委员会（CFIUS）不透明的国家安全审查导致华为、清华紫光等多家中国企业投资美国受阻（王永中、王碧珺，2015）；委内瑞拉的经济、社会和政治危机致使国开行向其发放的 650 亿美元的石油担保贷款面临着突出的安全隐患。

中国企业海外投资面临的东道国国家风险问题激发了学术界的研究兴趣。已有的研究表明，发达国家的企业倾向于投资国家风险水平低的国家（Guo 等，2014）。例如，根据 MIGA-EIU 的问卷调查结果，政治风险是阻碍发展中国家吸引外商直接投资最为重要的因素。尽管在 2013 年的调查中，全球经济不确定性首度超过政治风险成为最大的阻碍因素，但两者的比例非常接近，选择政治风险的受访企业比例为 19%，而选择宏观经济不确定性的企业比例为 21%（MIGA，2014）。然而，一些研究结论显示，与发达国家跨国企业的对外投资行为形成鲜明反差的是，中国企业偏好到制度质量较差、国家风险水平较高的国家去投资，如苏丹、津巴布韦、委内瑞拉、安哥拉、伊朗、缅甸等（Kolstad and Wiig，2012；Meyer，2012；Shambaugh，2013）。

当前，"一带一路"倡议和国际产能合作的深入推进，以及大宗商品价格的大幅下跌导致依赖资源出口的新兴经济体的经济急剧衰退，导致"走出去"对外投资国内企业面临较大的风险隐患。毋庸置疑，"一带一路"倡议为中国拓展对外经贸合作的领域和空间、提升对外开放的水平与质量提供了巨大的契机，但"一带一路"沿线国家的政治经济社会发展状况参差不齐，经济基础总体薄弱，政策法律环境不稳定，对在当地投资的中国企业的风险管理能力形成了严峻的挑战。已有的研究表明,"一带一路"沿线国家的投资风险明显高于平均水平,中国在沿线国家投资失败的大型项目的数量份额、价值份额的比例均显著超过其投资份额(王永中、李曦晨,2015)。同时,大宗商品出口国经济形势的严重恶化,如委内瑞拉、津巴布韦、苏丹等,对中国在当地所投资资产的安全构成了严重的威胁。因此,对中国企业对外投资的风险进行识别、评估和预警,并提出针对性的对策建议,是当前国际经济学研究领域一个紧迫的课题。

有鉴于此,本章利用2004—2013年中国对115个国家的对外直接投资数据,运用面板固定效应模型,综合分析国家风险和投资动机对于中国企业对外直接投资的影响。本章的特色在于:一是全面考察东道国的政治、经济和金融风险对于中国对外直接投资的影响,而以往的研究大多侧重于东道国的制度质量和政治风险;二是根据中国对外直接投资的特点,将中国对外投资划分为市场寻求型、资源寻求型和战略资产寻求型三种基本动机,并结合国家风险指标,综合分析国家风险、投资动机对于中国对外直接投资的影响;三是从风险偏好和投资动机角度,比较分析中国企业在发达国家、发展中国家的投资行为的异同。本章随后的结构安排如下:第二节是文献综述,第三节是模型设定、变量说明与数据来源,第四节为实证过程与结果分析,第五节为稳健性检验,最后是研究结论。

第二节 文献综述

近年来,随着中国对外直接投资规模的迅速增长和大型投资项目失败案例频发,国家风险与中国对外直接投资的关系问题是学术界关注的一个焦点。现有的研究主要从国家风险的识别与评估、中国对外直接投资的行为动机与决定因素、国家风险对中国对外直接投资的影响三个维度展开。

一 国家风险的识别与评估

国家风险指一个主权国家的政府或借款人不能或不愿意向一个或数个外国的贷款人或投资者偿还债务的可能性(Krayenbuehl,1985)。国

第七章 风险偏好、投资动机与中国对外直接投资：基于面板数据的分析

家风险评估的一个基本功能是预测外国借款人拒付债务（repudiation）、违约（fault）和延期支付（delay）的可能性（Burton and Inoue, 1985）。在 Meldrum（2000）看来，当商业交易跨越国境时，将产生国内商业交易所没有的额外风险，这种额外风险被称之为国家风险，通常由某个特定国家在经济结构、政策、社会政治制度、地理方位和货币等领域的诸多差异引起。从而，国家风险分析试图识别这些导致跨境投资预期利润率下降的潜在风险。Bouchet，Clark 和 Groslambert（2003）认为，国家风险主要有两个来源渠道：一是主权政府对于商业运作的不利干预，如干扰或阻止商业交易、改变合同条款、部分或全部征用外国所有商业资产；二是环境不稳定及对企业经营条件的影响。另外，一些研究对国家风险的类型作了划分，如经济风险、转移风险、汇率风险、地域风险、主权风险和政治风险等，并分析了不同类型风险的特征（穆迪，1997；Claessens and Embrechts, 2003；Wahl and Broll, 2009；Fitch Ratings, 2010；Sarandi, 2010）。

目前，对国家信用风险的一个主要衡量方式是投资者共同使用的、由信用评级机构发布的风险评级。对国家信用风险进行评级可以追溯到第一次世界大战之前的美国。经过近一个世纪的发展，市场上形成了标准普尔（Standard & Poor）、穆迪（Moody's）和惠誉（Fitch）三家美国信用评级机构垄断的局面，占据全球 90% 以上的市场份额。除了这三家主要机构外，从事国家风险评估的机构还包括欧洲货币机构、机构投资者、经济学人集团、国际国家风险指南、政治风险服务中心、环球透视、贝塔斯曼基金会等。其中，国家风险指南将国家风险分为政治风险、经济风险和金融风险三大组成部分，涵盖 22 个分类指标，较为科学、综合地衡量了东道国的国家风险。

随着中国海外资产规模的迅速增长，国内机构逐渐认识到对中国海外投资进行风险识别与评估的重要性，开展了国家风险和主权信用风险的评估工作。中国出口信用保险公司和主要国有商业银行均对其海外信贷资产进行国家风险评估，并作为发放境外贷款的依据之一。大公国际资信评估公司在全球金融危机之后，开展了主权信用评级，意在争取打入国际信用评级市场。中国社会科学院世界经济与政治研究所连续发布了《中国海外投资国家风险评级报告（CROIC-IWEP）》，其指标体系包

括经济基础、偿债能力、社会弹性、政治风险和对华关系共 5 个大指标 41 个子指标，涵盖范围为中国海外投资的主要东道国以及"一带一路"沿线的主要国家（张明、王永中等，2015）。这些机构的主权风险或国家风险评级，均综合考察了经济、政治和社会等各方面的因素，运用定量和定性相结合的分析方法，各自形成了系统化的国家风险综合评价体系。

二　中国对外直接投资的行为动机与决定因素

近年来，学者们一直高度关注中国对外直接投资飞速增长背后的行为动机和决定因素。Cai（1999）将中国对外直接投资的动机归结为：扩大出口市场、寻求稳定的资源供给、获取国外先进的技术和管理经验、建立国际资本市场融资的渠道。Deng（2004）将中国对外直接投资的动机进一步归纳为资源寻求型、技术寻求型、市场寻求型、多元寻求型、战略资产寻求型。不过，这些研究仅是描述性的定性分析，缺乏有力的经验数据支持。

Buckley 等（2007）率先采用实证模型检验了中国对外直接投资的动机和决定因素。他们认为，中国对外直接投资有较明显的市场寻求动机，但自然资源寻求动机和战略资产寻求动机不显著，中国与东道国之间的双边贸易、东道国国内通货膨胀率对中国对外投资有正向促进作用，而双边汇率、地理距离、东道国市场开放度的影响不显著。值得注意的是，他们还发现，中国对外直接投资偏好政治风险较高的国家和地区。基于 2003—2006 年的数据，Kolstad 和 Wiig（2012）的经验研究显示，中国对外投资偏好市场容量大以及自然资源丰富但政府治理水平较低的国家；东道国的制度质量和自然资源对中国的对外直接投资产生互动效应；若东道国的制度质量越低，中国的投资越受该国的自然资源所吸引。

在研究中国对外投资的决定因素方面，学者们较为偏好的分析工具是投资引力模型。基于截面数据和投资引力模型，程慧芳和阮翔（2004）的经验研究显示，东道国的经济规模、东道国人均国民收入、双边贸易对中国对外投资具有正向影响。Chang（2014）的研究发现，中国对外投资具有技术和资源寻求的动机，而且，东道国经济规模对中国对外投资产生正向影响,但双边距离的影响不显著。蒋冠宏和蒋殿春(2012)采用面板数据与投资引力模型,认为中国对外直接投资具有明显的市场寻求、资源寻求和战略资产寻求动机。值得指出的是,他们认为,中国对外直接投资偏好制度环境较好的国家,这与Buckley等(2007)、Kolstad和Wiig(2009)的结论明显不同。项本武(2009)根据跨国动态面板模型发现,中国对外直接投资缺乏连续性,双边贸易、双边汇率对中国对外投资有显著的正向影响,东道国市场规模的影响显著为负,东道国工资水平的影响不显著。

三 国家风险对于对外直接投资的影响

近年来,学者们大多选择从政治风险、经济风险、金融风险和制度质量的角度,研究国家风险对于跨境直接投资的影响。其中,最受学者关注的是东道国政治风险对于跨境直接投资的影响。

关于国家风险对于FDI的影响,学者们的观点不尽一致。基于跨国面板数据,Hyakawa,Kimura和Lee(2013)的经验研究发现,政治风险与FDI流入呈负相关关系;政治风险的低初始值,以及政治风险的下降,均会带来更多的FDI流入;对于发展中国家而言,内部冲突、腐败、军队干政等政治风险的构成因素均与发展中国家的FDI流入呈负相关关系。Wahl和Broll(2009)的研究却表明,国家风险不是决定FDI的一个重要因素,绝大多数世界500强跨国公司均能利用衍生品市场来套期保值。

关于中国对外直接投资的国家风险偏好度,学者们归纳出了风险偏好、风险回避和风险中性三种类型。Ramasamy等(2012)利用2006—2008年的数据,采用泊松计数回归模型研究了中国对外直接投资的区位选择,发现中国国有企业偏好政治风险较高的国家。Buckley等(2007)、Hurst(2011)、Kolstad和Wiig(2012)也得到了类似的研究结论。Duanmu(2012)发现中国对外直接投资具有风险规避特性,倾向于政治风险较低的国家和地区,但国有企业对政治风险的敏感度要小于非国有企业。Li和Liang(2012)发现,国际关系对中国企业海外投资产生重要影响,中国资本倾向于流向政治关系较友好的国家。基于2003—2011年的世界银行、美国传统基金会(Heritage Foundation)和瑞士 KOF 经济研究所的数据，Guo，Wang 和 Tung（2014）运用主成分方法构建了中国政治风险指数，考察了中国海外资产的政治风险的分布状况。他们认为，在接受中国投资的东道国中，高政治风险的国家的比例低于世界平均水平，而且，中国海外投资所面临的政治风险有所改善，并持续低于世界平均水平。然而，Quer，Claver 和 Rienda（2012）以中国大型企业为样本，发现东道国的高政治风险对于中国大型跨国公司的投资并没有产生明显的负面影响。

相较于政治风险，目前学者较少关注东道国经济、金融风险与中国对外直接投资的关系。王海军和齐兰（2011）发现，东道国经济风险对中国对外直接投资具有显著的负向影响。Duanmu（2012）的研究则显示，东道国经济风险对中国对外直接投资的影响不显著。另外，一些学者具体分析了中国对外投资所面临的一些东道国的国家风险。例如，越南的政府违约、政府效率和官员腐败风险（许梅、陈炼，2011），菲律宾工程承包市场的政治风险和法律风险（付玉成，2013）等。

第三节　模型设定、变量说明与数据来源

一　模型设定

本章采用对数化的面板固定效应模型，参考 Buckley 等（2007）的研究设计思路，将模型设定如下：

$$\text{lofdi}_{it} = \alpha + \beta_1 \text{lhgdp}_{it} + \beta_2 \text{lomr}_{it} + \beta_3 \text{ltrad}_{it} + \gamma X_{it} + \delta Z_{it} + \mu_i + \varepsilon_{it}$$

其中，lofdi 表示中国对东道国对外直接投资存量，为被解释变量；lhgdp、lomr 和 ltrad 为基准控制变量，分别代表东道国市场规模、东道国自然资源和战略资产禀赋；X_{it} 为基本控制变量，包括中国向东道国的出口总额（lexp）、中国从东道国的进口总额（limp）、东道国对外国直接投资的开放程度（lopen）、东道国劳动力平均工资水平（lwage）和东道国制度质量（llaw）；Z_{it} 为核心控制变量，分别包括东道国政治风险（lpolr）、东道国经济风险（lecor）、东道国金融风险（lfinr）以及 lhgdp、lomr、ltrad 与 lpolr、lecor、lfinr 的交互项；μ_i 表示东道国的个体效应，ε_{it} 为随机误差项，服从独立同分布，$i = 1, \cdots, 115$，$t = 2004, \cdots, 2013$。

二 变量说明与数据来源

中国对东道国对外直接投资存量（lofdi）。考虑到中国对外直接投资尚处于发展的初期，对外直接投资年度流量数据较小，且数据连续性较差，我们选取中国对外直接投资存量数据。中国对外直接投资存量数据来源于商务部、国家统计局和国家外汇管理局联合发布的《中国对外直接投资统计公报》。值得注意的是，我们的样本不包括中国对避税港的投资数据。

东道国市场规模（lhgdp）。本章使用东道国 GDP 作为东道国市场规模的代理变量。GDP 不仅反映了一国的经济规模，而且体现其人口规模，能较好地衡量其市场购买力容量，可作为中国市场寻求型对外直接投资的一个较有效的代理变量。东道国 GDP 数据来源于世界银行 WDI 数据库。

东道国自然资源禀赋（lomr）。我们采用东道国的油气和矿物出口占商品总出口的比重来衡量东道国资源禀赋状况，比重越高，表明该国自然资源越丰裕。该指标可作为中国资源寻求型对外直接投资的代理指标。东道国的油气和矿物出口额、商品出口总额数据均来自 WTO 贸易统计数据库。

东道国战略资产禀赋（ltrad）。本章使用东道国在世界知识产权组织商标注册数量指标来衡量其战略资产丰裕程度。通过收购海外知名品牌进而提高自身品牌溢价是中国企业对外投资和并购的一个重要目的，可作为中国战略资产寻求型对外直接投资的代理指标。东道国商标注册数量来自世界知识产权组织（WIPO）数据库。

中国向东道国的出口总额（lexp）。中国向东道国的出口总额反映了两国间的贸易联系程度。对外直接投资和对外贸易之间存在紧密的联系，是中国企业规避东道国贸易壁垒、扩大市场份额的一个重要途径。中国向东道国的出口总额数据来自《中国统计年鉴》。

中国从东道国的进口总额（limp）。与出口类似，中国从东道国的进口也反映了两国贸易联系的紧密程度。中国企业倾向于通过对外直接投资稳定原材料供应，降低不确定性风险。中国从东道国的进口数据来源于《中国统计年鉴》。

东道国对外国直接投资的开放程度（lopen）。本章用东道国的 FDI 存量与 GDP 的比值作为对外资开放度的指标。理论上，一国对外国投资越开放，吸引的 FDI 规模越大。东道国的 FDI 存量数据来源于联合国贸易与发展会议（UNCTAD）数据库。

东道国劳动力平均工资水平（lwage）。东道国劳动力成本优势是中国企业进行对外直接投资的一个重要因素。东道国劳动力成本越低廉，投资吸引力越大，中国对其直接投资越多。本章使用人均国民收入（GNI）作为东道国劳动力成本的间接指代变量。东道国人均 GNI 数据来源于联合国调查统计司。

东道国制度质量（llaw）。参考 Kolstad 和 Wiig（2012），我们使用世界银行 WGI（Worldwide Governance Indicators）数据库中的法治水平（Rule of Law）作为衡量东道国制度质量的代理变量。

东道国的国家风险指标，包括政治风险（lpolr）、经济风险（lecor）、金融风险（lfinr）三个指标。这三个指标分别来源于国别风险指南（ICRG）的政治风险、经济风险和金融风险指标。政治风险指标涉及政治和经济领域，包括政府稳定度、社会经济状况、投资状况、内部冲突、外部冲突、腐败、军队的政治影响力、区域紧张度、法律和秩序、种族关系紧张度、民主可问责度、官僚质量等。经济风险指标主要衡量各经济体的优势与弱点，包括人均 GDP、实际 GDP 增长率、年度通货膨胀率、财政余额占 GDP 的比例、经常账户余额占 GDP 的比例。金融风险指标衡量一国的债务偿还能力，重点评估政府债务、商业债务和贸易债务的融资和偿还能力，包括外债占 GDP 的比例、外债的本金和利息的偿还额占出口额的比例、经常账户余额占出口额的比例、净国外流动性资产与月度进口额的比率、汇率稳定度（The PRS Group，2015）。

第四节 实证过程与结果分析

一 数据处理与估计方法

首先，需要对原始数据中的缺漏值和离群值进行处理，以消除遗漏值和极端值对模型估计的影响。对于样本离群值，有截尾处理和缩尾处理两种方法，由于缩尾处理不会造成样本容量的损失，我们采用该方

第七章 风险偏好、投资动机与中国对外直接投资：基于面板数据的分析

法。经过处理，我们得到 115 个国家（OECD 国家 26 个，发展中国家 89 个）2004—2013 年的一个非平衡面板数据。非平衡面板数据并不影响计算离差形式的组内估计量，因此，固定效应模型的估计可以照样进行。对于随机效应模型，非平衡面板数据也没有产生实质性影响，可用可行的广义最小二乘法（FGLS）估计。表 7-1 报告了模型主要变量的描述性统计量，包括观察值数量、平均值、标准差、最小值、中位数和最大值。由表 7-1 可知，模型变量的标准差均比较小，在允许的范围之内，说明我们的样本数据不存在严重的极端值。

表 7-1   模型变量描述性统计量

变量	变量说明	观察值	平均值	标准差	最小值	中位数	最大值
lofdi	中国对东道国 ODI 存量	1060	9.09	2.08	4.09	9.27	12.94
lhgdp	东道国市场规模	1052	15.74	2.07	11.94	15.84	19.65
lomr	东道国自然资源禀赋	946	2.97	1.14	0.47	2.97	4.58
ltrad	东道国战略资产	981	7.16	3.29	1.10	7.33	12.18
lexp	中国向东道国出口总额	1060	12.11	1.94	8.11	12.19	15.74
limp	中国从东道国进口总额	1059	11.27	2.77	4.53	11.64	15.95
lopen	东道国对外国直接投资的开放程度	1035	3.39	0.85	1.43	3.41	5.21
lwage	东道国劳动力平均工资水平	1056	8.46	1.59	5.71	8.45	10.98
llaw	东道国制度质量	1060	3.57	0.90	1.05	3.84	4.59
lpolr	东道国政治风险	840	4.19	0.19	3.69	4.20	4.49
lecor	东道国经济风险	840	3.58	0.16	3.09	3.60	3.87
lfinr	东道国金融风险	840	3.65	0.14	3.16	3.66	3.88
lpols	东道国政治稳定性	1060	3.48	0.89	1.05	3.73	4.54
leiu_pol	EIU 政治风险	741	3.72	0.61	1.39	3.91	4.56
lecofree	经济自由度	1004	4.08	0.18	3.27	4.09	4.49
leiu_eco	EIU 经济结构风险	741	3.79	0.37	2.30	3.87	4.53
leiu_cur	EIU 货币风险	751	3.71	0.31	2.64	3.76	4.44
leiu_bank	EIU 银行部门风险	741	3.82	0.34	2.48	3.89	4.44
leiu_sdeb	EIU 主权债务风险	741	3.72	0.39	2.40	3.81	4.51

在进行回归分析之前，我们需要了解模型主要变量之间的相关性情

况，以观察模型是否存在系统多重共线性问题。表7-2列示了模型变量的相关系数矩阵。由该表可知，变量llaw与lpolr的相关系数为0.81，但由于这两个变量不是同时出现在估计模型中，从而不存在共线性问题。此外，lhgdp与ltrad、lexp、limp的相关系数超过0.8。因此，模型是否存在系统多重共线性问题，还需要进一步检验。

表7-2　　　　　　　　模型主要变量相关系数矩阵

变量	lofdi	lhgdp	lomr	ltrad	lexp	limp	lopen	lwage	llaw	lpolr	lecor	lfinr
lofdi	1.00											
lhgdp	0.39	1.00										
lomr	0.11	-0.14	1.00									
ltrad	0.22	0.82	-0.31	1.00								
lexp	0.55	0.88	-0.18	0.74	1.00							
limp	0.52	0.82	0.05	0.59	0.79	1.00						
lopen	-0.03	-0.13	0.03	0.01	-0.07	-0.06	1.00					
lwage	0.11	0.68	-0.08	0.66	0.51	0.54	0.25	1.00				
llaw	-0.03	0.45	-0.38	0.54	0.34	0.24	0.24	0.64	1.00			
lpolr	-0.08	0.45	-0.23	0.55	0.35	0.34	0.38	0.78	0.81	1.00		
lecor	-0.04	0.36	0.12	0.20	0.24	0.41	0.02	0.59	0.40	0.50	1.00	
lfinr	0.14	0.28	0.21	0.07	0.25	0.34	-0.12	0.31	0.18	0.17	0.49	1.00

为准确判断模型是否存在系统性多重共线性问题，我们需考察模型变量的方差膨胀因子（Variance Inflation Factor，VIF）。由表7-3知，模型变量的最大方差膨胀因子为9.59，平均方差膨胀因子为3.98。根据经验法则，如果变量的最大方差膨胀因子小于等于10，表明模型不存在系统性多重共线性问题。

表7-3　　　　　　　　模型变量方差膨胀因子

变量	变量说明	VIF	1/VIF
lhgdp	东道国经济规模	9.59	0.104
lexp	中国对东道国出口	6.75	0.148
lpolr	东道国政治风险	4.90	0.204

续表

变量	变量说明	VIF	1/VIF
ltrad	东道国战略资产	4.47	0.224
lwage	东道国工资水平	3.97	0.252
limp	中国从东道国进口	3.84	0.260
llaw	东道国制度质量	3.61	0.277
lecor	东道国经济风险	2.01	0.496
lomr	东道国资源禀赋	1.63	0.612
lopen	东道国对外资开放度	1.63	0.614
lfinr	东道国金融风险	1.42	0.703
均值		3.98	

现在,我们考虑面板数据模型的估计方法。一般而言,面板数据模型估计有混合 OLS、面板固定效应模型和面板随机效应模型三种方法。在估计方法的选取上,我们采取以下三个步骤:首先,比较固定效应模型和混合 OLS 的适用性,Wald 检验和 LR(似然比)检验均显著拒绝原假设,说明固定效应模型优于混合 OLS;其次,比较随机效应模型和混合 OLS 的适用性,B-P 检验和 LR 检验均显著拒绝原假设,说明随机效应模型优于混合 OLS;最后,比较固定效应模型和随机效应模型的适用性,Hausman(豪斯曼)检验结果表明应采用固定效应模型。因此,我们采用面板固定效应模型对模型进行估计,估计方法为可行广义最小二乘法(FGLS)。

二 全样本估计

现在,我们估计 115 个国家的全样本面板数据模型。估计结果列示于表 7-4。在表 7-4 中,模型(1)为基准模型。一般而言,中国对外直接投资主要由市场寻求、资源寻求、战略资产寻求等动机所驱动,从而,我们的基准模型仅包含 lhgdp(东道国市场规模)、lomr(油气和矿产出口占比)和 ltrad(商标注册数量)三个自变量。由表 7-4 可知,变量 lhgdp 在模型(1)—(9)中的系数均显著为正,表明中国企业倾向于在市场规模较大的国家投资,从而,中国对外直接投资具有比较明显的市场寻求动机。变量 lomr 在各模型中的系数同样显著为正,说明中国对外直接投资具有较强的资源寻求动机。这与我们的直觉感受一致。近年来，为确保海外资源供应的稳定，中国企业尤其是大型国有企业频繁在境外进行资源型投资。变量 ltrad 在模型（1）—（9）中的估计系数也均为正，但在部分模型中不显著，说明中国对外直接投资存在战略资产寻求动机，但不如市场寻求动机和资源寻求动机明显。

模型（7）—（9）分别考察了东道国的政治风险变量 lpolr、经济风险变量 lecor 和金融风险变量 lfinr 对中国海外直接投资的影响。在本章中，lpolr、lecor、lfinr 的得分越高表示相应的风险越低。如表 7-4 所示，lpolr、lecor、lfinr 的估计系数均显著为负，意味着中国对外直接投资更加倾向于政治、经济和金融风险比较高的国家和地区。这与 Buckley 等（2007）的研究结论一致。

控制变量中，出口变量 lexp 的估计系数为 0.9，在 1% 的检验水平上显著，意味着中国对东道国出口增加 1 个百分点会拉动中国对其投资增长约 0.9 个百分点，说明出口能够显著促进中国对外直接投资。进口变量 limp 的系数为 0.42，且统计上显著，表明中国从东道国的进口有助于中国对其投资。对外资开放度变量 lopen 的系数为正且显著，显示东道国对 FDI 的开放度提高对于中国的对外直接投资具有较明显的吸引作用。工资变量 lwage 的估计系数为正但不显著，这可能归因于现阶段中国劳动密集型产业的对外投资规模相对较少，而资源和技术寻求型投资对东道国劳动力成本相对不敏感，从而，效率寻求尚未构成中国企业对外投资的一个主要动机。法治变量 llaw 的估计系数为不显著的 -0.14，说明中国对外直接投资对东道国的制度质量没有明显的偏好，可能略微偏好制度质量较差的国家。

为进一步分析国家风险与投资动机对于中国境外直接投资的交互影响，我们在模型中引入变量 lhgdp、lomr、ltrad 与变量 lpolr、lecor、lfinr 的交互项，并对全样本进行面板固定效应模型估计。表 7-5 报告了模型的估计结果。由表 7-5 可知，变量 lhgdp 和变量 lomr 的估计系数均显著为正，与全样本估计 I 的结果相一致，这再次验证了中国对外直接投资具有比较明显的市场寻求和资源寻求动机。变量 ltrad 的估计系数为正，但在一些模型中不显著，说明中国企业对外直接投资具有战略资产寻求动机，但弱于市场寻求和资源寻求动机。

第七章 风险偏好、投资动机与中国对外直接投资：基于面板数据的分析 113

表7-4 全样本回归估计结果 I

变量	模型（1）	模型（2）	模型（3）	模型（4）	模型（5）	模型（6）	模型（7）	模型（8）	模型（9）
lhgdp	2.83*** (15.12)	1.36*** (3.10)	2.19*** (8.81)	2.72*** (15.95)	2.47*** (4.49)	2.83*** (15.17)	2.53*** (12.40)	2.63*** (13.42)	2.86*** (14.79)
lomr	0.59*** (2.78)	0.52*** (2.66)	0.41** (2.12)	0.57** (2.48)	0.59*** (2.75)	0.58*** (2.77)	0.62*** (2.98)	0.70*** (3.15)	0.66*** (2.92)
ltrad	0.09* (1.87)	0.07* (1.70)	0.08* (1.75)	0.10** (2.18)	0.10* (1.83)	0.09* (1.90)	0.07 (1.37)	0.07 (1.54)	0.07 (1.44)
lexp		0.90*** (3.75)							
limp			0.42*** (3.55)						
lopen				0.73*** (2.97)					
lwage					0.46 (0.68)				
llaw						−0.14 (−0.54)			
lpolr							−5.12*** (−3.68)		
lecor								−1.97*** (−3.89)	
lfinr									−1.34* (−1.96)

续表

变量	模型(1)	模型(2)	模型(3)	模型(4)	模型(5)	模型(6)	模型(7)	模型(8)	模型(9)
常数项	-38.86*** (-12.90)	-25.95*** (-6.17)	-32.66*** (-10.68)	-39.62*** (-14.14)	-37.14*** (-9.60)	-38.35*** (-12.47)	-13.03* (-1.74)	-29.47*** (-8.26)	-35.18*** (-9.73)
样本量	899	899	898	890	895	899	748	748	748
调整后 R^2	0.546	0.587	0.573	0.572	0.546	0.546	0.565	0.562	0.547
Wald 检验	91.42	110.33	78.99	87.37	68.04	68.90	66.50	60.12	63.94

注：括号内为 Z 值，***、**、* 分别表示在 1%、5%、10% 检验水平上显著。W 为 Wald 检验，如果 Wald 检验值明显大于 10，说明模型系数整体上显著。下同。

表 7-5　全样本回归估计结果 II

变量	模型(1)	模型(2)	模型(3)	模型(4)	模型(5)	模型(6)	模型(7)	模型(8)	模型(9)
lhgdp	3.83*** (11.41)	3.09*** (14.17)	3.16*** (11.77)	2.68*** (12.85)	2.66*** (13.60)	2.88*** (15.67)	2.64*** (13.48)	2.69*** (13.67)	2.82*** (14.54)
lomr	0.62*** (2.98)	0.69*** (3.14)	0.66*** (2.91)	2.92** (2.11)	2.17*** (4.05)	2.39*** (2.96)	0.61*** (2.86)	0.65*** (2.98)	0.64*** (2.87)
ltrad	0.07 (1.39)	0.07 (1.53)	0.07 (1.46)	0.07 (1.51)	0.08 (1.65)	0.06 (1.35)	2.07*** (3.29)	0.92*** (3.98)	0.51 (1.36)
lhgdp_ lpolr	-0.31*** (-3.75)								

第七章　风险偏好、投资动机与中国对外直接投资：基于面板数据的分析

续表

变量	模型(1)	模型(2)	模型(3)	模型(4)	模型(5)	模型(6)	模型(7)	模型(8)	模型(9)
lhgdp_lecor		-0.13*** (-4.25)							
lhgdp_lfinr			-0.08* (-1.84)						
lomr_lpolr				-0.54 (-1.64)					
lomr_lecor					-0.42*** (-3.45)				
lomr_lfinr						-0.47** (-2.38)			
ltrad_lpolr							-0.49*** (-3.17)		
ltrad_lecor								-0.24*** (-3.91)	
ltrad_lfinr									-0.12 (-1.19)
常数项	-34.33*** (-10.57)	-36.49*** (-11.67)	-39.94*** (-12.62)	-37.13*** (-10.95)	-36.96*** (-11.75)	-40.39*** (-13.27)	-35.83*** (-11.13)	-37.16*** (-11.78)	-39.37*** (-12.43)
样本量	748	748	748	748	748	748	748	748	748
调整后 R^2	0.566	0.565	0.546	0.545	0.552	0.548	0.560	0.562	0.544
Wald检验	66.99	60.28	64.17	65.50	59.77	69.20	61.59	59.64	63.18

现在，我们考察中国的市场寻求型、资源寻求型和战略资源型对外直接投资，对于政治、经济和金融等三种类型国家风险的反应。由于各国家风险指标的值越高表示风险越低，从而，若国家风险指标变量与中国投资动机变量的交互项系数为正，表明对外投资动机和低投资风险对中国对外直接投资产生互补的正向促进作用；若交互项系数为负，在投资动机对中国境外投资能产生确定性正向影响的条件下，则表明中国对外投资具有较强的风险偏好。如表7-5所示，国家风险变量与对外投资动机变量的全部交互项的估计系数均为负，除 lomr_lpolr 与 ltrad_lfinr 的系数不显著外，其余交互项的系数均显著。这意味着，较高的国家风险不仅与中国对外直接投资有着正向关系，而且借助于不同的对外投资动机对中国境外投资产生正向影响。这表明，中国对外直接投资具有较强的风险偏好，倾向于投资政治、经济和金融风险较高的国家。这说明，中国企业对外直接投资暗含较大的潜在风险，中国亟须增强海外投资风险监测、预警和管理能力。

三 发达国家样本估计

鉴于发达国家和发展中国家在经济发展水平、资源禀赋、投资环境和国家风险方面差异巨大，本章将分别分析发达国家、发展中国家的国家风险对于中国直接投资的影响。我们采用通常做法，将 OECD 国家视为发达国家，非 OECD 国家视为发展中国家。在我们的全样本115个国家中，OECD 国家26个，非 OECD 国家89个。

表7-6报告了发达国家样本的回归估计结果。由表7-6可知，市场空间变量 lhgdp、资源禀赋变量 lomr 的估计系数均为正值，且统计上显著，系数值较大，说明中国对发达国家的直接投资具有较强的市场寻求和资源寻求动机。与全样本估计结果有所不同的是，技术禀赋变量 ltrad 的估计系数显著为正，表明中国对发达国家的投资有明显的战略资产寻求动机。原因不难理解：首先，发达国家国民购买力较强，市场容量较大，中国企业在当地直接投资有利于扩大市场。其次，一些发达国家本身为自然资源丰富的国家，如加拿大、澳大利亚、美国等，同时，发达国家的跨国公司在全球拥有巨额资源权益资产。因此，从目标资产的地理位置角度看，中国对发达国家的资源投资有两种情

形:一是目标资产位于发达国家国境范围内;二是目标资产位于发展中国家,但属于发达国家跨国公司的权益资产。最后,得益于雄厚的科研投入和完善的知识产权保护体系,发达国家相对于发展中国家拥有较多国际品牌、高科技专利、先进技术和管理经验等战略资产,而这恰恰是中国企业在转型发展阶段所急需的,从而,收购发达国家的知名品牌和先进技术,是中国企业提升技术水平和国际竞争能力的一条有效途径。从而,中国企业对于发达国家的投资具有强烈的战略资产寻求动机。

与全样本回归估计结果类似,发达东道国的政治风险、经济风险指标均与中国对外直接投资显著负相关,所不同的是金融风险变量的估计系数变为正值,但其在统计上不显著。这表明,在发达国家中,中国投资者仍然偏好政治经济风险较高的国家。中国对外投资的这一风险偏好行为,可能与企业的国际竞争能力不强密切相关,它们被迫选择相对较落后的发达国家作为投资的重要目的地。同时,中国企业投资发达国家的一个重要动机是利用发达国家金融市场融资(Cai,1999),在某种程度上显现出对低金融风险的偏好,但这种风险偏好是不稳定的。

四 发展中国家样本估计

表 7-7 汇报了发展中国家样本的回归估计结果。如该表所示,变量 lhgdp、lomr 和 ltrad 估计系数虽总体上为预期的正值,但系数的显著性不理想,仅 lhgdp 的系数统计显著,lomr 和 ltrad 的系数不显著。这说明,中国对发展中国家的投资具有较强的市场寻求动机,但资源寻求动机和战略资产寻求动机不明显。

中国对发展中国家的投资具有较强的市场寻求动机和较弱的战略资产寻求动机,这比较容易理解。发展中国家是中国产品的非常重要的市场,中国对其投资显然有拓展市场空间、推动产品出口的动机。同时,发展中国家的科学技术普遍较为落后,知名品牌较少,可供中国投资的战略资产相对较少,这是中国对其战略资产寻求型投资动机不明显的重要原因。

表7-6　发达国家样本回归估计结果

	模型(1)	模型(2)	模型(3)	模型(4)	模型(5)	模型(6)	模型(7)	模型(8)	模型(9)
lhgdp	2.54*** (3.34)	1.17 (0.75)	-0.37 (-0.58)	2.33*** (3.61)	3.56* (2.03)	2.53*** (3.21)	2.65*** (4.39)	2.95*** (4.28)	2.65*** (3.85)
lomr	1.66*** (3.55)	1.42** (2.66)	1.11*** (3.46)	1.71*** (3.81)	1.72*** (3.89)	1.67*** (3.45)	1.12*** (2.89)	1.69*** (5.28)	1.81*** (5.66)
ltrad	2.13*** (5.94)	1.95*** (4.00)	1.32*** (4.10)	1.76*** (5.70)	2.11*** (5.89)	2.14*** (5.84)	1.77*** (5.25)	1.43*** (3.85)	1.86*** (4.97)
lexp		0.76 (0.91)							
limp			1.70*** (7.35)						
lopen				1.97*** (5.77)					
lwage					-1.26 (-0.66)				
llaw						0.35 (0.15)			
lpolr							-8.20*** (-3.69)		
lecor								-3.03*** (-3.67)	

第七章 风险偏好、投资动机与中国对外直接投资：基于面板数据的分析

续表

	模型(1)	模型(2)	模型(3)	模型(4)	模型(5)	模型(6)	模型(7)	模型(8)	模型(9)
lfinr									0.85 (0.63)
常数项	-63.35*** (-5.16)	-46.51** (-2.19)	-23.41** (-2.40)	-62.59*** (-5.94)	-68.63*** (-4.48)	-64.64*** (-4.42)	-24.27** (-2.06)	-52.16*** (-5.60)	-65.67*** (-5.67)
样本量	260	260	260	260	260	260	234	234	234
调整后 R^2	0.622	0.629	0.731	0.666	0.623	0.621	0.667	0.658	0.631
Wald 检验	50.61	37.77	47.96	61.96	38.71	38.13	33.82	32.29	33.32

表 7-7 发展中国家样本回归估计结果

	模型(1)	模型(2)	模型(3)	模型(4)	模型(5)	模型(6)	模型(7)	模型(8)	模型(9)
lhgdp	2.65*** (15.44)	1.69*** (3.85)	2.36*** (11.27)	2.57*** (15.59)	2.38*** (4.90)	2.65*** (15.51)	2.47*** (12.76)	2.51*** (13.98)	2.60*** (14.32)
lomr	0.06 (0.47)	0.08 (0.56)	-0.02 (-0.13)	0.04 (0.31)	0.05 (0.42)	0.05 (0.44)	0.09 (0.64)	0.10 (0.71)	0.08 (0.54)
ltrad	0.07 (1.50)	0.05 (1.40)	0.07 (1.50)	0.08* (1.72)	0.07 (1.37)	0.07 (1.52)	0.05 (1.10)	0.05 (1.18)	0.05 (1.14)
lexp		0.60** (2.46)							

续表

	模型(1)	模型(2)	模型(3)	模型(4)	模型(5)	模型(6)	模型(7)	模型(8)	模型(9)
limp			0.19** (2.33)						
lopen				0.51** (2.26)					
lwage					0.36 (0.59)				
llaw						-0.13 (-0.57)			
lpolr							-2.30* (-1.98)		
lecor								-0.81* (-1.72)	
lfinr									-0.32 (-0.49)
常数项	-32.11*** (-12.34)	-24.55*** (-6.30)	-29.46*** (-10.88)	-32.71*** (-13.97)	-30.92*** (-9.50)	-31.64*** (-12.01)	-20.41*** (-3.16)	-27.89*** (-8.70)	-30.78*** (-9.61)
观察值	639	639	638	630	635	639	514	514	514
调整 R^2	0.648	0.672	0.654	0.665	0.648	0.648	0.643	0.641	0.638
Wald检验	91.50	102.13	76.47	98.25	68.43	69.22	63.83	59.84	59.35

令人费解的是，中国对发展中国家的资源寻求型投资动机竟然也不明显。在过去的几年中，中国企业对外资源能源并购引发了广泛的关注。原因可能在于：一是并非所有的发展中东道国都是自然资源丰裕的国家，中国企业可能基于市场或效率寻求动机投资资源不丰裕的发展中国家；二是发展中国家的大量资源资产是掌控在发达国家跨国公司的手中，一个很可能出现的情形是，中国并购的目标资源资产虽位于发展中国家境内，但属于发达国家的资产，从而，统计数据显示中国对发展中国家的资源投资规模较低。

表7-7显示，国家风险各变量的估计系数均为负数，政治风险变量lpolr和经济风险变量lecor的系数统计显著，金融风险变量lfinr的系数不显著。这说明，中国对发展中国家的投资较偏好政治、经济风险较高的国家，但金融风险的偏好不明显。这与发达国家样本的估计结果类似。

中国企业之所以偏好政治、经济风险较高的发展中国家，可能是中国企业一个无奈的选择。一方面，中国企业在国际投资领域属于后来者，技术水平较低，国际竞争力不强，且成熟市场早已被西方跨国企业瓜分殆尽，中国企业要想从中分得一杯羹非常困难，只能另辟蹊径，选择到政治较为动荡、西方跨国公司不愿触及的市场投资。另一方面，中国企业可能更为适应这些发展程度较低且投资风险较高的国家，例如，技术水平差距较小、体制环境较接近、双边政治关系较友好等。

在控制变量中，中国向发展中国家的出口lexp、中国从发展中国家的进口limp以及发展中国家对外资开放度lopen对中国对外直接投资具有显著的促进效应。这与全样本回归估计结果类似。发展中国家的工资变量lwage、制度质量变量llaw的估计系数不显著，其对中国对外投资的影响难以判断。

第五节 稳健性检验

本章基于国别风险指南的政治、经济和金融风险指标，分析东道国国家风险对于中国境外直接投资的影响。鉴于ICRG的指标体系不可避免地具有主观性，为消除变量的衡量偏误，我们使用国家风险的一些其他替代指标来对模型进行稳健性检验。

国家风险的替代指标包括：一是选取世界银行全球治理指标（Worldwide Governance Indicators）数据库中政治稳定性（Political Stability and Absence of Violence/Terrorism）指标、英国经济学人集团（EIU）数据库中的政治风险（Political Risk）指标作为东道国政治风险的代理变量，在模型中分别用 lpols、leiu_ pol 表示；二是选择《华尔街日报》和美国传统基金会联合发布的经济自由度指标、EIU 的经济结构风险指标作为东道国经济风险的代理变量，在模型中分别用 lecofree、leiu_ eco 表示；三是选取 EIU 的货币风险、银行部门风险、主权债务风险作为东道国金融风险的代理变量，在模型中分别用 leiu_ cur、leiu_ bank、leiu_ sdeb 表示。

表 7 - 8 报告了稳健性检验的估计结果。由表 7 - 8 可知，市场规模变量 lhgdp 和资源变量 lomr 的估计系数均显著为正，ltrad 的系数为正，但在多数模型中不显著。这表明，中国对外投资有较强的市场和资源寻求动机，还具有一定的战略资产寻求动机。这与全样本估计结果基本类似。

政治稳定变量 lpols 的估计系数为负、政治风险变量 leiu_ pol 的估计系数为正，二者虽不显著，但其方向均支持我们的研究结论，即东道国政治风险对中国对外直接投资具有正向影响。经济自由度变量 lecofree 的系数为负但不显著，经济风险变量 leiu_ eco 的系数显著为正，支持了我们得出了中国对外直接投资偏好经济风险高的国家的结论。金融风险变量 leiu_ cur、leiu_ bank、leiu_ sdeb 的系数均显著为正，说明中国对外直接投资明显偏好金融风险较高的东道国。总体上看，稳健性检验进一步支持了我们的研究结论。

表 7 - 8　　　　　　　　模型稳健性检验估计结果

	模型（1）	模型（2）	模型（3）	模型（4）	模型（5）	模型（6）	模型（7）
lhgdp	2.83 *** (15.18)	2.85 *** (13.24)	2.85 *** (14.69)	2.91 *** (15.07)	2.80 *** (13.98)	2.89 *** (13.48)	2.92 *** (13.89)
lomr	0.59 *** (2.78)	0.65 ** (2.63)	0.60 *** (2.75)	0.56 *** (2.85)	0.66 *** (3.00)	0.65 *** (2.83)	0.67 *** (3.04)

续表

	模型（1）	模型（2）	模型（3）	模型（4）	模型（5）	模型（6）	模型（7）
ltrad	0.09* (1.88)	0.06 (1.18)	0.07 (1.33)	0.05 (1.04)	0.04 (0.80)	0.05 (0.91)	0.03 (0.56)
lpols	-0.14 (-0.81)						
leiu_pol		0.44 (0.77)					
lecofree			-0.36 (-0.28)				
leiu_eco				2.11*** (5.42)			
leiu_cur					1.72*** (3.48)		
leiu_bank						1.54*** (3.17)	
leiu_sdeb							1.90*** (4.89)
常数项	-38.37*** (-12.15)	-41.94*** (-8.88)	-37.68*** (-6.25)	-48.90*** (-13.60)	-45.50*** (-11.48)	-46.75*** (-10.36)	-48.22*** (-11.74)
观察值	899	675	869	675	681	675	675
调整 R^2	0.546	0.607	0.546	0.650	0.626	0.623	0.647
W	71.86	55.94	66.79	73.56	59.19	56.63	58.45

第六节 结论

本章基于2004—2013年中国对115个国家的对外直接投资数据，采用面板固定效应模型，分析东道国的政治、经济和金融风险，以及市场寻求、资源寻求和战略资源寻求等投资动机对于中国对外直接投资的影响。我们得出了如下结论：

总体上看，中国对外直接投资具有明显的市场寻求和资源寻求动机，以及一定程度的战略资产寻求动机。分国家类型看，中国对发达国家的投资具有明显的市场寻求、资源寻求和战略资产寻求动机，对发展中国家的投资除市场寻求动机显著外，资源寻求动机和战略资产寻求动机变得不显著。中国对发展中国家的资源寻求投资动机之所以不明显，可能的原因在于：一是并非所有的发展中东道国都是自然资源丰裕的国家；二是发展中国家的大量资源资产被发达国家跨国公司占有，中国投资的目标资源资产虽位于发展中国家境内，但属于发达国家的资产。

在全样本估计模型中，东道国的政治风险、经济风险、金融风险变量的估计系数均显著为负，从而，中国对外直接投资总体上偏好政治、经济和金融风险较高的国家。同时，国家风险变量与投资动机变量的交互项的估计结果显示，较高的国家风险不仅与中国对外直接投资有着正向关系，而且借助于不同的对外投资动机对中国境外投资产生正向影响。分国家类型看，中国均偏好投资于政治、经济风险较高的发达国家和发展中国家，对东道国的金融风险的偏好不明显。稳健性检验结果进一步支持了我们得出的中国对外直接投资偏好投资风险高的国家的结论。中国对外投资之所以偏好政治、经济风险高的国家，原因可能在于：一是中国企业是国际投资领域的后来者，成熟市场已被瓜分殆尽，只能去投资风险高的非成熟市场寻找投资机会；二是中国企业的技术水平较为适合发展程度较低且投资风险较高的市场，在发达的成熟市场难以获取竞争优势；三是中国与投资风险较高的国家保持着较好的政经关系，体制环境较为接近。

在控制变量中，中国向东道国的出口变量 lexp、中国从东道国的进口变量 limp、对外资开放度变量 lopen 的系数基本上显著为正，表明东道国与中国的贸易联系密集度及其对外开放度的提升，均有利于吸引中国的对外直接投资。工资变量 lwage 的估计系数的正负方向不稳定，且统计上不显著，意味着中国目前的海外直接投资对东道国劳动力成本相对不敏感（如资源和技术寻求型投资），效率寻求尚未构成中国企业对外投资的一个主要动机。法治变量 llaw 的估计系数正负向不稳定、统计不显著，显示中国对外直接投资对东道国的制度质量没有明显的偏好。

上述结论传递出正负两方面信息。一方面，中国企业境外投资面临的国别风险偏高，对东道国的政策法律环境不敏感，甚至在国内强烈的能源资源需求的驱动下，大量投资于高风险的国家，遭受了一些投资损失，并隐藏着巨大的风险隐患，如委内瑞拉、利比亚、苏丹和津巴布韦等。另一方面，所谓"富贵险中求"，投资风险越高的国家往往投资回报越高，而且，中国企业长期在投资风险较高的国家经营，有可能逐渐培育出应对不同投资风险的经验与能力。

本文的结论蕴含着重要的政策意义。在当前"一带一路"倡议和国际产能合作的逐步推进、全球经济特别是新兴经济体的增长停滞风险显著上升、中国面临的国际地缘政治环境日趋复杂的时代背景下,中国企业对外直接投资面临着诸多风险与挑战,如政局动荡、经济波动、制度障碍、政策变动、文化冲突、国家安全审查、地缘政治阻力等。为应对这些风险和挑战,"走出去"的中国企业应提高海外风险的识别、预警和处置能力,做好项目投资前的尽职调查和投资风险研究,以及项目运营期间投资风险的动态监测和应急预案,以尽可能地将风险降至合理的水平。国内的行业中介机构、研究机构和政府部门,要顺应中国企业加快"走出去"的潮流,加大海外投资风险研究的投入力度,健全海外投资风险评估体系和预警机制,降低企业对外投资的盲目性和不确定性。同时,中国政府宜适当加快双多边投资协定和自由贸易协定的商签步伐,充分调动全方位经济外交的力量,为中国企业对外投资保驾护航。

参考文献:

陈强:《高级计量经济学及 Stata 应用》,高等教育出版社 2010 年版。

程惠芳、阮翔:《用引力模型分析中国对外直接投资的区位选择》,《世界经济》2004 年第 11 期。

付玉成:《菲律宾工程承包市场的政治风险》,《国际经济合作》2013 年第 5 期。

蒋冠宏、蒋殿春:《中国对外投资的区位选择:基于投资引力模型的面板数据检验》,《世界经济》2012 年第 9 期。

李猛、于津平:《东道国区位优势与中国对外直接投资的相关性研究——基于动态面板数据广义矩估计分析》,《世界经济研究》2011 年第 6 期。

林治洪、陈岩、秦学志:《中国对外投资决定因素——基于整合资源观与制度视角的实证分析》,《管理世界》2012 年第 8 期。

罗伟、葛顺奇:《中国对外直接投资区位分布及其决定因素——基于水平型投资的研究》,《经济学(季刊)》2013 年第 12 期。

王海军、齐兰:《国家经济风险与 FDI——基于中国的经验研究》,《财经研究》2011 年第 10 期。

王永中、李曦晨:《中国对"一带一路"沿线国家投资的特征与风险》,载《中国对外投资季度报告 2015 年第 3 季度》（韩冰、王永中主编），中国社会科学出版社 2015 年版。

王永中、王碧珺：《中国海外投资高政治风险的成因与对策》，《全球化》2015 年第 6 期。

武娜、刘晶：《知识产权保护影响了中国对外直接投资吗？》，《世界经济研究》2013 年第 10 期。

项本武：《东道国特征与中国对外直接投资的实证研究》，《数量经济技术经济研究》2009 年第 7 期。

许梅、陈炼：《中国企业投资越南的主要国家风险与防范》，《东南亚研究》2011 年第 3 期。

张明、王永中等：《中国海外投资国家风险评级报告 2015》，中国社会科学出版社 2015 年版。

张新乐、王文明、王聪：《我国对外直接投资决定因素的实证研究》，《国际贸易问题》2007 年第 5 期。

M. H. Bouchet, E. Clark and B. Groslambert, *Country Risk Assessment: A Guide to Global Investment Strategy*, New York: John Wiley & Sons, 2003.

P. J. Buckley, L. J. Clegg, A. R. Cross, X. Liu, H. Voss, P. Zheng, "The determinants of Chinese outward foreign direct investment", *Journal of International Business Studies*, Vol. 4, 2007, pp. 499 – 518.

F. N. Burton, and H. Inoue, "An Appraisal of the Early Warning Indicators of Sovereign Loan Default in Country Risk Evaluation System", *Management International Review*, Vol. 3, 1985, pp. 45 – 56.

K. G. Cai, "Outward Foreign Direct Investment: A Novel Dimension of China's Integration into the Regional and Global Economy", *China Quarterly*, Vol. 160, 1999, pp. 856 – 880.

S. C. Chang, "The Determinants and Motivations of China's Outward Foreign Direct Investment: A Spatial Gravity Model Approach", *Global Economic Review*, Vol. 3, 2014, pp. 244 – 268.

S. Claessens, and G. Embrechts, "Basel II, Sovereign Ratings and Transfer Risk External versus Internal Ratings", Working Paper, Bank for International Settlements, 2003.

P. Deng, "Outward investment by Chinese MNCs: Motivations and implications", *Business Horizons*, Vol. 3, 2004, pp. 8 – 16.

J. L. Duanmu, "Firm Heterogeneity and Location Choice of Chinese Multinational Enterprises (MNEs)", *Journal of World Business*, Vol. 1, 2012, pp. 64 – 72.

J. Guo, G. Wang and C. Tung, "Do China's Outward Direct Investors Prefer Countries with High Political Risk? An International and Empirical Comparison", *China & World Economy*, Vol. 6, 2014, pp. 22 – 43.

L. Hurst, "Comparative Analysis of the Determinants of China's State-owned Outward Direct Investment in OECD and Non-OECD Countries", *China & World Economy*, Vol. 4, 2011, pp. 74 – 91.

K. Hyakawa, F. Kimura and H. Lee, "How Does Country Risk Matter for Foreign Direct Investment?", *The Developing Economies*, 2013, 1, pp. 60 – 78.

I. Kolstad, and A. Wiig, "What determines Chinese outward FDI?", *Journal of World Business*, Vol. 1, 2012, pp. 26 – 34.

T. E. Krayenbuehl, *Country Risk: Assessment and Monitoring*, Cambridge: Woodhead-faulkner, 1985.

D. Meldrum, "Country Risk and Foreign Direct Investment", *Business Economics*, Vol. 1, 2000, pp. 33 – 40.

N. W. Meyer, "China's Dangerous Game: Resource Investment and the Future of Africa", *Foreign Policy Association Blogs*, 2013. 12.

Multilateral Investment Guarantee Agency (MIGA), "World Investment and Political Risk (WIPR) 2013", World Bank Group, Washington, 2014.

D. Quer, E. Claver and L. Rienda, "Political Risk, Cultural Distance, and Outward Foreign Direct Investment: Empirical Evidence from Large Chinese Firms", *Asia Pacific Journal of Management*, Vol. 4, 2012, pp. 1089 – 1104.

B. Ramasamy, M. Yeung, S. Laforet, "China's Outward Foreign Direct Investment: Location Choice and Firm Ownership", *Journal of World Business*, Vol. 1, 2012, pp. 17 – 25.

D. L. Shambaugh, *China Goes Global: The Partial Power*, Oxford University Press, 2013.

第八章　我国海外投资面临的经济风险及利益保护机制研究*

随着对外投资规模的不断扩大，我国已成为全球第二大对外投资国，海外投资规模超过同期外资流入规模，成为资本净输出国。我国海外投资利益是国家整体利益的境外延伸。张曙光认为，国家海外利益是国家对外与安全利益的自然与必然延伸，而非一般意义上经济利益的拓展。他指出，国家海外利益可分为核心海外利益、重要海外利益、边缘海外利益。苏长和认为，中国海外利益指中国政府、企业、社会组织和公民通过全球联系产生的、在中国主权管辖范围以外存在的、主要以国际合约形式表现出来的中国国家利益。李众敏认为，中国海外经济利益可归纳为中国的自然人、法人或国家所拥有的，在中国有效的主权管辖区域或行政管辖区域以外存在的，受国际合约、当地法规或中国国内法规保护的经济利益。笔者认为，中国海外投资利益指中国企业和公民在中国主权管辖外的投资活动中，在符合国际合约和投资地法律前提下，投资者所面临的人身、财产及其投资的安全与收益。由于我国海外投资利益事关政府、企业和公民等多层次投资主体，这些投资主体在国外合法投资过程中，应受保护的投资利益包括：投资者在海外的人身自由与安全、海外投资契约的签订与履行，正常投资与经营活动中的其他合法经济权益，等等。近年来，随着我国海外投资规模迅速扩大，海外投资面临的风险也有所增加，利益保护问题凸显。因此，加快完善我国海外投资利益保护机制至关重要。

---

* 执笔人：张金杰。

第一节　中国海外投资发展现状

一　海外投资规模不断增长

2002—2015 年，我国对外直接投资持续快速增长，年均增幅高达 35.9%，并在 2015 年投资存量首次突破万亿美元，达 1.1 万亿美元（见图 8-1）。不断增长的海外投资规模及其存量客观上要求相关部门及机构必须认真研究并不断完善海外投资利益保护机制。

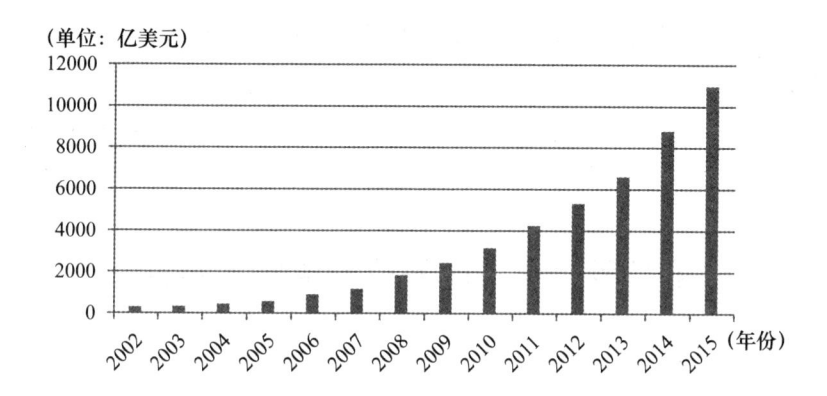

图 8-1　2002—2015 年我国对外直接投资存量情况
资料来源：《2015 年中国对外直接投资统计公报》。

二　海外投资地区与产业分布多元化

从海外投资地区分布看，截至 2015 年年底，我国海外直接投资存量已分布于全球 180 多个国家及地区。如按地区划分，我国海外直接投资在亚洲占比最高，达 70%，海外直接投资额为 7689 亿美元，其次分别是拉丁美洲、欧洲、北美洲、非洲、大洋洲。从海外投资产业分布看，随着我国产业发展进入新阶段，海外投资产业布局也在发生变化。如，在过去相当长的时期内，我国海外投资超过 50% 集中于石油、矿产等自然资源领域。但近两三年，以技术进步和消费升级为目的的海外投资显著增加，2015 年电子技术、装备制造等产业海外投资占 50% 以上。

三 对外工程承包企业迅速发展

我国对外工程承包与对外投资既有区别又密切关联，具有相互促进的联动作用，同属海外投资利益保护的主要对象。随着国际工程承包市场竞争的日益激烈，为获取更多的盈利，我国很多从事工程承包业务的企业开始向对外直接投资转型，通过 BOT、PPP 等模式对境外承包项目实施绿地投资或并购。2016 年，我国对外工程承包业务完成额达 1.06 万亿元（约为 1594 亿美元），同比增长 3.5%；新签合同额为 1.6 万亿元（约为 2440 亿美元），同比增长 16.2%。在新签合同额中，与"一带一路"沿线国家合同额达 1260 亿美元，占比为 51%。目前，我国对外工程承包正向大型化（5000 万美元以上）、高端化方向发展。我国资金与技术实力较强的国有企业和少数大型民营企业，将成为我国对外工程承包的重要力量。

第二节 中国海外投资面临的风险

一 汇率风险

汇率波动直接影响跨国公司的投资收益，是海外投资过程中首当其冲的经济风险。目前，由于我国企业"走出去"呈现投资地区与产业分布多元化发展态势，以及 10 亿美元以上的大宗投资项目显著增加，使我国海外投资事业已从初级阶段进入高级阶段。在此背景下，我国企业所面临的汇率风险变得更加严峻和复杂。如，企业在并购融资、跨境生产与销售等方面均需考虑因汇率波动可能造成的利润损失。特别是在非洲、拉丁美洲等经济欠发达、币值较"软"的国家投资，防范汇率风险是我国企业须臾不可忽略的重要任务。

二 宏观经济政策风险

受宏观经济发展状况影响，东道国可能会出台不利于外资的新政策，进而使我国企业因应对不及而蒙受损失。在此情形下，海外投资的经济风险还可能通过政治风险表现出来。如，受 2008 年国际金融危机影响，以拉丁美洲和非洲国家为代表的许多发展中国家，其多年受益于国际能源与资源价格上涨而形成的良好的经济发展形势发生转变。而在国内 GDP 增速放缓背景下，我国企业在这些国家的投资不仅难以获得预期收益，甚至还面临东道国投资违约的巨大风险。

三　市场风险

长期以来，由于我国能源与资源类海外投资交易比重较大，受国际大宗商品价格波动的影响，这些领域的海外投资企业一直承受较大的市场风险。以我国在委内瑞拉的投资为例，作为全球石油储量最多的国家，且是世界第五大和拉丁美洲最大的产油国，委内瑞拉近 25% 的经济增长和 50% 的政府财政收入都依赖石油出口。近年来，随着国际原油价格不断下跌，委内瑞拉的经济状况有所恶化。国际货币基金组织（IMF）统计显示，2016 年委内瑞拉通胀率已高达 475.8%，预计 2017 年将达到 1642.8%，失业率将由 2016 年的 17.4% 上升至 2017 年的 20.7%，可见，我国在委内瑞拉投资的企业必然面临较大的市场风险。

第三节　中国海外投资利益保护机制及其存在的问题

进入 21 世纪以后，随着我国对外投资速度加快与规模扩大，从政府、企业到社会的其他方面都日益高度重视海外投资利益保护问题，已初步形成了一套较成体系的保护机制。具体包括：国际投资协定保护措施、海外投资保险制度和多位一体的应急保护协调机制。这些机制的实施，实现了对我国企业海外投资利益的有力保护，但也有一些政策法规已不适应我国海外投资事业迅速发展的需要，应高度重视。

一　国际投资协定保护措施

近年来，我国积极参与国际投资规则和标准的制定。在国际投资规则和标准制定的谈判中，不仅从资本输入国角度，而且越来越重视从资本输出国角度，努力反映我国正当诉求，以更有效地保护不断增长的海外投资利益。目前，我国不仅是《解决国家与他国国民间投资争议公约》和《多边投资担保机构公约》等重要国际投资条约的缔约国，而且签订相关协议数量增长迅速,根据商务部网站显示,截至2016年年底,我国对外签署的双边投资协定(BIT)已达104个,数量仅次于德国,居世界第二位。这些国际投资条约与协定的签订,对保护我国海外投资利益起到积极作用。

从对外投资角度看,签署BIT有利于保护我国企业海外投资产权,获得在东道国公平的投资机会和优惠待遇,从而降低我国企业海外投资成本与风险。但BIT对投资利益的保护也具有明显的局限性,而且具有显著的国别差异。如,许小平等研究表明,截至2012年年底,我国与"一带一路"沿线国家签订的BIT中,只有在投资环境较差的发展中国家,BIT才具有显著的保护与促进作用。同时,BIT对我国海外投资利益保护的局限性还体现在当发生投资纠纷时,我国企业不能及时有效地诉诸国际仲裁。即使能诉诸于国际仲裁,往往也难以发挥维护投资者正当权益的作用。原因在于,在中外签署的BIT中,存在类似"在向国际投资争端解决中心(ICSID)提起仲裁前,需履行特定的司法程序"的条款。这意味着一旦我国企业在东道国发生投资纠纷,在其向国际仲裁机构提起诉讼前,诉讼方必须先寻求东道国司法帮助。即使在东道国发生投资违约甚至是出现国有化等侵权行为时,按照BIT规定,我国企业也必须先在东道国国内法庭履行诉讼程序,这事实上也就失去了寻求国际仲裁帮助的机会。

二 海外投资保险制度

我国海外投资保险主要由中国出口信用保险公司承保,该公司以维护国家对外政治、经济利益为原则,由国家财政出资,承担维护我国海外投资利益安全的责任和义务。从中国出口信用保险公司经营状况看,截至2016年8月,该公司海外信保累计承保金额达2.7万亿美元,总体业务规模及主要险种规模均位居国际信用和投资保险人协会(即伯尔尼协会)全体成员之首,为鼓励我国企业"走出去"并保障其海外投资利益做出重要贡献。但我国海外投资保险制度供给与企业对外投资日益增长的风险防范需求相比较,还很不相称,制度存在较大改革空间。

目前,国际上海外投资保险制度主要有三种模式:与东道国双边立法的"美国模式"、国内单边立法的"日本模式"和混合立法的"德国模式"。在中国出口信用保险公司的《投保指南》中，对承保对象并未规定承保范围必须是与我国签订双边投资协定的国家。因此，我国海外投资保险制度属于单边立法的模式。在此模式下，由于投资者无论到哪个国家投资均可投保，体现了对"走出去"投资者的平等原则。但尽管如此，因该模式主要依赖国内法的保护，一旦遇到投资纠纷，就必须先寻求当地司法帮助，不利于企业海外投资保险代位求偿权的实现。同时，我国海外投资保险制度还面临投资险种单一、风险覆盖率偏窄和保费偏高等问题。

三 多位一体的保护协调机制

海外投资利益保护不能仅依靠政府或企业自身，而是必须建立政府、企业和社会多位一体、相互协调合作的保护机制。进入21世纪后，随着越来越多企业"走出去"，我国已积极协调政府各相关部门，努力构建为企业提供经济、外交、法律等诸多方面服务的海外投资利益保障机制。如，2004年11月，我国成立中国境外公民和机构安全工作部际联席会议机制，会议成员包括国务院26个部委和军方机构，旨在协调处理相关重大事件。该机制的积极作用在2011年利比亚危机中得到了充分体现。同时，外交是国家服务于企业和个人对外投资活动的宝贵资源。目前，我国外交系统无论是在签订对外经贸协定方面，还是在为企业"走出去"提供便利化服务方面，或是在东道国发生自然灾害、战乱等威胁时均能为我国公民及时提供外交救援，体现出了外交为国家经济利益服务的基本原则。[6]当然，如何充分利用外交帮助企业化解海外投资风险，我国外交系统仍有较大改进空间。

第四节 完善我国海外投资利益保护机制的对策建议

一 充分发挥政府和社会在海外投资保护机制中的作用

我国海外投资多位一体利益保护机制的建立，除企业应不断强化海外风险防范意识、提高对东道国政治、经济和社会环境的风险评估能力外，还应发挥政府和社会在海外投资保护机制中的作用。政府应树立和强化服务意识，在融资、保险、信息服务、外交协调与谈判等诸多方面，充分发挥为海外投资企业提供的服务功能。加快实现银行等金融机构与实体企业的银企合作，为企业提供更好、更有效的服务。同时，充分发挥社会各类研究智库、行业协会、会计师事务所和律师事务所等中介组织的作用，从法律和税收等诸多方面，鼓励"走出去"企业与社会机构合作，使我国企业海外投资利益能获取更有力的保障。

二 继续加强 BIT 在扩大海外投资利益保护中的作用

首先，力争实现 BIT 权利与义务新平衡。我国现已同为全球资本输入国与输出国，在对外新签或续签 BIT 时，在保护外资在华利益的同时，应适度提高投资自由化的要求和标准，旨在减少中国企业特别是国有企业在海外投资将面临的东道国政策障碍，从而使中国跨境投资的保护标准与权利方面实现新的平衡性变化。其次，在 BIT 国别考量方面，应高度重视与市场经济程度较低的发展中国家签约中的利益保护，确保我国企业在这些国家投资过程中，能有效应对可能发生的政治风险和社会风险。再次，在国际仲裁方面，为增加我国企业寻求国际司法救济的机会，在修改或新签 BIT 时，应考虑加入超越一国司法体系的申请国际仲裁条款的新约定。最后，积极参与同美、欧等发达国家在国际投资领域规则制定方面的合作。在未来国际投资争端解决机制的改革过程中，应争取更多的话语权，使国际仲裁新规则有利于保护我国企业海外投资利益。

三 加快完善海外投资保险制度

首先，完善海外投资保险相关立法规范。可借鉴美国海外私人投资公司有关海外投资保险制度经验，该公司受美国国务院政策指导，承保险种包括战乱险、征收险等多种风险保险业务。其值得我国借鉴之处在于以商业化运作解决海外投资利益保护问题，从而避免国家间外交对抗。其次，在保险模式选择方面，尽快改变国内单边立法的模式，代之以我国与东道国签署双边投资保护协定为前提的承保模式。最后，在承保范围等方面，加快细化和扩大在东道国投资的风险险种覆盖范围，并进一步提高对民营中小企业海外投资的服务力度。

四 提高企业自身维护海外投资利益的能力

企业是海外投资的主体,其海外投资风险意识与防范能力的强弱,是海外投资利益保护机制中最重要的环节。尽管目前我国对外直接投资存量已突破万亿美元,但与发达国家相比,我国对外直接投资的历史并不长,特别是缺乏真正有丰富国际投资经验和国际竞争能力的本土跨国公司。目前,进入世界 500 强的中国企业,多数仍是依靠资金而非技术或品牌的国有企业。随着我国海外投资规模的不断扩大,我国"走出去"的企业必须提高自身海外投资利益的保护能力,企业应在不断强化海外风险防范意识的前提下,努力提高对全球特别是东道国政治、经济和社会环境的风险评估能力,并加快建立和不断完善应对突发事件的相关应急机制。

参考文献:

李众敏:《中国海外经济利益保护战略刍论》,《世界经济与政治》2012 年第 8 期。

苏长和:《论中国海外利益》,《世界经济与政治》2009 年第 8 期。

许小平、陆靖、李江:《签订双边投资协定对中国 OFDI 的影响——基于"一带一路"沿线国家的实证研究》,《工业技术经济》2016 年第 5 期。

张曙光:《国家海外利益风险的外交管理》,《世界经济与政治》2009 年第 8 期。

第九章 中国对"一带一路"沿线国家投资风险分析[*]

"一带一路"沿线国家是中国对外投资的重要目的地。2015年，中国对65个沿线国家的直接投资规模达189亿美元，占中国对外投资的份额为13%。2016年，中国在"一带一路"承接的大型工程承包项目的金额为465.2亿美元，占中国当年对外承接的大型工程承包项目的份额达60.8%。随着"一带一路"建设的逐步推进，中国对沿线国家的投资将会保持较快的增长速度。总体上看，"一带一路"沿线国家的经济发展水平较低，法律和社会制度不健全，政治和社会风险较高，文化和宗教冲突时有发生，政府透明度较低，主权债务风险较高，投资风险高。因此，对"一带一路"沿线国家的投资风险进行分析预警，对于引导中国企业理性选择对外投资的区域和行业，降低对外投资风险，促进"一带一路"倡议的顺利推进，具有紧迫而重要的现实意义。

第一节 "一带一路"沿线国家的营商环境状况

一国的营商环境或营商便利度决定着企业的运营效率和投资回报。世界银行每年均发布全球营商环境排名结果。该评估体系考察10项指标：开办企业、办理施工许可证、电力可获得性、财产登记、信贷可获得性、保护少数投资者、纳税、跨境贸易、合同执行、破产办理。表9-1列示了"一带一路"地区及一些重要国家2015—2016年的营商环境排名。

---

[*] 执笔人：王永中、宋爽、李曦晨。

表 9-1　　"一带一路"沿线国家的营商环境排名

区域	2015 年 DFT 分数	2015 年 全球排名	2016 年 DFT 分数	2016 年 全球排名
东盟	63.5	88	64.0	86
新加坡	87.3	1	85.1	2
马来西亚	79.1	18	78.1	23
泰国	71.4	49	72.5	46
越南	62.1	90	63.8	82
印度尼西亚	58.1	109	61.5	91
西亚	59.7	101	59.3	104
阿联酋	75.1	31	76.9	26
以色列	70.6	53	71.7	52
土耳其	69.2	55	67.2	69
南亚	53.7	128	52.9	132
斯里兰卡	59.0	107	58.8	110
印度	54.7	130	55.3	130
中亚	63.9	82	64.7	81
哈萨克斯坦	72.7	41	75.1	35
乌兹别克斯坦	62.6	87	63.0	87
独联体	70.9	50	72.3	46
俄罗斯	71.0	51	73.2	40
中东欧	73.1	41	74.5	37
波兰	76.5	25	77.8	24
东亚（蒙古国）	68.8	56	68.2	64

注：各经济体的综合排名是依据 10 个指标的前沿距离（DTF）分数决定的，每个指标所占权重相同。在 2015 年、2016 年，排名第 1 的国家 DTF 分数分别为 87.34、87.01。表中区域指标为区域内国家指标简单算数平均得到。

资料来源：世界银行。

从区域比较来看，中东欧和独联体是营商环境比较好的，DTF（与前沿距离）分数保持在 70 分左右；东亚、东盟和中亚略逊一筹，DTF 分数基本在 60 分以上；西亚和南亚则相对较差，DTF 分数在 50—60 分之间徘徊。

中东欧和独联体具有良好的营商环境，而且区域内国家的政治、经济环境普遍较好，开展项目的风险较低。中东欧地区的前三名在 2016 年均排在全球 20 位以前，依次是马其顿、爱沙尼亚和拉脱维亚。独联体地区稍逊于中东欧，只有第一名格鲁吉亚在 2016 年跻身全球前 20 位。

东盟地区的新加坡是"一带一路"沿线营商环境最高的国家，在近三年的全球排名中始终占据前两名，特别是在保护少数投资者、合同执行、开办企业、纳税、办理施工许可证和电力可获得性六个方面均排名全球前 10 位。马来西亚在保护少数投资者、电力可获得性和办理施工许可证三个指标下的突出表现使其长期处在全球 20 位左右。泰国在近两年的排名有所下降，主要是因为在办理施工许可证、财产登记、纳税等指标下的排名出现大幅下跌所致。越南和印度尼西亚是区域内近年来新兴的外商投资重地，二者的营商环境虽然一直在改善，但仍有很大的提升空间。

中亚地区只有哈萨克斯坦能挤入全球前 50 名，其优势主要体现在保护少数投资者、合同执行、财产登记和办理施工许可证等方面，不过在跨境贸易和电力可获得性等方面还需加强。吉尔吉斯斯坦和乌兹别克斯坦虽然近年来的 DTF 分数和国际排名持续提升，但是营商环境仍难以令人满意。东亚的蒙古国始终保持在全球 60 位左右，其在保护少数投资者、办理施工许可证、纳税和开办企业方面表现良好，但在电力可获得性、跨境贸易、破产办理和合同执行等方面的情况堪忧。

西亚和南亚营商环境的排名较低，区域内国家的普遍排名比较靠后。在西亚地区，阿联酋遥遥领先于其他国家，特别是在缴纳税收、办理施工许可证、电力可获得性和保护少数投资者等方面均跻身全球前 10 名，不过在合同执行、破产办理和信贷可获得性方面的表现却令人失望。以色列因为在保护少数投资者、破产办理和开办企业方面的表现较好，所以位列区域第二。土耳其作为区域内重要的新兴市场国家，2016 年在电力可获得性、办理施工许可证、纳税等方面的排名明显下降，可能与当年发生的政变有关。南亚是"一带一路"沿线营商环境最差的地区。印度近两年均排在 130 名，虽然在保护少数投资者和电力可获得性方面有一定的优势，但是其他指标的得分全都落后于全球大多数国家。

第二节 "一带一路"沿线国家的国别投资风险状况

关于"一带一路"沿线国家的国别投资风险,中国社科院世界经济与政治研究所的《中国海外投资风险评级报告2017》,给出了沿线35个主要国家的投资风险评级结果。该评级体系包含经济基础、偿债能力、政治风险、社会弹性和对华关系五大指标以及41项细分指标。该报告认为,"一带一路"地区的投资风险较高,其中政治风险是最大的潜在风险,而经济基础薄弱则是最大的掣肘。从评级结果来看,低风险评级(AA等级)国家仅有新加坡1家,高风险评级(BB及以下等级)国家也只有8家,其余的26个国家为中等风险(BBB-A等级)国家(见表9-2)。

表9-2 "一带一路"35个主要国家投资风险评级结果

2017年排名	国家	地区	是否发达国家	排名变化	2017年评级等级	2016年评级等级
1	新加坡	东盟	1	—	AA	AA
2	阿联酋	西亚	0	↑	A	A
3	以色列	西亚	1	↓	A	A
4	匈牙利	中东欧	1	↑	A	A
5	捷克	中东欧	1	↓	A	A
6	罗马尼亚	中东欧	0	↑	A	BBB
7	波兰	中东欧	0	—	A	A
8	马来西亚	东盟	0	↑	A	BBB
9	沙特阿拉伯	西亚	0	↓	BBB	A
10	哈萨克斯坦	中亚	0	↓	BBB	A
11	俄罗斯	独联体	0	↓	BBB	BBB
12	柬埔寨	东盟	0	↑	BBB	BBB
13	印度尼西亚	东盟	0	↑	BBB	BBB
14	保加利亚	中东欧	0	↓	BBB	BBB

续表

2017年排名	国家	地区	是否发达国家	排名变化	2017年评级等级	2016年评级等级
15	老挝	东盟	0	↑	BBB	BBB
16	菲律宾	东盟	0	—	BBB	BBB
17	希腊	中东欧	1	↓	BBB	BBB
18	土耳其	中东欧	0	↓	BBB	BBB
19	土库曼斯坦	中亚	0	↑	BBB	BBB
20	巴基斯坦	南亚	0	↑	BBB	BBB
21	印度	南亚	0	↑	BBB	BBB
22	伊朗	西亚	0	↑	BBB	BBB
23	蒙古国	东亚	0	—	BBB	BBB
24	泰国	东盟	0	↑	BBB	BBB
25	斯里兰卡	南亚	0	↓	BBB	BBB
26	越南	东盟	0	↑	BBB	BBB
27	缅甸	东盟	0	↓	BBB	BBB
28	塔吉克斯坦	中亚	0	↑	BB	BBB
29	乌兹别克斯坦	中亚	0	↓	BB	BBB
30	孟加拉国	南亚	0	—	BB	BB
31	白俄罗斯	独联体	0	—	BB	BB
32	吉尔吉斯斯坦	中亚	0	↑	BB	BB
33	埃及	西亚	0	↓	BB	BB
34	乌克兰	中东欧	0	—	BB	BB
35	伊拉克	西亚	0	—	B	B

资料来源：中国社科院世界经济与政治研究所：《中国海外投资国家风险评级报告2017》，中国社会科学出版社2017年版。

总体来看，"一带一路"国家多为新兴经济体，仅有新加坡、以色列、捷克、匈牙利和希腊五个发达经济体，整体经济基础较为薄弱，经济结构单一，经济稳定性差；部分国家地缘政治复杂，政权更迭频繁，政治风险较高，社会弹性和偿债能力也较低。发达国家的投资风险明显低于新兴市场国家，排名前五的国家中除了阿联酋外均为发达经济体。评级最高的新加坡，其经济发展水平、政治稳定性、对华关系、社会弹性都位于很高的水平，对中国的投资依存度较高，而且投资受阻程度很低。希腊虽然作为发达经济体，但受债务危机影响，偿债能力甚至低于新兴经济体，社会弹性也较低，因此风险评定级别较低，需要加强防范投资风险。

"一带一路"沿线国家对华的政治和经济关系分化较大，既有与中国政治关系密切，经济依存度高的巴基斯坦、老挝等国家；也有对中国怀有警惕心理，投资阻力较大，经济依存度较低的国家，如印度等；还有由于国内稳定性和开放度原因，使投资阻力较大，双方经贸往来难度较高的国家，如伊拉克；还有一些国家虽然与中国政治关系友好，但是经济依存度较低，如沙特和捷克等国。

从区域角度看，中东欧和东盟的发展程度较高，经济增速较快，较少出现地缘政治问题，社会弹性和偿债能力也高于一般发展中国家，整体投资风险较低。独联体和中亚地区的投资环境相对较差，仅有俄罗斯、哈萨克斯坦、土库曼斯坦为BBB级，其余都是BB级。这些国家的经济基础、政治风险、偿债能力和社会弹性多项指标排名靠后。西亚地区呈现较大的差异性，既有评级为A的以色列和阿联酋，也有评级为B（不可投资级）的伊拉克。西亚地区国家较多，地域广阔，差异巨大，其中以色列和阿联酋的经济和军事实力较强，财政和金融系统较安全，投资环境稳定，但伊拉克、伊朗等地区，政局动荡，常有军事冲突，社会不稳定，经济基础较弱，投资风险较高。

第三节　中国在"一带一路"沿线国家的相对投资风险评估

中国"一带一路"沿线国家的一些大型项目投资出现受挫的现象，体现在：一是行业投资壁垒较高，中国企业发出的并购要约未能获得东道国监管部门的许可，投资活动被迫取消；二是出于政治冲突和社会动荡、政策变化、市场约束和企业自身经营不善等因素，中资企业在当地经营受挫，投资的企业被迫关闭。

如表9-3所示，2006年至2016年期间，中国在"一带一路"沿线国家投资受挫的大型项目数量为56个，占中国对外投资受挫的大型项目总数的27.9%；受挫项目的投资金额为742.5亿美元，占中国投资受挫的大型项目的份额为24.5%，略低于中国对"一带一路"国家大型项目的投资份额25.1%。这说明，"一带一路"沿线地区不存在异常的投资风险，与中国对外整体投资风险基本持平。

表9-3　　　　中国对外投资受挫的大型项目的数量与金额

时间	项目数（个） 数量	项目数（个） 比例（%）	项目金额（亿美元） 金额	项目金额（亿美元） 比例（%）	投资金额占比（%）
2006	6	66.7	218.7	62.9	47.0
2007	5	45.5	73.6	50.4	23.0
2008	1	6.7	3	0.8	27.3
2009	3	16.7	22	6.0	36.0
2010	3	15.0	14.8	7.5	13.8
2011	4	16.7	58.5	15.7	28.0
2012	7	36.8	90.4	49.2	18.6
2013	5	31.3	70.5	41.2	33.5
2014	12	54.5	100.2	40.9	17.3
2015	8	36.4	83.1	26.5	31.9
2016	2	8.0	7.7	2.4	19.6
合计	56	27.9	742.5	24.5	25.1

资料来源：The Heritage Foundation和笔者的计算。

中国在沿线国家投资受挫的大型项目主要分布于西亚、东盟和南亚地区。2006—2016年期间，中国在西亚、东盟和南亚投资受挫的大型项目的价值份额分别为44.7%、24.7%和14.5%。在西亚地区投资受挫的大型项目主要分布于伊朗，金额达252亿美元，占中国在"一带一路"地区的份额达33.9%。在东盟投资受挫的大型项目主要分布在菲律宾、缅甸、越南和印度尼西亚，分别为64.4亿美元、46.7亿美元、26.8亿美元和23.4亿美元。此外，西亚的叙利亚和阿富汗、独联体的俄罗斯、南亚的巴基斯坦和印度、中亚的哈萨克斯坦，均为投资受挫项目较多的国家。

表9-4　中国在"一带一路"沿线国家投资受挫大型项目的区域分布

（单位：亿美元）

时间	西亚	东盟	南亚	独联体	中亚	中东欧	东亚
2006	160	19.8		25	13.9		
2007		72.5			1.1		
2008		3					
2009	1.8		20.2				
2010	6.2	8.6					
2011	13	36	5			4.5	
2012	67	5.1	4			1.9	12.4
2013	37.7	3.1	29.7				
2014	32.1	20.6	7.7		18.5	21.3	
2015	9.7	15	37.6	18.3			2.5
2016	4.6		3.1				
合计	332.1	183.7	107.3	43.3	33.5	27.7	14.9

资料来源：The Heritage Foundation。

能源、金属矿石和交通是中国在沿线国家投资受挫的主要行业，高科技、金融、旅游、化学、不动产和公共事业等行业投资受阻的风险较低。2006—2016年，能源、金属矿石和交通三大行业投资受挫的价值份额高达87.3%，其中能源受挫的价值份额达65.9%（见表9-5）。原因在于：一是中国对能源业投资规模大；二是能源业属于敏感行业，中国的大规模能源投资易引起东道国的警惕与防备，面临着较大阻力。

表9-5　中国在"一带一路"沿线国家投资受挫大型项目的行业结构

（单位：亿美元）

时间	能源	金属矿石	交通	农业	化学	旅游	金融	高科技
2006	200.8	17.9						
2007	22.3		10	41.3				
2008								3
2009	5.2	15	1.8					

续表

时间	能源	金属矿石	交通	农业	化学	旅游	金融	高科技
2010		8.6	6.2					
2011	49		4.5			5		
2012	81.3		9.1					
2013	38.7	31.8						
2014	44.2	8.9	12.4		18.5	12	4.2	
2015	47.9		29.3				5.9	
2016			3.1				4.6	
合计	489.4	82.2	76.4	41.3	18.5	17	14.7	3

资料来源：The Heritage Foundation。

显然，仅仅比较投资受挫的大型投资项目的金额与数量而不考虑实际投资的规模，无法直观的衡量"一带一路"沿线地区的投资风险，因此，我们构造了中国在"一带一路"沿线国家的相对投资风险指标进行测量。相对投资风险指标包括数量指标和金额指标两部分，数量指标是中国在"一带一路"国家投资受挫的大型项目数量份额与"一带一路"的投资项目价值份额之比；金额指标是"一带一路"投资受挫的大型项目的价值份额与"一带一路"投资价值份额之间的比率。指标值大于1、等于1和小于1，分别表明"一带一路"沿线国家的投资风险高于、等于和低于其他国家。

如图9-1所示，"一带一路"沿线国家投资风险波动较大，但总体上与我国对其他国家投资风险基本持平。2006—2016年期间，"一带一路"沿线国家的相对投资风险的金额、数量指标的均值分别为0.98、1.11，说明"一带一路"沿线地区不存在异常高的投资风险。其中，2006—2007年、2012—2014年是投资风险较高的两个时段。2012年金额相对投资风险达2.64，创历年最高水平，主要由中石油、中国水电对伊朗的47亿美元、20亿美元的项目投资受挫引致。2014年，数量相对投资风险为3.15，是投资受阻项目数量最多的一年。

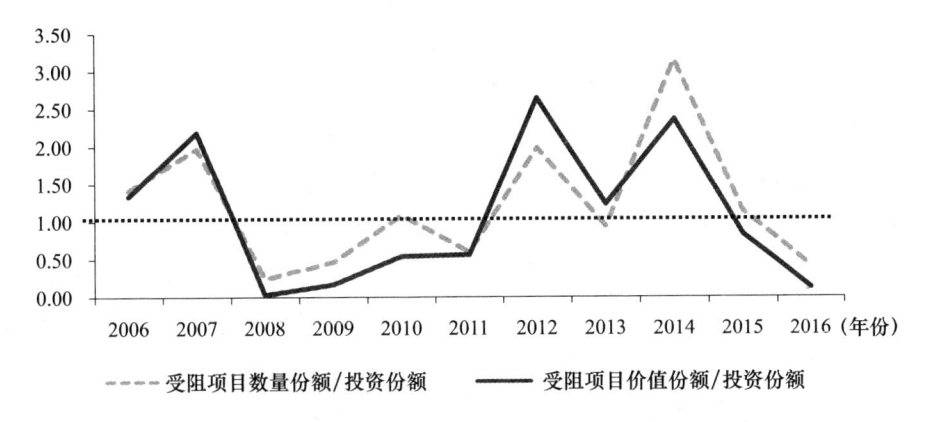

图 9-1 2006—2016 中国在"一带一路"沿线国家的
相对投资风险（受阻程度）

资料来源：The Heritage Foundation 和笔者的计算。

为了比较各区域的投资风险水平，我们计算了中国在"一带一路"各地区的相对投资风险指标，等于投资受阻的项目价值与投资总额的比率。相对投资风险指标值越低，投资风险越低。如图 9-2 所示，2005—2016 年，西亚地区的投资风险最高，达 0.68；南亚地区次之，为 0.38；东盟介于 0.2—0.3 之间；风险较低的地区是独联体、中亚和中东欧，均小于 0.2。

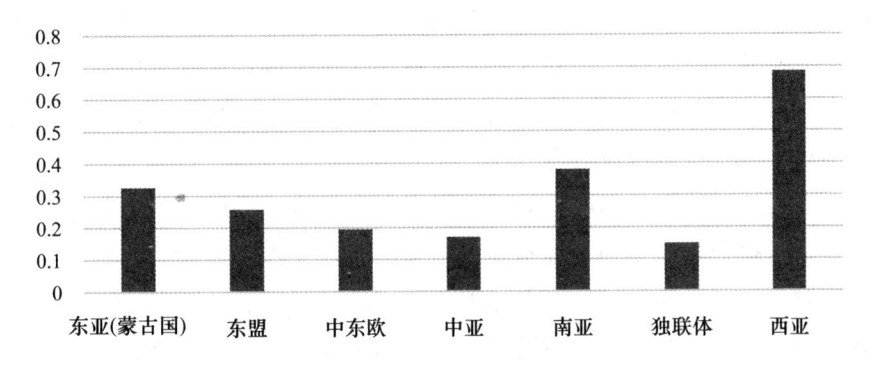

图 9-2 中国在"一带一路"沿线各地区的相对投资风险

资料来源：The Heritage Foundation 和笔者的计算。

第四节 结论与政策建议

综上所述,"一带一路"沿线国家主要是新兴经济体和发展中国家,国情复杂多样,经济发展水平总体较低,政治和社会安全隐患多,政府运作不够透明,外资政策不够稳定,在政治、经济、金融和安全等方面风险系数偏高,投资风险偏高。世界银行的营商环境排名和中国社科院世界经济与政治研究所的海外投资国家风险报告均提供了有力的支撑。但与此同时,中国与"一带一路"沿线的多数国家保持较友好的政治关系,相互经贸往来较为密切,从而有效地缓解中国企业在"一带一路"地区所面临的国别投资风险。美国传统基金会的数据显示,中国在"一带一路"地区的大项目投资受挫风险并不明显高于其他地区。这说明,中国企业通过发挥自身的优势,依托国家的政策支持,可以在投资风险较高的地区获得较好的投资回报。

为缓解中国企业在"一带一路"沿线国家面临的投资风险,提高对外投资的回报和效率,促进"一带一路"建设的顺利实施,现提出如下政策建议:

首先,加强对"一带一路"国家投资风险的评估和预警。鼓励企业设立独立的海外投资风险评估部门,加大对"一带一路"国家的信息收集和风险评估的投入力度,加强项目投资前的尽职调查和项目运作中的风险预警与突发事件应对。国家财政加大对研究机构和高校在国家风险识别与评估方面研究的支持力度,提高国家风险分析报告的质量,为中国企业海外投资提供参考。

其次,探讨修改和签订双边投资协定。目前,中国签署的投资协定主要是从投资输入国的角度拟定的,无法有效保护中国作为投资输出国的权益,需要重新修订和签署。中国政府应积极与"一带一路"沿线国家修改和签订双边投资协定,支持中国企业在海外依法维权,要求所在国的政府和法律公正、透明的保护中国企业的合法权益。

再次,规范中资企业在"一带一路"经营行为。政府应采取切实的规范措施约束海外投资企业的行为,尤其是要研究针对海外中小民营企业合法合规经营的监管措施和奖惩机制,以确保中国海外直接投资企业积极履行社会责任，与东道国实现互利双赢。引导企业改进对外公关的方式，中国企业除与执政党保持良好的关系外，还要更多地接触在野党、社会团体，多参与社区公益活动，提高企业的社会美誉度。中国企业应完善投资策略，不要盲目追求大规模的投资项目，适当克制对能源资源等敏感行业的投资，减少投资项目的受关注度和政治风险。

最后，完善海外投资保险制度。为适应国内企业强劲增长的海外投资保险服务需求，中国政府应在总结实践经验的基础上，加快《海外投资保险法》的立法进程。同时，明确承保对外投资保险业务的机构。政府应大幅提高中国出口信用保险公司的注册资金规模，显著强化其海外投资保险业务。

第十章　哪些中国对外直接投资更容易遭受政治阻力？*

第一节　引言

中国对外直接投资（Outward Direct Investment，ODI）增长强劲。自2003年中国商务部、国家统计局和国家外汇管理局发布年度数据以来，中国对外直接投资实现连续13年增长。从2002年到2015年，在流量上，从27亿美元增加到1456.7亿美元，年均增速为35.9%；在存量上，从299亿美元增加到10978.6亿美元，年均增速达到32.5%。2015年，中国首次跃居全球第二大对外直接投资国，并且对外直接投资首次超过外商来华投资，实现资本账户直接投资项下资本净输出（商务部等，2016）。

与中国对外直接投资强劲增长同样显著的是，中国企业频频遭遇投资阻力。典型案例包括中国海洋石油总公司（中海油）收购美国石油公司优尼科（Unocal）折戟、华为技术有限公司（华为）在美投资受阻、中国铁建股份有限公司（中铁建）墨西哥高铁项目中标结果被撤销等。事实上，即便是那些成功完成的投资案例，背后也波折重重。例如，联想集团（联想）在2005年收购国际商业机器公司（IBM）的个人电脑（PC）业务时，美国国会议员就以"威胁国家安全"为由加以阻挠。最后，由双方高管组建的交涉团队花了一个多月的时间拜访和说服了13个美国政府部门，交易才得以完成（王碧珺，2013）。

虽然投资自由化和促进政策仍然是主流政策，但越来越多的国家也

---

* 执笔人：王碧珺、肖河。

在强化对外资的监管。例如，全球各国限制和监管性政策占每年投资政策总变化的比重从 2000 年的 6.2% 上升到 2013 年的 26.4%（UNCTAD，2013）。这些措施主要表现为提高投资门槛和强化国家安全审查。又如，在申报美国外国投资委员会（CFIUS）调查的项目中，中国企业已经跃居第一位。而在 2008 年之前，中国还在前八名之外。随着东道国对外资监管的加强，投资者与东道国之间的争端也日益增多。仅 2015 年就发起了 70 起投资者—国家争端解决（Investor-State Dispute Settlement，ISDS）。实际 ISDS 数量更高，因为部分投资仲裁在保密条件下进行。而从被起诉东道国来看，在 2013 年之前还主要以发展中国家为主。但近两年来针对发达国家的 ISDS 不断增多，占比已经近 40%（UNCTAD，2016）。

本文的研究对象是那些因为东道国政治因素而受阻的中国对外直接投资。这里首先阐明两个概念。其一，什么是"受阻"？本文研究的投资受阻指的是那些因为各种原因而没能完成的中国对外直接投资项目，并不针对那些已经完成但绩效表现不佳的项目（投资亏损或失败）。其二，什么是"东道国政治因素"？即与东道国政府行为相关的、能对外国投资企业产生影响的因素，包括东道国国家安全审查、政府换届、政权更迭、政策反复、国有化、政府违约、外资政策变动、国际关系恶化等。

中国企业海外投资受阻的教训亟须得到总结，从而将巨额的花费转化成珍贵的经验。本文从理论上分析了外商直接投资对东道国的政治影响及其反作用。同时，利用 2005—2015 年间 22 个因为东道国政治因素受阻的中国对外直接投资案例，再结合同期 432 个成功完成的投资样本，试图通过实证的方式分析受阻投资背后的重要影响因素，并相应提出应对建议。

第二节　东道国政治风险与对外直接投资的研究现状

一般而言，对外直接投资通常面临三大政治风险：投资被东道国政府征收、难以将投资从东道国本币兑换成外币并转移出境和东道国发生政治动乱（Ferrari & Rolfini，2008）。由于传统上对外直接投资的主体是发达国家，因此早期学术界多关注发达国家对发展中国家的直接投资，并认为东道国较高的政治风险不利于吸引国际直接投资。然而，随着发展中国家对外直接投资的蓬勃兴起，也有研究发现，由于适应了母国制度的不完善，东道国同样不完善的政治制度反而能够吸引来自发展中国家的直接投资（Khanna & Palepu，2006）。也就是说，除了绝对制度质量之外，母国和东道国的制度差距也会对两国之间的直接投资产生显著影响。

东道国政治风险对中国海外直接投资的影响在文献中并没有得到一致的结论。例如，同样使用国际国别风险指南（International Country Risk Guide，ICRG）的政治风险指数，有的文献发现东道国政治风险与中国对外直接投资显著正相关，即中国企业反而偏好到政治风险更高的国家进行直接投资，这主要是由于以政府主导的国有企业作为ODI主体，利润最大化并非其投资行为的唯一目标，其背后具有一定的政治意图。有的文献却发现东道国政治风险与中国对外直接投资两者之间并无显著相关关系。由于风险意识不强，东道国的政治风险并未对中国企业对外直接投资产生显著影响。还有的文献发现，东道国政治风险与中国对外直接投资显著负相关，即东道国政治风险对中国海外直接投资具有显著的抑制效应。

这些不一致的结论使得学者开始探讨是否存在某些中间变量来调节东道国政治风险对中国海外直接投资的影响。其中一个中间变量是自然资源丰富程度，学者发现中国ODI更加偏好自然资源丰富但是制度质量差的国家（Kolstad & Wiig，2012）。除了受到获取自然资源的动机影响外，由于中国企业对经济发展水平更低的经济体投资存在比较优势，也使得中国ODI表现出的风险偏好特性实际上是一个假象（杨娇辉等，2015）。除了经济因素外，ODI企业对政治风险的关注程度还取决于中国与东道国的双边关系。具体而言，在与中国友好国家投资时，企业并不关注东道国政治风险；但在非友好国家投资时，企业表现出较为明显的风险规避倾向（孟醒、董有德，2015）。而双边外交活动能够帮助中国企业克服东道国制度不完善对投资带来的不利影响（张建红、姜建刚，2012）。

以上文献的一个共同缺陷是，研究的对象是"已完成"的对外直接投资，被解释变量是以流量或者存量衡量的 ODI 规模。而针对"受阻"的对外直接投资的研究相对较少。为什么东道国会反对外商直接投资？早期的文献大多关注发展中国家对来自发达经济体外资流入的反应。其中，发展中国家最主要的担心是对发达国家及其企业的过度依赖。

近年来，伴随着以中国为代表的发展中国家对外直接投资的大幅增加，发达国家对来自发展中经济体外资流入的反应成为热点研究问题。由于美国政府阻止外国企业并购美国企业的唯一法律依据是该交易可能威胁到美国国家安全。因此，相当多的研究围绕 CFIUS 展开。但大多数文献主要关注单个案例和事件，并且以定性阐述为主。对 CFIUS 审查进行定量研究的学者有保罗·康奈尔（Paul Connell）。康奈尔先用事件分析方法研究 5 个被 CFIUS 阻止的并购交易，发现 CFIUS 的阻止导致数十亿美元的财富转移给美国本土企业。康奈尔进一步利用 76 个遭受 CFIUS 调查的案例进行回归分析，发现 CFIUS 的决策似乎并无歧视性，并没有针对特定国家（Connell & Huang，2013）。

针对"受阻"的中国对外直接投资的研究同样非常有限，主要是媒体报道，学术期刊文章较少。少数研究包括王启洋和任荣明构建了一个东道国与外资企业的利益博弈分析框架，其中一个均衡结果是外资企业如果能主动将自己的部分收益转移给东道国，会使得东道国由设立投资壁垒转向不设立投资壁垒。但作者并未用数据进行实证检验（王启洋、任荣明，2013）。还有一些研究针对的是特定案例、行业和国家。这些研究同样缺乏用实证方法进行检验，也没有从理论上系统地阐述对外直接投资屡屡遭遇政治阻力的机理。

将理论与实证较好结合的研究代表是达斯汀·廷利（Dustin Tingley）等人。廷利等认为三大因素使得中国在美并购更容易遭受政治反对，包括国家安全方面的考虑、对美国国内不景气行业的保护以及对等开放的诉求。廷利等进一步使用 1999—2014 年 569 个交易样本进行回归分析证实了其理论假设（Tingley 等，2015）。值得注意的是，廷利的文章样本中遭受政治反对的中国对美并购并不一定最后"受阻"。事实上，即使遭受政治反对也得以完成的交易，甚至在并购完成之后才遭遇政治反对的案例都在样本之中。

本章试图弥补现有文献的不足。一方面，从理论上系统分析外商直接投资对东道国的政治影响机制。正是由于这些影响的存在，外商直接投资必然要面对其所引发的政治反作用。另一方面，本章较为全面地归纳了中国海外直接投资受阻的案例，并结合同期"已完成"的ODI，通过实证的方式分析受阻投资背后的重要影响因素。

第三节　对外直接投资对东道国的政治影响及其反作用

对外直接投资之所以会屡屡遭遇"政治化"问题，就在于其本身确实会对东道国的国内政治产生多种影响。其一，出于有意或者无意，投资国通过ODI可能获得威胁东道国"国家安全"的能力，并且东道国身处的国际环境越复杂，ODI带来的潜在风险也就越高；其二，ODI会带来新的企业运作规则和惯例，这往往会在东道国引起"市场行为规范"的政治争论；其三，ODI还可能导致东道国社会各阶层收入的结构变化，冲击既有利益格局，重塑其国内政治联盟。总而言之，既然ODI会增加国家安全风险、带来商业规范争论、引起东道国的收入及政治结构变化，那就必然要面对其所引发的政治反作用。

一　ODI与国家安全

ODI很容易与国家安全问题纠缠在一起。因此，ODI在东道国会面临国家安全审查这一直接的政治反作用。虽然经济合作与发展组织（OECD）一直致力于确定国家安全的明确范围，并为安全审查提供了包括"非歧视""透明和可预见""适度"和"可追责"在内的各项原则，但是这一程序仍然相当不透明。即使不少国家会为触发该类审查设定投资数额和行业门槛，但是审查进程本身并不公开，几乎完全取决于东道国相关部门的自由裁量。

ODI之所以会带来国家安全风险，是因为投资国和东道国在国家政策和目标上存在差异，并且前者能通过在能源、通信、基础设施等领域的直接投资来控制东道国的战略性资产，以此获得损害东道国实现政策目标的能力。从历史看，这种风险确实存在。20世纪70年代，中东产油国就曾利用石油这一经济产品向西方各国施压,试图改变后者的对以色列政策。此举使得美国对产油国在美拥有的大量直接投资空前警惕。因此,美国才在1975年设立了CFIUS,当时其主要任务就是审查欧佩克(OPEC)国家对美国的投资。"9·11"恐怖袭击后,迪拜港口世界公司(Dubai Ports World)试图收购拥有6家美国港口经营权的世界航运业巨头英国铁行轮船公司。这一交易又促使美国政府强化了国家安全审查机制,并在国会的呼吁下界定了关键性基础设施的明确标准,同时在相关问题上采用举证责任倒置的原则。值得注意的是,国家安全审查与国家政策分歧之间的相关性也不是绝对的。即使政策分歧并不明显,发达国家在某些重要基础设施领域同样可能以国家安全为由限制来自盟国的投资。例如,里根政府就在1988年下令禁止富士通(Fujitsu)收购仙童半导体公司(Fairchild Semiconductor),而日本也曾利用这一机制阻止英国公司进入本国电信业。

支持国际直接投资自由化的学者和国际组织一直在推动国家安全审查机制的透明化。例如明确"敏感行业"的范围、以确保核心技术人员的安全性来代替中止并购以及制定统一的国际审查程序等。但是,包括美国在内的各国政府更愿意维持当前灵活自主的安全审查机制。从ODI输出国和相关企业的角度来说,当前各国普遍由行政部门主导的国家安全审查机制也具有两面性。由于掌握了最终裁量权,政府既可以利用这一机制来抵挡国内利益集团的施压,又可以利用其不透明性为这些集团服务。

二 ODI引起的市场规则之争

除了国家安全问题以外,不断涌入东道国的ODI还会带来输出国的经济活动规范和惯例的扩散。一旦两者处于不同的发展阶段或者具备迥异的社会结构,并因此在经济活动中奉行不同的原则,就会产生规则冲突。这一点在发展中国家和发达国家之间表现得尤为明显。

ODI对东道国带来的"规则震荡"最初主要影响的是发展中国家。在这些国家运作的外资企业,会依靠经济力量或者本国政府,向东道国直接或间接施压,要求改变当地的既有制度。发展中东道国的法律、习惯和规范往往被看成是影响现代经济活动的政治风险来源,因而被不断要求在制度上向西方国家靠拢，或者说"提高政治制度质量"。尽管这类冲突至今仍然存在，但是由于特定的制度环境确实能够吸引更多发达国家的 ODI，因此作为东道国的发展中国家在大部分情况下还是会选择接纳"新规则"，以满足资本输出国的要求。近年来，虽然发展中国家间相互投资的迅速增长似乎也说明了并不存在某种吸引 ODI 的绝对标准和环境，而是两国间的"制度距离"（institutional distance）越小、越有利于 ODI 在东道国的运作。但在实践中，发达国家的主导地位决定了其青睐的规则能够在争议中不断持续扩散。

然而，伴随着新兴市场国家对外直接投资的大幅增长，发达国家也开始面临逆向的"规范震荡"。一方面，在诸如非洲这样的发展中东道国，来自新兴市场的 ODI 往往对于当地的腐败或者"不良治理"有更高的容忍度，这在一定程度上对冲了发达国家 ODI 在扩散本国规范上的效果。另一方面，以中国为代表的新兴市场国家跨国企业，还在包括发达国家在内的世界范围内致力于获取战略性资源。这引起了当地企业和政府对于其"不计成本"的"非市场行为"的怨言和对此类 ODI 意图的疑虑。在发达国家看来，由于遵循不同的运作逻辑，新兴市场国家的 ODI 给在东道国运营的其他企业带来了不正当竞争的压力。只有完善现有的市场竞争规则，并对拥有国家支持的企业进行相应限制才能重新恢复平衡。

目前，为了减少部分新兴市场国家跨国企业所享有的国家支持优势，发达国家已将实现"竞争中立"（competitive neutrality）作为现阶段规则竞争的重点，要求限制乃至取消国有和私营企业所享受的国家特殊优待。在美欧等国看来，包括中国政府在内的新兴市场国家，不仅赋予本国企业多种政策支持，而且会对本国企业的海外运作做出具体指示，因此亟须制定规则来予以矫正。在跨太平洋伙伴关系协定（TPP）和跨大西洋贸易与投资伙伴协定（TTIP）谈判中，欧盟已经表达了强烈反对"国家诱使和命令国有企业（SOE）或者特权企业（SER）采取反竞争行为、颁布有利于某些企业的管理措施、向其提供补贴或者采取其他能产生类似效果的做法"的立场。美国也表达了对国有企业和服从国家指令的私人企业享受不正当政策支持或者以"非经济"方式进行活动的担忧。

无论是输入还是输出ODI，发展中国家都会面临两种规则所带来的紧张和冲突，并且在这两类斗争中往往都处于相对被动的劣势地位。如果说发达国家在ODI输出的第一阶段是要推广自由贸易原则，并在竞争性的国际体系中将各国塑造成强调跨国企业效率和国家吸引外资能力的"竞争力国家"（competition state），那么当前新一轮的国际经贸规则博弈无疑指向于切断国家和企业间的直接联系，消除新兴国家ODI的优势，确保自由主义市场经济原则的继续扩散。

三 ODI的分配效应与国内政治

除了国家安全问题和异质经济模式所引起的规则之争外，改变社会各集团间的收入分配是ODI所能造成的最直接影响，这种利益得失的变化还会进而重塑东道国国内政治联盟。不过，当前学界对于ODI究竟会带来何种政治影响依然存在分歧。积极派认为，ODI会显著提高东道国对劳动力的需求，有助于改善劳工待遇；而本地的资本所有者则会遭遇成本上升和更激烈的市场竞争。因而，民主化程度越高的政府就会越欢迎ODI。消极派则认为，无论是以市场为目标的横向ODI、以效率为目标的纵向ODI、还是知识资本模式（knowledge-capital model）的综合型ODI，都会加剧劳工间工资收入差距，恶化低技能群体的经济状况。在某些极端案例中，ODI甚至无法提高任何一个劳工群体的工资收入，只有本地的资本所有者能够从中获利。在现实政治中，执政集团也会对ODI进行区别对待。例如，亲劳工的政府会鼓励有利于提高劳工待遇的ODI流入，而亲资本的政府则会鼓励降低劳工成本的ODI流入。因此，ODI会遭遇何种东道国的政治障碍与其对该国再分配状况的影响密切相关。

在与ODI相关的诸多指标中，就业安全（employment security）最具政治动员力。但是现有研究难以确定ODI对整体就业安全是否具有长期的正面效应。大部分学者在承认ODI企业一般具备竞争优势、能够提供更高工资和更稳定工作的同时，也会强调这并不一定意味着社会总福利的增加。原因是ODI的流入，尤其是新进入国内市场（extensive margin）的ODI会对该行业中低技术工人的就业产生负面冲击。此外，也并非所有外资企业都具备竞争优势。有些来自私人企业、投入到非出口部门的小规模 ODI 反倒会因为缺少本地经营网络而危及就业安全。研究发现，那些收购出口企业的纵向 ODI 有利于长期就业安全和整体就业率增长。

除了就业安全之外，收入差距同样是重要的政治因素。横向比较显示，东道国技术水平越先进，ODI 对其国内收入差距的影响就越小。这意味着同一性质的 ODI 在发达国家和发展中国家对收入差距的影响程度并不相同。对于前者来说，ODI 在收入差距上的扩大效应往往并不明显。这是因为在经济发达、技术先进的国家，外资企业通常扮演着技术的接受者而非传授者的角色，所以并不会显著提高对技术工人的需求，也不会进而导致收入分化。这一点在美国表现得尤为明显：日本 20 世纪 80 年代在美国的大量直接投资并没有促进美国的产业升级、增加高技术工人的收入，相反还扩大了对相对低技术劳工的需求，降低了收入差距。

因此，ODI 对东道国不同社会集团间收入分配的影响，主要取决于 ODI 本身的性质和东道国的发展程度。而可能或者已经在这一过程中受损的群体，就会通过已有的政治机制来阻碍相关 ODI 的进入和运营。需要强调的是，单就美国而言，其技术领先地位实际上为 ODI 的进入提供了更为有利的国内政治环境：一方面，ODI 往往并不意味着更强的竞争力，通常不会导致国内市场竞争明显加剧；另一方面，外国在美投资的目的一般不是基于效率驱动，通常不会采取减少工作岗位或者降低工资之类的措施，对本地劳工的福利威胁较小。因此，ODI 在美国这样的发达国家所遭遇的"政治化"挑战，主要来自于资本收购上的直接竞争对手和联邦政府层面，而不是本地选民或者州政府层面。

以上分析说明了 ODI 对东道国国内政治影响的三个主要方面及其反作用。在大多数情况下，商业对手也正是利用以上理由与政治环境来阻碍竞争性 ODI 的流入。在理论梳理之后，本文接下来将从实际案例着手进行分析。

第四节　中国海外直接投资受阻的案例分析

本文研究的投资受阻案例针对的是那些因为东道国政治原因而没能完成的对外直接投资。由于并没有机构和学者详尽统计过中国对外直接投资的受阻情况，本文利用《全球并购交易分析库》（BVD-ZEPHYR）

中状态为"撤回（withdraw）"的交易信息以及美国企业研究所（AEI）和传统基金会（The Heritage Foundation）发布的"中国全球投资追踪China-Global-Investment-Tracker"中"遇到麻烦的交易（Troubled Transactions）"数据，结合财信、路透、彭博、《金融时报》等国内外媒体的报道以及《中国证券报》、相关公司网站的信息披露等途径，共收集了2005—2015年间22个受阻的中国对外直接投资案例（见表10-1）。

表10-1　　　　　　中国对外直接投资受阻案例一览表

1	2005	五矿收购加拿大诺兰达矿业
2	2005	中海油收购美国石油公司优尼科（Unocal）
3	2008	华为收购美国3COM
4	2009	中铝增持澳大利亚力拓公司股权
5	2009	西色国际投资有限公司收购美国优金公司部分股权
6	2009	中石油收购加拿大VERENEX能源公司
7	2010	华为收购摩托罗拉的无线网络设备业务
8	2010	华为收购美国私有宽带互联网软件提供商2Wire
9	2010	唐山市曹妃甸投资有限公司收购美国埃默克公司部分股权
10	2011	华为收购美国三叶系统公司（3Leaf Systems）
11	2011	神华集团收购蒙古塔本陶勒盖煤矿部分股权
12	2012	中铝收购加拿大南戈壁公司部分股权
13	2012	中坤集团冰岛旅游开发项目
14	2013	中国北方工业公司投资万宝矿产（缅甸）铜业有限公司
15	2014	中国工艺集团公司收购南非宝瓶座铂业（Aquarius Platinum）旗下两座铂金矿的项目
16	2014	中国中铁投资中缅皎漂—昆明铁路项目
17	2015	烟台市台海集团收购英国谢菲尔德铸锻公司
18	2015	中资财团（金沙江创投与橡树投资伙伴联合组成的基金）收购美国飞利浦Lumileds照明
19	2015	清华紫光集团收购美国芯片存储巨头美光科技公司
20	2015	中国交通建设集团有限公司斯里兰卡科伦坡港城项目
21	2015	上海鹏欣（集团）有限公司收购澳大利亚S. Kidman养牛场
22	2015	中国铁建墨西哥高铁项目中标结果被撤销

资料来源：笔者自制。

一 受阻案例特征

这些受阻案例呈现如下特征（见表 10-2）：

第一，受阻案例以国有企业为主。在这 22 个受阻案例中，14 个是国有企业，占受阻数量的 63.64%、受阻金额的 88.1%。其中，10 个受阻项目的投资者是央企。另外，在受阻的 22 个案例中仍然有 8 个属于民营企业，其中华为有 4 项投资受阻，全部发生在美国，分别为 2008 年收购 3COM 公司、2010 年收购美国私有宽带互联网软件提供商 2Wire 和摩托罗拉的无线网络设备业务以及 2011 年收购 3Leaf 公司。

第二，采矿业、通信业和建筑业是投资受阻较为集中的三大行业。40.91% 的受阻项目投资于海外采矿业，占受阻金额的 75.22%，其中 2 个是煤炭项目、2 个是油气项目、5 个是铁铝铜金等矿物项目。通信业是仅次于采矿业的投资受阻重灾区，在项目数量上占比 22.73%、在受阻金额上占比 9.92%。此外，样本中还有 3 例投资受阻发生在建筑业，占投资受阻总金额的 9.23%。

第三，受阻投资绝大多数发生在发达国家，尤其是美国。63.64% 的受阻投资发生在发达国家，其中尤以美国为主，有 9 项受阻投资，占中国在发达国家受阻投资项目数的 64.29%，项目金额的 52.88%。除了美国以外的发达国家中，中国企业在澳大利亚有 2 项受阻投资，在加拿大、冰岛和英国各有 1 项受阻投资。中国在发展中国家遭遇的投资受阻则相对少一些，占总受阻投资项目数的 36.36%、受阻投资金额的 16.46%。其中，蒙古国和缅甸各有 2 起受阻投资，墨西哥、斯里兰卡、利比亚和南非各有 1 起受阻投资。

表 10-2　　　　　　　　中国对外直接投资受阻案例统计特征

	数目	占比（%）	投资额（百万美元）	占比（%）
所有制结构				
民营企业	8	36.36	7590.15	11.90
国有企业	14	63.64	56196.81	88.10

续表

	数目	占比（%）	投资额（百万美元）	占比（%）
行业结构				
农、林、牧、渔业	1	4.55	250	0.39
采矿业	9	40.91	47979.01	75.22
制造业	8	36.36	9659.95	15.14
其中：通信设备、计算机及其他电子设备制造	5	22.73	6324.5	9.92
建筑业	3	13.64	5890	9.23
文化、体育和娱乐业	1	4.55	8	0.01
国家分布				
发展中国家	8	36.36	10497	16.46
其中：蒙古国	2	9.09	3800	5.96
缅甸	2	9.09	1070	1.68
墨西哥	1	4.55	3700	5.80
斯里兰卡	1	4.55	1430	2.24
利比亚	1	4.55	460	0.72
南非	1	4.55	37	0.06
发达国家	14	63.64	53289.96	83.54
其中：美国	9	40.91	28178.3	44.18
澳大利亚	2	9.09	19750	30.96
加拿大	1	4.55	5346.01	8.38
冰岛	1	4.55	8	0.01
英国	1	4.55	7.65	0.01

数据来源：笔者根据文中所列信息源资料自制。

二 受阻原因分析

从中国这 22 个具体案例来看，国家安全、规则冲突和分配效应这三类因素均有所涉及。其中，国家安全是阻碍中国企业海外投资的最突出因素，同时存在于对发达国家和发展中国家的投资中；市场规则引起的投资受阻集中于发达国家，并基本融入到了国家安全审查之中；分配效应方面，中国投资在发展中国家会遭遇直接的国内政治阻碍，而在发

达国家该效应往往会通过国家安全来发挥作用

(一) 国家安全

如前所述,国家安全是一个较为模糊的概念,各国在审查中有不同的解释与适用。以美国 CFIUS 制度为例,国家安全涉及 4 个关键项:(1) 关键性基础设施,包括农业和食品、国防工业、能源、公共健康和保健业、银行和金融、水务、化学品、商业设施、水坝、信息技术、电信、邮政和运输等;(2) 关键技术,主要是与国防密切相关的关键技术;(3) 关键地点,邻近美国关键基础设施的区域;(4) 有外国政府背景的企业和资本。CFIUS 的分类具有相当程度的代表性,在中国投资受阻的案例中,第 2 项和第 3 项能够单独构成拒绝理由,第 1 项和第 4 项则通常被同时提及。

关键技术:在案例 2 中,中海油在 2005 年对美国石油公司优尼科(Unocal)发出收购要约后引发了美国政坛的强烈反对。众议院以 398 票对 15 票的绝对多数票数通过了抗议法案,要求时任美国总统小布什运用 CFIUS 国家安全审查机制,严查中海油收购案。其主要担心优尼科公司拥有的先进海底地形测绘技术被中海油获得后会有助于中国潜艇技术的发展。案例 17 中,烟台市台海集团收购谢菲尔德铸锻公司被英国当局阻止。谢菲尔德铸锻公司为欧洲军用战机的发动机锻造精密部件,同时也是欧洲水面舰艇重型锻造部件的供应商。英国担忧向中国企业出售该公司控股权会最终导致某些关键军事技术的变相转让。

地理位置:在案例 5 中,西北有色地质勘查局下属全资子公司西色国际 2009 年计划收购美国优金(Firstgold)矿业公司,但 CFIUS 建议西色国际撤销这一投资计划,理由是优金在美国内达华州的部分资产靠近法伦海军航空站,也就是涉及"关键地点"。与之类似,在案例 21 中,上海鹏欣集团收购养牛场的提议被澳大利亚外国投资审查委员会(FIRB)驳回。其中一个重要原因是该养牛场的一半土地位于澳大利亚南部乌美拉沙漠实验场武器试验范围之内。

敏感产业部门与外国政府背景:在案例 2 中,中海油 2005 年对美国石油公司优尼科(Unocal)发起收购。当时,一方面,中美经贸关系紧张,双边贸易争端激烈,美国围绕人民币升值、中国兑现入世承诺等问题不断对华施压;另一方面,美国国内正处于重视能源安全的高峰期。

中海油收购案就如同一个导火索，引爆了美国政坛的对华疑虑情绪，国会甚至投票要求政府调查中方的收购动机。在案例8中，华为收购美国私有宽带互联网软件提供商2Wire时，正值美国国内和国际对网络安全高度重视的时期，同时还有一系列有关中国黑客攻击他国政府和企业网络、窃取信息的指责。华为首席营销官余承东在接受媒体采访时曾坦言，在过去受政治因素影响相对较小的时候，华为没有在北美市场及时抓住机遇。如果当时抓住了，华为现在可能已经成为北美的主要供应商，许多问题反而好解决了。在案例10中，华为在收购3Leaf公司时虽然没有遭遇关键技术问题的阻挠，但是CFIUS最终仍以其与中国军方存在联系为由建议撤回收购。在案例4中，中铝对力拓集团的收购也遭遇到了"中铝受到中国政府的控制""不能让中国拥有澳大利亚"等国家安全指控。澳大利亚政府迫于压力，一再推迟审批。最后，力拓单方面取消了与中铝的协议，并宣布与必和必拓成立铁矿石合资公司。

归根到底，国家安全是一个政治概念，因而国家安全审查也必然具有歧视性。例如，案例5中在法伦海军航空站附近还有加拿大的巴里克、澳大利亚的力拓等其他外国采矿公司在作业，有的甚至比优金公司离得更近。实践中，各国针对外国投资的国家安全审查过程并无统一标准，主要仍取决于东道国行政部门的自由裁量。

除美国、加拿大、澳大利亚等发达国家外，中国企业在发展中国家投资也遭遇了来自国家安全上的阻碍。在案例6中，中石油拟收购加拿大VERENEX能源公司，该公司主要业务在利比亚，其石油产量的86.3%归利比亚政府所有，但利比亚政府出于"过度依赖中国"的担忧，拒绝批准这桩收购提案。在案例12中，中铝拟收购加拿大南戈壁公司部分股权，该公司的主要资产在蒙古国。但蒙古国当局以威胁国家安全为由暂停了南戈壁公司拥有的若干勘探及开采活动许可证，中铝只得放弃投资。

（二）市场规则

当前，虽然发达国家对"市场中立原则"日益重视，针对中国国有企业"享有特权"的批评也在不断增加，但是尚未出现单纯因为"竞争优势"而导致投资受阻的案例。相反，对中国企业进行"非商业行为"的怀疑是导致中国海外投资受阻的重要因素。例如，案例2中海油收购优尼科、案例4中铝收购力拓集团、案例8华为收购2Wire、案例10华为收购3Leaf虽然均是因国家安全因素而导致投资搁浅，但是之所以涉及国家安全就在于美国、澳大利亚等发达国家的东道国政府、社会怀疑中国企业进行相关投资的动机是出于影响东道国外交政策、进行战略布局、获取国家资源保障等非商业目的。在包括限制国有企业和特权企业条款在内的竞争中立原则在审查海外投资中发挥更明显作用前，暂时可以认为市场规则因素已经被国家安全因素所吸纳。

（三）分配效应与国内政治

由于中国海外投资的巨大体量，往往会对发展中国家、特别是治理问题突出、社会分裂严重的中小国家的国内产业发展和财富分配产生重大影响，进而引发激烈的国内政治斗争。在发达国家，中国以技术、市场和品牌为主要导向的投资通常不会对社会的整体利益分配和政治格局产生显著影响。它们要面对的是利益受损的少数竞争对手的阻挠，后者会利用甚至操纵特定政治议题来妨碍中国的海外投资。

在发展中国家，中国的海外投资项目经常被视为对现政权的政治和经济支持，容易招致反对力量的激烈抗议，中国对缅甸的投资就是典型代表。案例14和案例16均是中国与军政府签署的投资项目，在缅甸启动民主化进程后，也相继被叫停。在投资过程中，由于注重走"上层路线"，对缅甸社会变局和公民诉求缺乏了解和重视，中方企业还遭遇了缅甸当地政治组织和民众的持续抗议。在案例20中，由于中国与马欣达·拉贾帕克萨（Mahinda Rajapaksa）政府关系亲密，在斯里兰卡经历了政府更迭后，新上任的迈特里帕拉·西里塞纳（Maithripala Sirisena）政府立即宣布中止中国交通建设集团承建的科伦坡港口城项目并予以审查。早在竞选过程中，西里塞纳和反对派就指责这一项目贷款利率高、危害环境等，只有拉贾帕克萨的少数支持者从中受益，这使得港口城项目一直处于舆论的风口浪尖。在案例22中，中铁建牵头的国际联合体中标了墨西哥城至克雷塔罗州的高速铁路项目，但3天后中标结果即被撤销。其中的重要原因是与中国企业合作的四家公司都与墨西哥执政党"过分亲密"，被反对派指责涉嫌不公正交易。由利益分配引发斗争的现象也不局限于发展中国家。在案例13中，中坤集团原本应冰岛总理和政府邀请进行投资，拟收购300平方公里土地用于旅游和生态开发。

但是由于冰岛内部的党派分歧，最终以程序问题为由遭到冰岛内政部长否决。

在发达国家，竞争对手往往会利用选举政治来阻挠中国企业的投资收购。以澳大利亚为例，国内主要存在两大政治力量，分别为工党和联盟党（由自由党与国家党组成），每三年举行一次大选。如此紧凑的选举节奏使得执政党一方面要顾及社会舆论和民意，另一方面还要全力应对反对党的抨击或执政联盟内部的分歧。在案例4中，中铝的竞争对手必和必拓不仅是全球第二大矿业集团，也是澳大利亚境内最大的企业，对澳各界有较大影响，曾有澳前官员声称"澳对华政策，必和必拓做主"。正是必和必拓操作和利用了针对中铝的负面宣传，渲染其威胁到澳国家安全。使得这一收购成为澳大利亚反对党攻击执政党工党的靶子。反对党指责中铝背后是中国政府，工党和中国政府关系暧昧。在此压力下，为了与中国"撇清关系"，执政党对中国投资审查格外谨慎。最后，导致中铝的投资审批遭到拖延，使得力拓转而与必和必拓合作。

此外，发达国家的国家安全审查也容易被竞争对手加以利用。通过商业竞争政治化来设置投资壁垒，阻挠中国企业的海外投资。在案例2中，美国议员理查德（Richard Pombo）提案对所有中国企业投资美国石油公司的审批都至少拖延120天。值得关注的是庞勃来自加州选区，而中海油的竞标对手雪佛龙（Chevron）公司的总部就在该选区。此外，华为在美国的一系列投资受阻背后，也有思科等美国电信企业阻挠华为进入美国市场而进行游说的影子。

第五节　投资受阻影响因素的实证分析

在理论梳理和案例分析之后，本部分利用Probit概率模型来估计决定中国企业ODI是否受阻的显著影响因素。

一　数据和变量

分析中国海外投资受阻的影响因素需要同时纳入"受阻"（未完成投资）样本和"成功"（已完成投资）样本。受阻样本如第四部分所述，共有22个，发生在2005—2015年间。同时期"成功"样本包括

432个投资项目，获取的方法是我们首先从国家发改委核准对外直接投资项目列表中获得基本信息，包括投资企业、投资目的国、投资标的等。然后通过企业信息披露和媒体报道，我们对于公布了投资额、披露了投资内容、中国投资者股权占比超过10%的项目信息予以保留。对于投资者和被投资者都是中国企业、项目是"返程投资"即项目的最终目的地是中国大陆的项目信息予以删除。

本文的实证分析纳入如下可能对投资受阻产生影响的变量。

（一）国有企业。该变量是虚拟变量，1表示国有企业；0表示非国有企业。具有政府背景的企业和资本容易受到东道国监管当局的关注。以CFIUS为例，其审查对象包括（1）外国政府能对该企业施加实际影响，命令其收购拥有关键技术的美国企业；（2）外国政府提供针对性的、过分慷慨的激励，例如赠款、优惠贷款、税收优惠等。中国的国有企业由于具有政策和资源优势，容易被指责威胁东道国国家安全和妨碍市场公平竞争，因此更可能遭遇投资阻碍。

（二）投资额。单位为百万美元。投资规模较大的项目可能对当地产生更大的影响，更容易受到东道国的监管当局、社会和媒体的关注。

（三）政治风险和制度距离。遵循现有文献，采用政治风险服务集团（Political Risk Service Group，PRS）发布的ICRG中的政治风险指数来衡量东道国政治风险。该指标为定性变量，涵盖东道国政局稳定性、军事干预政治、内外部冲突、腐败、法制和行政效率等十二个方面，数值越大表示政治风险越小。如第二部分文献回顾所述，东道国政治风险对中国对外直接投资的影响在文献中并没有得到一致的结论。除了绝对制度质量（这里指的是东道国政治风险）之外，母国和东道国的制度距离可能也会对企业是否遭遇投资阻力产生影响。因此我们也纳入制度距离变量，定义为东道国政治风险指数与中国政治风险指数之差值。

（四）双边政治关系。采用中国社会科学院发布的《中国海外投资国家风险评级报告》中的双边政治关系指标。良好的双边政治关系有利于直接投资的发展，成为企业在东道国投资经营的润滑剂，从而降低东道国社会政治风险对国际投资产生的负面影响。但也有研究发现，由于沉没成本的存在，国际关系的恶化不会对跨国企业的投资决策产生显著的负面影响。

（五）自然资源。基于联合国贸易和发展会议数据库（United Nations Conference on Trade and Development，UNCTAD）中商品贸易矩阵数据计算，以东道国燃料和矿石总出口占国内生产总值（GDP）的比重来衡量。作为世界工厂和人口最多的国家，中国对自然资源有极大的需求。为了获得稳定的原材料来源，资源导向型ODI是中国对外直接投资的主要动因之一。然而，包括矿石、煤和石油在内的大量资源属于不可再生资源。同时，资源开采还容易引发环境问题，滋生腐败，从而激起当地民众不满。

（六）专利。每百万人口申请专利数，数据来源于世界知识产权组织（World Intellectual Property Organization，WIPO）数据库。[①] 尽管专利数据并不能完全反映一国的技术水平，但能在一定程度上反映出一国的技术研发投入—产出水平以及可公开的技术知识水平，在文献中作为技术水平的指示指标得到较为广泛的使用。获取技术、品牌等战略性资产有助于中国企业提高自身竞争力、向价值链更高端迁移，而对外直接投资成为实现这一目的的重要渠道之一。然而，随着中国企业加强在发达国家进行技术获取型直接投资，东道国对于关键技术流失的担忧日益增长。

（七）投资行业。企业ODI因为政治因素受阻还可能与行业性质有关。例如，《法国货币和金融法》明确规定，在11个行业中，如果外国投资者获得特定股权，应该受到基于公共秩序、安全和国防利益的审查。美国2007年《外国投资和国家安全法》中也列出了若干属于"重要基础设施"范畴的经济部门。我们依据国家统计局公布的国民经济行业分类与代码中的大类进行行业标识。根据表10-2，受阻案例在农林牧渔业、采矿业、通信业、建筑业、文化体育和娱乐业中都有涉及，我们将这些行业设置成虚拟变量。如果投资行业为该行业，则此变量为1；否则为0。

（八）其他控制变量。我们还控制了东道国经济增长率、两国（首都之间的）距离和投资年份。

[①] 专利所属国以申请人国籍划分。

在计量回归之前，为了检查是否存在严重的多重共线性问题，我们计算了回归各变量的方差膨胀因子（Variance Inflation Factor, VIF）。由表 10-3 可见，VIF 最大值为 3.03，均值为 1.52，都小于 10，可以认为不存在严重的多重共线性问题。

表 10-3　　回归各变量的方差膨胀因子（VIF）

变量	VIF
专利	3.03
政治风险	2.25
自然资源	2.07
经济增长率	1.74
采矿业	1.52
双边政治关系	1.28
投资年份	1.22
两国距离	1.20
国有企业	1.19
投资额	1.09
电信业	1.09
农林牧渔业	1.06
建筑业	1.06
Mean VIF	1.52

资料来源：笔者依据相关数据计算得出。

二　计量模型和回归结果

基于以上分析，我们将估计前述因素对中国企业对外直接投资是否受阻的影响。由于是否受阻是一离散选择，因此估计方程可写为如下 Probit 概率模型的形式：

$$\Pr(Failure_{ODI_i} = 1 \mid X_i) = \Psi(X_i\beta)$$

上式中，因变量表示投资受阻的概率，即如果投资受阻则为 1；投资完成则为 0。下标 i 表示特定的企业；X 为所有解释变量的集合；β 为相应变量的系数；Ψ 为标准正态分布的累积分布函数。除了 Probit 概率模型外，我们还使用线性概率模型（LPM）进行回归分析。LPM 采用

OLS 方法来估计二元选择模型,由于存在一些问题,并不如 Probit 概率模型准确。① 这里引入 LPM 回归作为 Probit 概率模型估计的对照。

表 10-4　　　　　　　　投资受阻影响因素的回归结果

	(1) Probit	(2) LPM	(3) Probit	(4) LPM	(5) Probit	(6) LPM
国有企业	0.41 (0.43200)	-0.00446 (0.02330)	0.537 (0.47700)	-0.00621 (0.02310)	0.536 (0.47800)	-0.00659 (0.02310)
投资额	0.000406*** (0.00013)	5.33e-05*** (0.00001)	0.000451*** (0.00014)	5.25e-05*** (0.00001)	0.000448*** (0.00014)	5.24e-05*** (0.00001)
政治风险	0.00667 (0.01840)	-0.000213 (0.00105)	-0.0199 (0.02430)	-0.00164 (0.00129)		
制度距离					-0.0214 (0.02430)	-0.00171 (0.00128)
双边政治关系	-6.681*** (2.37100)	-0.275** (0.11100)	-6.597*** (2.39000)	-0.307*** (0.11500)	-6.621*** (2.40100)	-0.306*** (0.11500)
自然资源			0.0131 (0.03670)	0.0002 (0.00175)	0.0132 (0.03660)	0.0002 (0.00174)
专利			0.262* (0.13800)	0.0124* (0.00667)	0.269* (0.14000)	0.0128* (0.00672)
农林牧渔业	2.080** (0.89200)	0.119* (0.06060)	2.745*** (0.97800)	0.127** (0.06030)	2.750*** (0.97700)	0.126** (0.06030)
采矿业	1.478*** (0.55900)	0.0408 (0.02720)	1.862*** (0.62900)	0.0623** (0.02950)	1.870*** (0.63300)	0.0618** (0.02920)
建筑业	1.991** (0.79500)	0.485*** (0.08980)	2.085** (0.98200)	0.397*** (0.09860)	2.099** (0.98300)	0.399*** (0.09850)
电信业	2.615*** (0.66100)	0.309*** (0.05270)	2.601*** (0.68200)	0.295*** (0.05250)	2.604*** (0.68200)	0.295*** (0.05250)
经济增长率	-0.00834 (0.06440)	0.00112 (0.00368)	0.0272 (0.07310)	0.003 (0.00394)	0.032 (0.07350)	0.00302 (0.00393)
两国距离	0.139 (0.30300)	0.0165 (0.01940)	0.0825 (0.31400)	0.0161 (0.01940)	0.0836 (0.31400)	0.0161 (0.01940)

① 例如:(1) LPM 假定自变量与 Y=1 的概率之间存在线性关系,但此关系往往不是线性的;(2) LPM 拟合值可能小于 0 或者大于 1,但概率值必须位于 0 和 1 的闭区间内;(3) 扰动项服从二项分布而不是正态分布等。

续表

	(1) Probit	(2) LPM	(3) Probit	(4) LPM	(5) Probit	(6) LPM
投资年份	0.222*** (0.07990)	0.00685** (0.00325)	0.207*** (0.07740)	0.00619* (0.00326)	0.224*** (0.07680)	0.00737** (0.00327)
R^2	0.5222	0.3246	0.5465	0.3079	0.5473	0.3083

资料来源：笔者依据相关数据利用 Stata 计量软件进行回归分析得出。

注：*** $p<0.01$，** $p<0.05$，* $p<0.1$；括号内的值为标准误；Probit 回归中 R^2 为 Pseudo R^2；LPM 回归中 R^2 是 Adjusted R^2。

表 10-4 给出了 Probit 和 LPM 的回归结果。可以发现，企业所有制性质并非投资受阻的显著影响因素，但投资规模越大，中国企业在海外直接投资中受阻的概率越高。尽管根据表 10-2，受阻案例以国有企业为主。但回归结果显示，企业的所有制性质并无显著影响。这主要是由于在样本期间里，中国对外直接投资的主体同样是国有企业。① 这说明已经有很多国有企业完成了海外直接投资，于是"国有企业"变量在统计上不显著。但是，"投资额"变量通过了1%显著性水平检验是中国企业对外直接投资受阻的显著影响因素。具体而言，投资额越大，企业在海外直接投资中受阻的概率越高。这可能是由于"树大招风"，投资规模较大的项目更容易惹人注意，成为被攻击和被利用的目标。

东道国政治风险和制度距离并非投资受阻的显著影响因素，但双边政治关系越好，中国企业在当地投资受阻的概率越低。不管是绝对制度指标（东道国"政治风险"）还是相对制度指标（"制度距离"）都在统计上不显著，但"双边政治关系"变量显著为负，且通过了1%显著性水平检验。可见，良好的双边政治关系有利于中国企业进入当地，降低投资阻力。

东道国丰富的自然资源并非投资受阻的显著影响因素，但东道国技术水平越高，中国企业更容易在当地遭受阻力。"自然资源"变量的符

---

① 从 2006—2014 年，央企非金融类对外直接投资占中国全部非金融类对外直接投资存量的 77%。

号为正，但并不显著。"专利"变量的符号同样为正，且通过了10%显著性水平检验。"专利"变量是技术水平的指示指标，该结果说明，东道国技术水平越高，中国企业在当地投资受阻的概率越高。这反映出拥有较高技术水平的东道国，担忧中国企业进入可能会"偷走"其关键技术，削弱其经济竞争力，因此增加了对中国企业进入的阻碍。

部分行业更容易遭受投资阻力。"电信业"变量显著为正，并且在所有回归中都通过了1%显著性水平检验。"农林牧渔业""采矿业"和"建筑业"变量同样显著为正，但显著度有所降低，部分回归通过了5%显著性水平检验。这说明，中国企业投资海外电信业、农林牧渔业、采矿业和建筑业更可能遭遇投资阻力。

此外，"投资年份"的系数显著为正，说明中国企业海外直接投资受阻的概率近年来有增加趋势。

第六节 应对海外投资受阻的对策和建议

本文的实证分析发现，投资规模越大、东道国技术水平越高，中国企业在海外直接投资中受阻的概率越高；双边政治关系越好，中国企业在当地投资受阻的概率越低。此外，中国企业在部分行业（"电信业""农林牧渔业""采矿业"和"建筑业"）更容易遭受投资阻力。据此，为了降低投资阻力，我们建议：

第一，化整为零，尽量避免规模过大的投资。投资规模庞大的项目更容易受到东道国当地政府、社区和媒体的关注。中国企业普遍缺乏海外投资经验，大多不知道怎样与当地社区和媒体打交道。同时，中国企业自身的透明度也不高，缺乏信息披露，这使得当地社会很难了解中国企业的投资动机和发展思路。此外，投资规模庞大的项目需要较大的资金投入，企业常常大量依靠外部融资，尤其是国内银行的支持。而国内银行提供的低廉资金容易引起东道国"不公平竞争"的指责。因此，中国企业应该尽量避免进行规模过大的ODI。如果实在需要，应化整为零，分批次逐渐增加投资，从非控股或者少数股权控股做起，或者与当地企业进行联合投资，实现利益绑定。

第二，从审查相对宽松的行业进入，尽量避免直接到敏感行业去投资。通信、航空航天、能源、基础设施是较为敏感的投资领域，涉及国家安全、地缘政治和国家竞争力。外国企业投资这些领域时，可能遭遇东道国的政府干预。因此，中国企业海外投资应尽量避开关键领域和敏感行业，可以从审查相对宽松的行业进入，循序渐进，逐步建立良好的记录和口碑，再进行敏感行业并购，从而降低东道国政府和民众的疑虑。

第三，完善知识产权保护机制，继续增加在当地的研发投入。针对东道国对于关键技术流失的担忧，中国企业应重视和加大对被投资企业的品牌和知识产权的保护力度，并设立隔离防范协议以保证被投资企业的商业机密和客户数据安全。同时，中国企业应支持被投资企业增加研发人员、扩展科研设施以及增加研发投入，建立相关制度以维持和加强被投资企业的业务独立性、管理团队稳定性以及技术先进性。

第四，增进与东道国的战略互信，用政治手段来化解政治风险。提升投资开放的互惠性是减少东道国政府和民众疑虑的关键。而要扩大在敏感领域投资的互惠性，核心还是要增强中国与东道国间的战略互信。正是中国与东道国在战略互信上存在较大缺口，才导致部分利益团体的"政治化"策略屡屡得手。当前，不论是在投资规模还是产业深度上，中国的海外直接投资都已经发展到需要政治关系为经济投资扫清障碍、进行"反哺"的阶段，不能再继续期望以经济关系作为各类双边关系的"压舱石"。中国应该在多个传统和非传统安全领域与其他国家、尤其是发达国家展开合作，正视和化解对方的安全疑虑，而不是被动地等待经贸关系的"外溢"效果来弥补在战略领域中的"负债"。

除此之外，针对具体的ODI所引起的政治反作用，我们可以采取更明晰的策略：

首先，在应对国家安全审查方面，中国企业应当进行更为充分的准备，聘请专业的人才和中介机构进行翔实的调研，了解和遵守东道国的法律制度、监管框架和审查程序，准备好应对审查所需的各项材料和应急预案。诚然，国家安全概念的扩张与审查过程中政治因素的增加已经是明显的趋势，企业很难准确预测自己的投资行为是否会触发东道国的国家安全审查。① 除了东道国更加频繁地利用这一工具之外，国家安全审查本身普遍具有的不可诉性也使得中国企业更加难以应对。然而，根据三一公司成功在美国以程序问题为由对 CFIUS 判决展开诉讼这一案例可知，如果中国企业充分了解东道国的法律和政治规则，那么仍然有利用法律武器来保护权益的可能。

其次，在应对市场规则冲突方面，中国企业尤其是国有企业应当按照国际标准提高自身的透明度，主动说明企业的内部结构、与政府部门的关系、投资试图达到的目标和实施政策以及未来的发展方向和计划等。同时，在国际投资活动中增强利润导向性，不能不顾资本利用效率和实际成本，以过高的价格、冒着重大的商业风险在敏感和重要部门进行投资，从而导致东道国政府和社会怀疑中方的投资动机，质疑中国企业的市场主体身份。在国家层面上，中国需要积极推进国际投资治理体系建设，积极参与国际投资规则构建，为中国企业海外投资创造良好的环境。

最后，在应对分配效应与国内政治方面，中国企业需要塑造自身中立、非政治化的企业形象，避免与某一政治力量（尤其是现政权）的过度捆绑。同时，在投资项目启动前，将东道国的分配效应纳入考虑，在项目合同中予以适当保障。保证投资项目与当地社区在利益上的关联性，特别要注意不同群体在相对收益上的变化，适当向可能受到影响的群体倾斜。此外，中国企业还应当充分评估当地的竞争环境和竞争对手实力以及相关利益集团可能做出的反应，建立和加强与当地媒体、非政府组织和社会的沟通和交流渠道，宣传企业与当地实现互利共赢的前景，打好公共关系基础。

参考文献：

孟醒、董有德：《社会政治风险与我国企业对外直接投资的区位选择》，《国际贸易问题》2015 年第 4 期。

王碧珺：《中美直接投资：挑战与破局》，《国际经济评论》2013 年第 5 期。

---

① 贺丹：《企业海外并购的国家安全审查风险及其法律对策》，载《法学论坛》2012 年第 2 期。

王启洋、任荣明：《投资壁垒的博弈分析及我国企业的应对策略研究》，《国际贸易问题》2013 年第 3 期。

杨娇辉、王伟、王曦：《我国对外直接投资区位分布的风险偏好：悖论还是假象》，《国际贸易问题》2015 年第 5 期。

张建红、姜建刚：《双边政治关系对中国对外直接投资的影响研究》，《世界经济与政治》2012 年第 12 期。

中华人民共和国商务部、中华人民共和国国家统计局和国家外汇管理局：《2015 年度中国对外直接投资统计公报》，中国统计出版社 2016 年版。

Dustin Tingley, Christopher Xu, Adam Chilton and Helen V. Milner, "The Political Economy of Inward FDI: Opposition to Chinese Mergers and Acquisitions", *The Chinese Journal of International Politics*, Vol. 8, No. 1, 2015, pp. 27 – 57.

Fabrizio Ferrari and Riccardo Rolfini, "Investing in a Dangerous World: A New Political Risk Index", Working Paper No. 6, Global Markets Analysis Division and Political Risk Insurance Division of Sace Group, 2008.

Ivar Kolstad and Arne Wiig, "What Determines Chinese Outward FDI?", *Journal of World Business*, Vol. 47, No. 4, 2012, pp. 26 – 34.

Paul Connell and Tian Huang, "An Empirical Analysis of CFIUS: Examining Foreign Investment Regulation in the United States", *Yale Journal of International Law*, Vol. 39, No. 1, 2013, pp. 131 – 163.

Tarun Khanna and Krishna G. Palepu, "Emerging Giants: Building World-Class Companies in Developing Countries", *Harvard Business Review*, Vol. 84, No. 10, 2006, pp. 60 – 72.

UNCTAD, *World Investment Report* 2013: Global Value Chains: Investment and Trade for Development, New York and Geneva: United Nations Conference on Trade and Development, 2013.

UNCTAD, *World Investment Report* 2016: *Investor Nationality: Policy Challenges*, New York and Geneva: United Nations Conference on Trade and Development, 2016.

下 篇
(实践篇)

第十一章 国别调研报告之波兰[*]

第一节 波兰投资环境分析

波兰是中东欧最大的经济体,在欧盟乃至全世界的地位不断上升。据世界银行公布的2016年数据显示,经济方面,波兰GDP达4695.09亿美元,是欧盟28个国家中第六大经济体;人口方面,波兰3795万人口在欧盟人口排名也居于第六位;领土面积方面,312685平方公里的波兰领土面积在欧盟国家中同样排名第六位。作为近十年来加入欧盟的最大经济体,波兰是欧洲唯一的连续二十多年来经济每年保持正增长的经济体,是欧洲经济增长的冠军。此外,凭借高素质低成本的劳动力、良好的地缘位置和较完善的投资鼓励政策,波兰以其特有的价值吸引着越来越多外资流入当地。世界发展指标数据显示,从2004年到2015年年底,外国在波兰的直接投资总额达585.57亿美元,主要的投资来源地有美国、法国、奥地利、德国、荷兰等欧盟成员国。波兰作为优良的投资目的地,具有以下四个方面的优势。

一 劳动力市场

波兰的劳动力具有高素质、低成本的特点。波兰国内劳动力市场庞大,其3795万人口占中东欧人口的38%,其中1700万就业人口中,波兰高素质劳动力约占19.8%。此外,相比于其他欧盟国家,波兰的人口结构相对年轻,超过50%的人年龄小于38岁。波兰国内大学生是其高质量劳动力的主要提供者,近150万在校大学生,约占欧盟大学生总

---

[*] 执笔人:王碧珺、高琪。

量的 1/10，438 个高等教育机构每年有 42.5 万毕业生，80% 以上学生至少掌握一门外语。波兰有着同欧盟平均水平相当的劳动力水平，但其劳动力成本较低，其人力成本只有德国、法国等西欧发达国家的 1/4 甚至 1/5，这进一步提升了波兰在欧盟地区的竞争力。

波兰劳动市场具有较大灵活性，雇佣手续简单、易操作。波兰劳动市场的灵活性主要是由于有大量的临时性合同。2014 年波兰使用临时合同的比例在欧盟国家中所占比例最高，约占 28%。由于依据民法订立的临时合同不包括劳动者的很多福利，从而降低了雇主雇佣成本。

二 投资环境稳定

波兰是中东欧最大的经济体，其国内投资环境稳定，投资风险和成本相对较低。

（一）税收体系健全

为了吸引外商投资、鼓励国内投资和创造更多的就业机会，波兰在 1990 年进行了税制改革，使其与税收相关的法律制度与欧盟趋同。目前，波兰的税收体系是以所得税和增值税为核心，同时政府加强对税收的监管，并打击企业的逃税行为。波兰实行统一的税收制度，对国内外企业征收相同的税。波兰有 9 种直接税和 3 种间接税，其中直接税包括公司所得税、个人所得税、民法交易税、房地产税、交通工具税、遗产与赠与税、农业税、森林税和犬税；间接税包括增值税、消费税和博彩税。

相对于欧盟的税赋，波兰整体税赋较轻，在经济特区的企业还可以享受税收优惠政策，例如企业所得税豁免，这进一步吸引了外资的流入。在所得税方面，2016 年波兰、欧盟以及全球的企业所得税平均税率分别为 19%、23.6%、25%。波兰在欧盟国家中所得税税率最低。在增值税方面，波兰增值税税率为 23%（适用于大部分商品和服务），对于特殊的商品和服务，增值税会有所不同。

（二）金融体系稳定

波兰银行体系相对健全，抗风险能力较强，其资本充足率高于中东欧其他国家的平均水平，私有化基本已经完成。2008 年金融危机时，波兰金融体系也受到了冲击。为了维持金融体系的稳定，波兰政府出资

600亿兹罗提，同时还向欧洲中央银行贷款100亿欧元来增加银行间流动性。金融危机的冲击并未对波兰金融体系造成系统性危害，波兰金融体系具有良好的稳定性。

（三）政治体制相对稳定

波兰政治体制相对稳定，国内外的突发事件以及政治波动没有对波兰政治体制造成很大动荡。例如，2010年波兰总统专机失事在国内引起了很大的轰动，但是由于波兰政治体制相对成熟，并没有给国内造成政治危机。

三　经济状况良好

波兰有明显的地理区位优势，位于东西欧交界处，临近德国和俄罗斯两个贸易大国。波兰的交通运输业比较成熟，拥有环波罗的海的33个港口，海运直通大西洋。另外，其主要铁路运输企业波兰国铁运股份公司的总货运量居欧盟第二位，仅次于德国联邦铁路公司。优越的地理位置使波兰成为跨欧交通走廊。

波兰还拥有丰富的自然资源，煤、石油、天然气、建筑石材等储量大，硬煤生产量也位于欧洲中部国家第一，总产量能满足整个欧盟需求量的10%。此外，波兰的褐煤萃取在欧洲排名第九，且还拥有烃类燃料等特定资源。

2008年的金融危机使波兰经济增速放缓，但在较低的开放程度和强大的内需拉动下，波兰经济仍然持续增长。波兰也成为欧洲唯一的连续二十多年来经济每年保持正增长的经济体，并且居于欧洲经济增长首位。早在2013年其GDP总量已在全球位居第24位，根据波兰中央统计局公布的初步数据显示，2017年二季度波兰实现了3.9%的经济增长，并且统计局预测三、四季度波兰经济会以4.3%—4.4%的幅度增长，全年经济增速在4%—4.1%。波兰国内经济形势稳定，国内市场快速增长。

四　投资鼓励政策

2004年加入欧盟对于波兰意义重大。作为欧盟基金最大受惠国，波兰从中获得了约1000亿欧元的援助，应用于基建、工程、农业、环保等领域。波兰为吸引外资流入，实施了一系列针对投资者的激励政策。

一个主要的激励政策是设立经济特区。经济特区设立于1996—1998年，期限为20年，目前波兰国内已有14个经济特区，占地约20000公顷，政府在经济特区内实施更为优惠的政策，例如税收优惠政策。经济特区内的主要行业为：汽车（占投资总支出的26%）、聚合物（10%）、矿物（9%）、金属（7%）和电子（7%）。波兰经济特区的运营至少会持续到2020年，并且有延长期限的计划。

另一个主要的激励政策是国家及欧盟层面为投资者提供现金补助，支持投资者进行投资。根据规定，新工厂的创建、新投资的现金补助最多可以达到投资总额的50%。

第二节 中国在波兰投资情况

由于《中国对外直接投资统计公报》中只有加总的数据，我们基于企业层面数据库 FDI Markets 和 Thomson SDC Platinum 中投资国为中国、目标国为波兰的相关数据，对中国在波兰的投资情况进行了相关分析。这部分主要从中国在波兰投资的总体情况、中国对波兰投资行业分布情况、中国对波兰投资区位分布情况和中国对波兰投资者特征这四个方面进行阐述。

一 中国在波兰投资的总体情况

波兰是中国在中东欧地区的重要投资目标国，中波的经贸合作为中国企业对波投资带来更多机遇。中波两国一直保持着良好的双边关系，波兰是最早承认并与新中国建交的国家之一。中国对波兰最早一次投资是1951年新中国第一家中外合资企业——中波轮船股份公司。该公司总部在上海，同时在波兰格丁尼亚设立分公司。随后一些中国企业陆续入驻波兰寻求更好的市场机遇。

（一）中国对波兰投资呈波动式发展

面对错综复杂的全球经济形势，中国政府鼓励国内企业"走出去"来提升国际竞争力。在中国不断扩大对外开放程度的过程中，其对外直接投资活动也随之活跃起来。近年来中国对波兰的直接投资呈现波动式发展趋势。从每一个时期的流量来看，如图 11-1 显示，在 2004—2006 年期间，直接投资额从初始的 320 万美元上升到 1.2 亿美元；在 2006—2010 年期间，投资额波动式变化，到 2010 年达到近年来最高投资额约 2.9 亿美元；在 2010—2012 年期间，直接投资额从 2.9 亿美元下降到 4860 万美元；在 2012—2014 年期间，投资额慢慢恢复上升趋势到约 2.3 亿美元；在 2014—2015 年期间，直接投资额又出现了下降趋势。因此，中国对波兰的直接投资流量在一个时期上升，而接下来又下降，然后又逐渐上升到一个新高度，如此波动式发展。

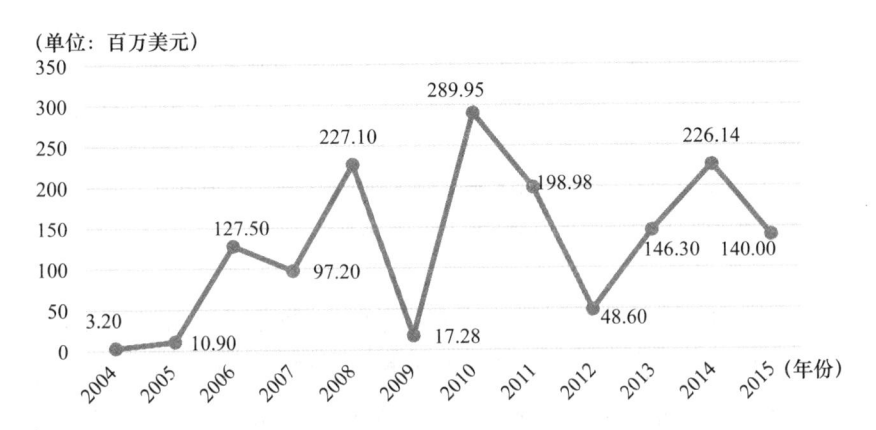

图 11-1 2004—2015 年中国对波兰直接投资流量情况

资料来源：FDI Markets 和 Thomson SDC Platinum 数据库整理得到。

(二) 中国对波兰投资增速快，但投资规模偏小

虽然中国对波兰的投资增速快，据 FDI Markets 和 Thomson SDC Platinum 数据库统计显示，2004 年中国对波兰的直接投资额流量约为 320 万美元，2004 年以来，中国对波累计直接投资约 15.3 亿美元，这 12 年来累计投资额增长了近 480 倍（见图 11-2），增长速度惊人。但是相对于其他国家的投资规模，中国对波兰的投资规模偏小。从流量来看，2015 年中国对外直接投资总额约为 1172 亿美元，其中，中国对波兰直接投资流量约为 1.4 亿美元（见图 11-1），与中国对外投资总额相比，对波直接投资仅仅占总投资额的 0.12%；从存量来看，截至

2015年年末，中国对外直接投资总额约为8051亿美元，其中，中国对波兰直接投资存量仅约为15亿美元，与中国对外投资总投资额相比，对波的直接投资仅仅只占总投资额的0.19%。

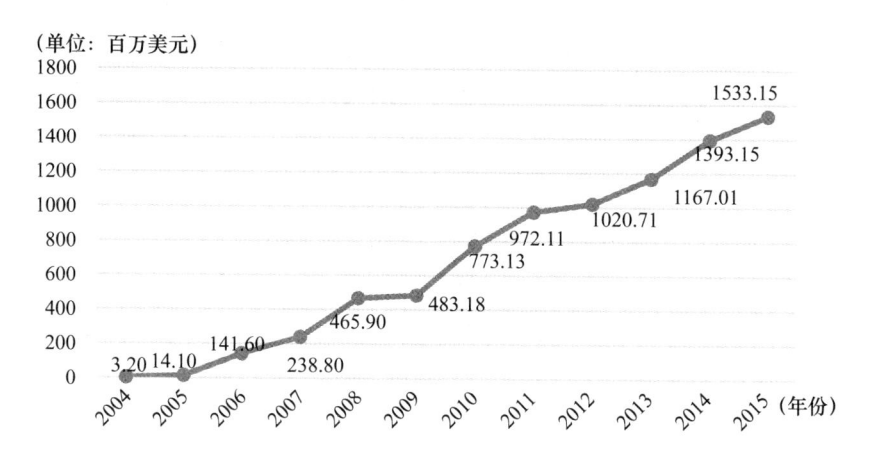

(单位：百万美元)

年份	金额
2004	3.20
2005	14.10
2006	141.60
2007	238.80
2008	465.90
2009	483.18
2010	773.13
2011	972.11
2012	1020.71
2013	1167.01
2014	1393.15
2015	1533.15

图 11-2 2004—2015 年中国对波兰累计直接投资情况

资料来源：FDI Markets 和 Thomson SDC Platinum 数据库整理得到。

（三）中国对波兰的投资方式以绿地投资为主，海外并购出现较晚

中国对外直接投资方式主要有绿地投资和跨国并购两种，两种进入方式各有千秋。对于绿地投资而言，虽然建设周期较长，但是建厂完成后，后续费用较低。并且绿地投资会形成新的生产能力，在法律和政策上受到东道国的限制较少。对于跨国并购而言，能帮助母国企业快速进入东道国，但后期面临较大的整合压力。

中国对波兰的直接投资以绿地投资方式为主。根据图 11-3、图 11-4 显示，2002—2008 年间，中国对波兰的投资以绿地投资方式为主，直到 2009 年才出现了中国对波兰的并购交易。对波比较有代表性的收购交易包括中国柳工于 2010 年和 2011 年总计以 1.7 亿罗兹提（5897 万美元）收购波兰企业 HSW 公司的建筑机械业务部门及其销售子公司 Dressta。这是柳工的首次海外并购，同时也是中国在波兰的最大投资项目。

(单位：个)

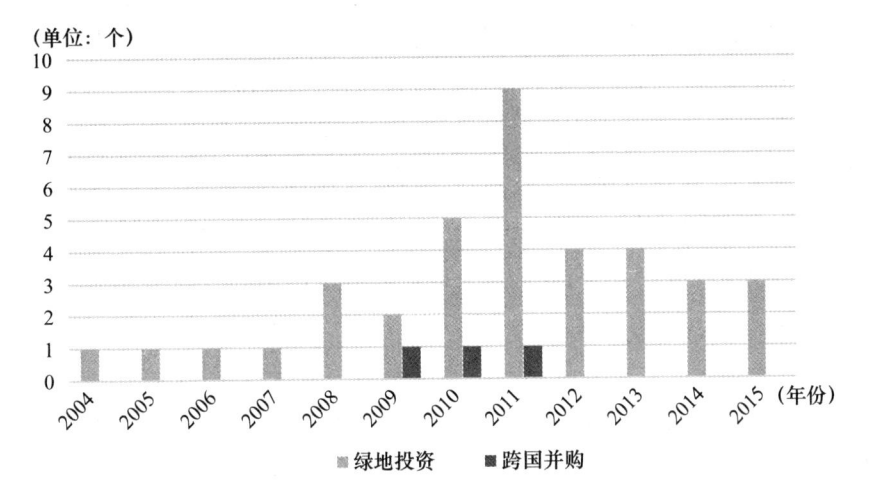

图 11-3　2004—2015 年中国对波兰直接投资进入方式的数量情况

资料来源：FDI Markets 和 Thomson SDC Platinum 数据库整理得到。

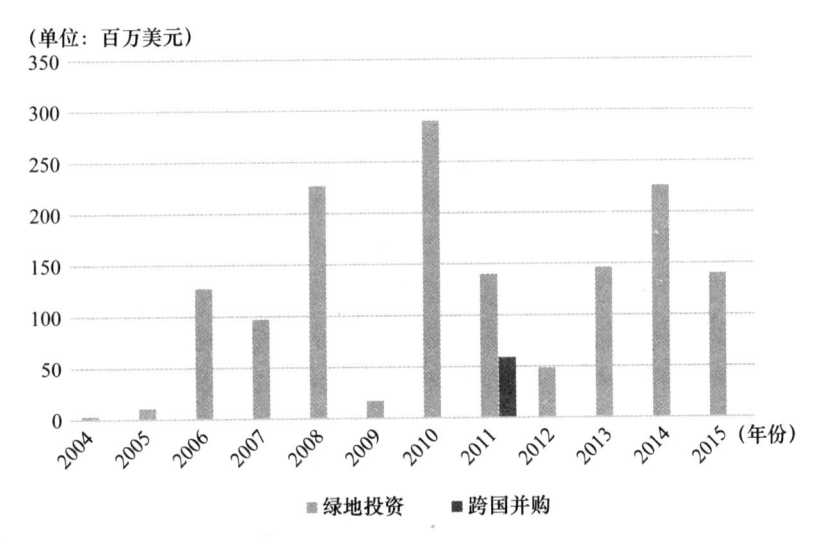

(单位：百万美元)

图 11-4　2004—2015 年中国对波兰直接投资进入方式的金额情况

资料来源：FDI Markets 和 Thomson SDC Platinum 数据库整理得到。

二　中国对波兰投资行业分布情况

中国在波兰投资的行业领域主要有三个（见表 11-1）。其中交通运输业以 7.9 亿美元位居首位，占中国对波兰投资总存量的 51.6%；其次 IT/电子和家电业 3.8 亿美元，占总存量的 24.9%；第三为机械设备制造业约 2.2 亿美元，占总存量的 14.2%。以上三个行业累计存量达 13.9 亿美元，占中国对波兰直接投资总存量的 90.7%。

中国主要投资于交通运输业、IT/电子和家电业和机械设备制造业这三个领域，正是由于波兰在这三个行业领域有着自己独特的优势。

在交通运输行业，不论是铁路、海运还是陆运运输，波兰均有领先优势。波兰的汽车具有高性价比，同时有众多汽车分包商。波兰政府针对汽车也有投资鼓励政策。

在 IT/电子和家电行业，波兰是中东欧仅次于俄罗斯的第二大 IT 市场，并且拥有众多 IT 人才。另外，波兰有着与西欧国家同等高水平的 IT 通信设施，但它的运营成本却相对低很多。此外，波兰是欧洲最大的家电生产和供应国，波兰已经成为电视和液晶显示器以及家用电器的主要生产和供应地，中国企业也陆续入驻波兰。

在机械制造行业，波兰长期保持着在欧盟领先的优势，尤其是矿山机械制造业是波兰的核心产业。

表 11-1　2004—2015 年中国对波兰直接投资存量行业分布情况

行业	投资金额（百万美元）	占总投资额比（%）
交通运输业	791.5	51.6
IT/电子和家电业	381.2	24.9
机械设备制造业	217.5	14.2
其他行业（新能源/金属制品/造纸业）	117.4	7.7
服务业	25.5	1.7
合计	1533.1	100

资料来源：FDI Markets 和 Thomson SDC Platinum 数据库整理得到。

三　中国对波兰直接投资区位分布情况

从中国对波兰直接投资存量的区位分布来看（见表 11-2），除去未指明投资流向的投资外，2004—2015 年期间，中国在波兰投资的首要投资目的地是马佐夫舍省。截至 2015 年年末，中国流向马佐夫舍省的直接投资存量达到 2.8 亿美元，占中国对波兰总投资额的 18.26%，远远高于流向其他地区的投资额，居首位。

投向马佐夫舍省的资本主要流向波兰首都华沙,中国流向华沙的直接投资存量约为1.4亿美元,占流向马佐夫舍省存量的50%。首都往往是一个国家经济、政治和文化的中心,波兰也不例外。在科技、金融服务和法律服务等方面,中国知名企业的首次入驻大多会选择在波兰首都华沙。例如,中国高科技公司——同方威视在波兰的第一个绿地投资项目是在华沙建厂,中国律师事务所在波兰开设的第一家分所——盈科律师事务所波兰分所在华沙设立,第一家获得波兰金融监管局经营许可在波兰营业的中资银行——中国工商银行华沙分行在华沙设立分行。

表 11-2　2004—2015 年中国对波兰直接投资存量区位分布情况

省	投资金额（百万美元）	占总投资额比（%）
马佐夫舍省	279.95	18.26
卢布斯卡省	127.50	8.32
西波美拉尼亚省	102.60	6.69
西里西亚省	88.64	5.78
下西里西亚省	74.20	4.84
波美拉尼亚省	29.10	1.90
小波兰省	21.91	1.43
罗兹省	17.28	1.13
圣十字省	16.80	1.10
卢布林省	6.30	0.41
未指明投资流向	768.87	50.15
合计	1533.15	100

资料来源：FDI Markets 和 Thomson SDC Platinum 数据库整理得到。

四　中国对波兰直接投资投资者特征

地方国企和民营企业是中国对波兰直接投资的主力军,占中国对波兰投资总存量的68.3%,已经明显超过央企在总存量中的占比。从投资流量来看,2015年中国对波兰的投资流量为1.4亿美元,其中地方企业占73.3%,远高于央企的占比,地方企业在中国对波兰的直接投资中扮演着越来越重要的角色。

第三节 中资企业在波兰经营的困难和挑战

一 中欧班列:去程虑安全,回程缺货源

中欧班列作为亚欧之间的陆运物流通道,是我国丝绸之路经济带发展战略的重要组成部分,打破了我国传统以东部沿海城市为重点的对外贸易格局,变西部内陆地理劣势为出口欧洲前沿主阵地优势,并搭建起了与沿途国家的经济联系和文化交往桥梁。首列也是货运量最大的中欧班列是渝新欧。渝新欧于2011年3月开通,国内段经过达州、安康、西安、兰州、乌鲁木齐和阿拉山口,国际段经过哈萨克斯坦、俄罗斯、白俄罗斯、波兰,最后到达目的地德国杜伊斯堡,该次运行专列耗时16天。截至2016年上半年,渝新欧班列班次数量占全国中欧班列数量的45%左右,其货值占所有从新疆阿拉山口出境的中欧班列货值总量的85%。

对于企业而言,中欧班列比传统海运时间更短,比空运成本更低,具有一定吸引力。从运输时间来看,中欧班列将货物运输时间比传统海运缩短了一半以上。以蓉欧班列为例,传统海运周期需要38天,而中欧班列从成都到波兰罗兹只需要16天。而在优惠政策下,海运和中欧班列的成本已经基本持平。

然而,中欧班列的安全性还有待提高。一些企业反映,中欧班列的车厢在哈萨克斯坦多次被打开,部分货物被盗,给企业造成了一些损失。哈萨克斯坦人民的日子并不好过,该国经济以石油、天然气、采矿、煤炭和农牧业为主,加工工业和轻工业较为落后。金融危机爆发和油价暴跌导致哈经济增长速度骤减,通货膨胀严重,货币持续贬值。中欧班列的另一个不安全因素来自俄罗斯。目前,所有中欧班列都经过俄罗斯。但美国对俄罗斯制裁的不断加码将会损害与俄罗斯在铁路交通、物流运输等领域进行合法商业合作的中国公司利益。如果中欧班列要绕过俄罗斯,可以考虑中国—新疆—哈萨克斯坦—乌克兰—波兰这一线路。这一线路需要走一段水路,但好处是不用换轨(目前中欧班列至少要两次换轨)。

此外,中欧班列面临的另一个问题是回程缺乏货源。以波兰为例,

波兰的优势产品为食物、农产品。但波兰产品进入中国还存在一些困难，毕竟中波合作时间并不长。由于中欧班列回程缺乏货源，使得多条班列面临盈利难的问题。许多运出去的集装箱在卸货后不得不在国外直接卖掉，或者通过海运运回。

二 中海外联合体波兰 A2 高速公路项目负面影响深远

A2 高速公路连接波兰华沙和德国柏林，是波兰为了 2012 年和乌克兰联合举办欧洲足球杯而兴建。2009 年 9 月，中国中铁旗下两家全资子公司中海外和中铁隧道联合上海建工、波兰德科玛公司（下称中海外联合体）以 13 亿波兰兹罗提（约合 4.72 亿美元）中标 A2 高速公路中最长的 A、C 两个标段，总里程 49 公里。这一中标价格连波兰政府预算的一半都不到，被近 20 家同业竞争对手向欧盟指控"低价倾销"。

中海外联合体采用了标准的"中国打法"，先报低价，再通过变更将价格慢慢抬上去，也即项目二次经营。工程建设往往耗时数月甚至数年，涉及大量原材料成本、汇率、地质条件、气候条件的变化，因此往往会出现各种变更。这些变更的范围和方式承包方可以与业主方在合同中做出约定，一般情况下，如果因原材料价格上涨造成工程成本上升，承包商有权要求业主提高工程款项，并且承包商竞标时在价格表中提出的工程数量都是暂时估计，不应被视为实际工程数量，承包商实际施工时有权根据实际工程量的增加要求业主补偿费用，只要取得现场工程师的认可以及业主方同意后即可相应调整报价。在国内和非洲，这一做法都可以，但在波兰行不通。波兰《公共采购法》禁止承包商在中标后对合同金额进行"重大修改"，目的是为了避免不正当竞争。因为以前波兰多次出现竞标时报低价，后来不断发生变更，以致最终价格比当初竞标对手还高的情况。

波兰当局从始至终强调"以合同为准"。中海外联合体对于 A2 高速公路项目志在必得，因为这将是中国中铁系统在欧盟国家唯一的大型基础设施项目，颇有政绩工程的意味。中海外是我国最早实施非洲援外项目以及开展境外承包工程的公司之一，在海外承揽过 1000 多个项目，但主要集中在非洲。由于中海外联合体着急拿下订单，在没有实现仔细勘探设计、对竞标文本进行法律审查、研究当地法律法规、环保标准、政治经济环境的情况下，就与波兰当局签下总价锁死的合约，以致成本上升、工程变更等都无法从业主方获得补偿，波兰当局发给各企业的标书之中早已提示了变更的困难。欧洲建筑商之所以报出高价，就是用价格来覆盖未来各种不可控的风险。但这却没有引起中国企业的足够重视。在实际操作中，波兰公路管理局仍允许因不可预期因素导致的一定程度工程延期，并会支付一定的工程差价。但这一差价都在合同总额的5%到7%之间，中海外要求的差价则高达80%。

再加上中方联合体管理失控、内部矛盾重重。要按照最初报价如期完工已经不可能。如果坚持做完，中海外联合体可能要亏损3.94亿美元。2011年6月，中海外联合体撂荒走人，放弃了该工程，导致A2高速公路项目无法按期完工。波兰公路管理局向中海外索赔数亿欧元，索赔中的一部分是因工程中断波兰公路管理局所必须支付的额外费用，例如雇佣保安公司守卫尚未完成的桥梁等共有10项类似的开销，另外还包括10%的违约罚金。更大金额的索赔来自因公路延迟完工而造成的收入损失，同时禁止联合体四家公司三年内参与波兰市场的公开招标。

COVEC——中海外的英文缩写，在波兰已声名狼藉。由中海外联合体拖欠费用引发的多次分包商示威游行和打砸办公室等暴力事件，招来波兰政府、社会和媒体对中国企业的广泛批评，多个中国企业在波投资项目受到拖累，中国企业的信誉和能力广受质疑。有的项目被搁浅，还有的项目需要当地采购时，被要求特别高的预付款比例和付款担保。例如，广西柳工收购波兰建筑设备商HSW（Huta Stalowa Wola S. A.）。受中海外联合体波兰A2高速公路项目负面报道影响，HSW企业工会对中国企业的信誉产生了怀疑，要求广西柳工保证员工未来五年的工作合同，并给HSW的所有员工涨薪5%。但是，广西柳工只同意保证HSW员工三年的工作合同，并涨薪3%。收购被迫暂停。2011年12月，双方各让一步，柳工保证HSW员工未来四年半的工作合同，并为HSW员工涨薪3%。这一交易虽然最后完成了，但据说之后的经营业绩并不尽如人意。柳工为了推广自己的品牌，不用HSW的品牌，致使销售不佳。

即使现在已经过去了五年多的时间，中海外联合体波兰A2高速公路项目的善后工作仍未完成，对中国企业的负面影响仍在持续。每当有重大中国在波投资项目时，中海外的案例都会被当地媒体拿出来重温一番。

三 投资保护主义有所增强，对外国企业业绩和资质要求不断提高

在2015年10月底的选举中，波兰法律与公正党获得压倒性胜利，结束了中间派的公民纲领党8年的执政。新执政党属于右翼民族主义政党，在外资政策方面，倾向于保护和扶持本国企业，因此对包括中国企业在内的外资进入波兰设立了诸多限制条件，提高了投资门槛。例如，要求雇佣当地员工、跟当地企业合作、使用的设备或者其他投入品50%的成分来自欧盟等。

除了这些白纸黑字明面上的要求外，波兰政府在招标项目中也会通过侧面放风的方式劝退外国企业。例如，在某个电网招标项目之前，波兰业主已经通过一些途径跟竞标企业联系，希望让波兰本国企业中标。但某家中国企业各方面资质都很好，迫切想进入波兰市场，因此坚持投标。该企业虽然当时以第一名身份中标，但波兰业主又出一招，要求该中国企业在极短的时间内提供延期保函。由于时间来不及，最后该中国企业还是落标了。

波兰对外资如此怠慢，一个很大的原因在于其并不是很缺钱。或者说，相比于缺钱，波兰更缺世界级品牌，波兰的中型企业也面临发展困境。2004年，波兰正式加入欧盟。在已经加入欧盟的共10个前社会主义国家中，波兰从欧盟成员国身份中获益最多。据统计，波兰是受到欧盟结构基金补贴最多的成员国，欧盟在2007—2013年间向波兰提供了共超过760亿欧元的发展援助，用于建设高速公路、快速路网、运动设施、下水道系统等。而根据欧盟最新的2014—2020年援助计划，波兰将会享有来自欧盟的816亿欧元的援助。在欧盟的援助下，波兰获得了前所未有的经济腾飞。2009年欧盟内唯一没有出现经济衰退的国家就是波兰，然而，欧盟的援助只到2020年，之后的援助情况并不明朗，大概率是会大幅减少。再加上当前的执政党与欧盟的关系并不好，波兰实际上需要更多地在欧洲以外寻找新的机会。

第四节 政策建议

一 推动建立市场化导向、激励相容的海外中资企业商会

中国企业对外投资需要海外的"接应方"。海外中资企业商会如果运行良好，将对"走出去"的中国企业在立足、生根上提供最充分的帮助，有效地对接海内外不同的生存环境和文化差异，帮助在海外孤军奋战的中国企业凝聚成联合舰队，从而大大增强其生存和抗风险能力。海外中资企业商会相对中国官方能更妥善地向所在国政府为中国企业争取合法权益，与当地商会对话，而相对单个企业，商会又能站在比较高的立场，处理与当地社会的关系。

目前，有影响力的海外中资企业商会几乎没有。现有商会普遍存在两个方面的问题：一是主要面对的是国有企业和大型民营企业，中小民营企业基本没有覆盖。二是配合政府的工作多一些，为企业服务少一些，比较务虚。这背后归根到底在于大部分海外中资企业商会的经费来源于政府，更多的是政府机构，而非企业组织。海外中资企业商会长期而言应该实现市场化运作，成为"以会养会"的民间性组织，特别是商会团体的费用自筹自措，主要依靠会员会费的收入。在早期，可以通过政策提供一定的支持费用。

二 让企业在宣传中国形象和传播中国文化方面发挥更大的作用，建立企业海外履行社会责任的激励机制

民心相通是一带一路建设的重要内容之一。海外中资企业在宣传中国形象和传播中国文化方面具有天然的优势。首先，海外中资企业分布广泛。截至2016年年末，中国境内投资者设立对外投资企业3.72万家，覆盖全球超过80%的国家（地区）。如果每一个海外中资企业都成为中国形象和文化的传播点，其影响范围和传播半径非一般宣传机构和活动能比。其次，海外中资企业扎根当地，能产生持久的、潜移默化的影响，同时能更充分地了解并满足当地需求。由海外中资企业来宣传中国形象和传播中国文化不会显得很刻意。从日常的生产经营和生活中的点滴着手，不会引起当地民众的反感。例如，在当地过节的时候，提供

一些中国美食；在当地办活动的时候，资助一些活动设施等。此外，海外中资企业的当地员工成为中国的代言人更具有说服力。海外中资企业的本土化程度越来越高，当地员工更容易受到中国经营者的影响，感受到中国各方面的优势，将自身利益跟中国绑在一起，影响周围的一批人。

让企业在宣传中国形象和传播中国文化方面发挥更大的作用需要有一定的激励机制。虽然在这一过程中，企业个体自身的美誉度也会提高，从而有助于降低投资风险，提高经营业绩。但整体而言，对中国国家形象和文化方面的正的外部性非常明显。中国政府应当将财政、金融资源进行适当倾斜，并建立相应基金来鼓励海外中资企业积极践行社会责任，宣传中国形象和传播中国文化。同时，奖罚分明，对于那些有损中国国家形象、败坏中国名声的海外中资企业和出口商，建立追溯和惩罚机制。

三 成立海外中资企业家智库，建立企业海外投资经验分享机制

海外投资有很多"坑"。有的是每个企业都会遇到的情况，例如，劳动合同如何签署。有的是特殊行业的特殊情况，例如，国际工程项目竞标之前如何对设计方案进行专业评估。还有一些是中国企业试图将国内低成本优势搬到海外的"幻觉"，殊不知在很多国家，即使使用中国劳工，也必须按当地工资水平雇佣，并且由于很多设备必须在当地租赁，要由当地有资质的工人操作，根本无法雇佣中国劳工。这些大大小小的坑，企业一旦掉进去，常常很多年都出不来，有的还会面临巨大损失。

为了尽量降低海外投资入坑风险，企业可以借助中介机构加强尽职调查。但中介机构一是费用较高，二是仍然是"局外人"，并不了解企业和行业的细节情况。一直以来，有一个群体一直被忽视，那就是海外中资企业家群体。他们中的很多人在海外长期扎根，对企业情况和行业特征都非常熟悉。有的退居二线，有的尽管在一线经营但海外较慢的生活节奏给了他们很多时间去观察和思考。他们中的很多人十分愿意去分享他们海外投资的经验，但现在缺乏这样的海外投资经验分享的机制和平台。建议成立海外中资企业家智库，解决企业间分享经验的信任问

题，并且提供财务激励和针对海外企业家的特殊优待政策，将他们的优势充分利用起来，为我国的"一带一路"建设做出贡献，为更多中国企业更好地"走出去"铺平道路。

第十二章　国别调研报告之捷克[*]

第一节　捷克投资环境

中东欧国家在吸引外国直接投资方面具有较大优势：中东欧国家在劳动力、土地等方面成本低于西欧，政治较为稳定，政府决策透明度高，效率水平和廉政程度较好，投资环境平稳等。中东欧地区具有优越的地理环境：中东欧为"新丝绸之路经济带"与"21世纪海上丝绸之路"的结合部分，贯通海陆两路，连接欧亚市场，在"物流通道"功能。这些都使得中东欧成为具有吸引力的投资目的地。从中国的角度看，为了加强对物流通道的建设，前期中国对中东欧地区的投资大量投向基础设施。中国对中东欧投资的另外一个重要行业是制造业，这是因为中东欧地区处于经济发展的上升期和市场需求的扩大期，对相关行业产品需求较大。中国企业有动力通过对中东欧的投资进入整个欧盟市场，避免贸易壁垒。来自中国—中东欧基金的数据表明：2016年中国对中东欧直接投资超过了80亿美元。

从中东欧国家自身的角度看，金融危机之后，西欧国家对中东欧的投资也大量下降，实体经济进入衰退期。中东欧对来自其他地区资金的需求上升，对中国的投资持欢迎态度。例如波兰在2012年推出面向中国企业的"去波兰投资"项目，为中国资金进入波兰提供了便利。

从两国的合作机制看，2011年3月中欧班列开始运行，便利了两地的贸易运输，促进了中国对中东欧地区的投资。2012年开始的中国—中东欧国家合作机制（"16+1"合作）取得了较好成效，并为

---

[*] 执笔人：潘圆圆。

"一带一路"战略在中东欧的实施积累了经验。2016年11月,"中国—中东欧金融控股有限公司"正式成立,该公司发起设立了"中国—中东欧基金",基金规模预计达100亿欧元,计划撬动项目信贷资金500亿欧元。

捷克共和国国土面积为78864平方公里,人口数量为1000万左右,其中劳动力人口为530万。捷克共和国于2004年成为欧盟成员,并在此之后取得了年均3%以上的经济增长率,缩小了与西欧国家的差距[①]。2014—2016年捷克的GDP增长率分别为2.7%、4.5%、2.4%,在欧洲属于较稳定的水平。据IMF预测,2017年和2018年捷克经济增速将均为2.5%左右,经济发展势头总体良好。

吸引全球直接投资者的其他因素包括:捷克位于欧洲(包括西欧和东欧)的中心位置和地带,是货物从中亚、中东、俄罗斯进入西欧的重要通道,中国可以将捷克视为"一带一路"欧亚陆路通道的重要支点,对外辐射的范围非常广泛。捷克政治稳定,投资促进系统透明、公平度相对较高。捷克在全球竞争力指数排名中常获得较高的名次。2017年标普、穆迪、惠誉对捷克投资风险评级分别为AA-、A1、A+。捷克的技术教育水平高,中高等教育人口占总人口的比重高,具备高教育水平、高技能和多语种的劳动力,劳动力成本相对低廉(2016年平均月工资为27589克朗,2017年最低月工资为11000克朗)。

捷克中央银行在保持货币稳定方面成效显著。捷克价格水平基本保持稳定,2016年通胀率为0.7%,预计2017年和2018年的通胀率分别为2.4%和1.7%。捷克就业形势良好,2016年12月失业率为4%,在所有欧盟国家中是最低的,也低于欧盟国家整体水平。捷克国际收支状况良好,经常账户基本平衡略有盈余。由于经济增长较快,加上前几年捷克采取了削减赤字的政策,目前捷克财政收支状况也比较好,2016年年末政府债务与GDP比率为37.2%,明显低于欧盟的平均水平,也低于欧盟所确定的60%的安全线。

捷克也是中欧的技术研发中心,在机械制造方面具有强大的传统和

---

① 2003年,捷克人均GDP为9744.5美元,相当于德国的32%。2008年捷克人均GDP几乎是德国的一半。2016年,捷克人均GDP为18266美元,相当于德国的44%。

实力。捷克政府为工业、技术和商业支持服务中心提供投资支持（包括创造就业补助，培训补助，资本投资的现金补助等）和税收减免，根据欧盟的规定，自2014年7月以来，捷克政府对投资项目的最高补贴比例（即补贴占总投资额的比重）由先前的40%下降为25%，目的是鼓励外国及本国企业在捷开建新厂或对现有工厂的升级换代。捷克投资局的数据显示，2015年捷克共有57个投资项目获得了政府投资补贴，补贴总额达50亿克朗（约合2亿美元）[①]。

捷克拥有完备和高质量的基础设施，包括公路、铁路、机场、电信等各方面。在捷克境内，铁路的分布密度高于欧盟国家平均水平。尤其是在2004年"柏林—布拉格—布尔诺—维也纳"高速铁路的现代化改造完工，将捷克与欧洲其他国家的经贸与人员往来水平提升到新的高度。目前，捷克还在推进连接布拉格与纽伦堡、慕尼黑、林茨、华沙等中东欧主要工商业城市的高速铁路—公路工程。目前捷克拥有超过500公里高速公路的交通体系，而且还在不断扩建中。在航空领域，捷克现在共拥有4个大型国际机场以及58个国内运输用机场。

投资待遇方面，捷克已经和包括中国在内的多个国家签署了支持和保护外国投资的双边条约，签署了避免双重征税的若干协议。国外投资者享受非歧视的投资待遇：根据捷克法律，外国和国内企业在所有领域均可得到同等待遇。所有与投资相关的国际转移均可被自由地执行且没有延误。捷克现行法律保证了对所有形式的财产的保护，知识产权受到较好的保护。除国防和银行部门外，政府不对任何外国投资项目进行筛选。

在吸引外商直接投资方面，捷克取得了很大成功。目前有超过17.3万家捷克公司中有外国资本的投入。捷克投资局的统计数据显示，对捷克的外商投资在2002年和2005年达到了顶峰，数量分别为90.1亿欧元和93.7亿欧元，金融危机之后对捷克投资有所下降。2016年外商直接投资流入总额为61亿欧元。其中经过捷克投资局协调的投资项目达到100个，总投资额超过640亿克朗（约合26.35亿美元），同比

---

① http：//china.huanqiu.com/News/mofcom/2016-01/8431822.html.

增长 45%，这些投资为捷克新创造就业岗位 1.2 万个[①]。截至 2016 年年底，外国对捷克投资存量 9600 亿克朗（约合 436 亿美元），投资项目总数为 1728 个，创造就业岗位 27.5 万个（见图 12-1）。

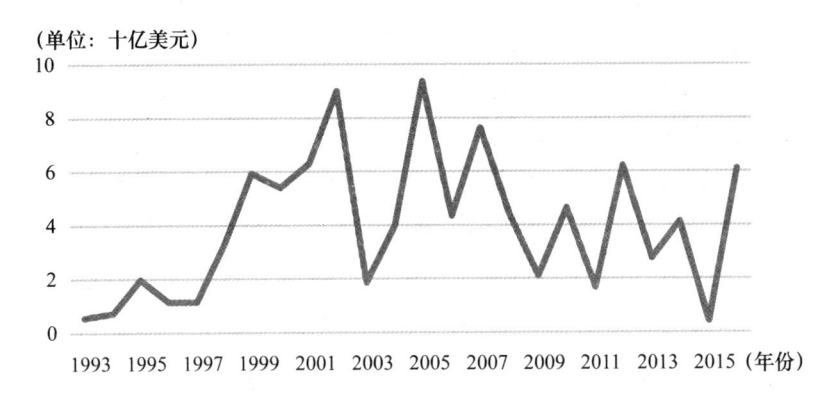

(单位：十亿美元)

图 12-1 1993—2015 年外商对捷克直接投资数量

资料来源：捷克投资局网站资料。

捷克从 20 世纪 90 年代早期实施具有深远影响的自由化和私有化项目，国内采取与欧盟同样标准的规则规章也提升了捷克的营商环境，下表显示，2000 年以来捷克的人均外商直接投资量一直较高，几乎是波兰的两倍，也说明了捷克作为投资目的地具有的吸引力（见表 12-1、表 12-2）。

表 12-1　　　　2007—2015 年中欧四国人均 FDI 存量　　　（单位：欧元）

	2007	2008	2009	2010	2011	2012	2013
捷克	7380	7798	8347	9169	8870	9838	9383
斯洛伐克	5405	6731	6766	6985	7434	7818	7903
匈牙利	6475	6226	6851	6804	6654	7921	8163
波兰	3043	2895	3184	4002	3816	4427	4687

资料来源：捷克投资局网站资料。

---

① http://www.mofcom.gov.cn/article/i/dxfw/jlyd/201702/20170202520030.shtml.

表12-2　　2007—2013年中欧四国FDI存量占GDP的比重　　（单位：%）

	2007	2008	2009	2010	2011	2012	2013
捷克	57.9	52.7	61.4	64.1	59.9	67.7	66
斯洛伐克	53	56.2	58.1	57.2	58.2	59.5	59.3
匈牙利	65.4	59.2	75.1	70.6	66.8	80.9	82.2
波兰	37.3	30.4	39.1	43.1	39.7	44.7	46.3

资料来源：捷克投资局网站资料。

对捷克最重要的投资者主要来自于德国（2016年对捷克投资流量为43.9亿欧元）、美国、奥地利（0.4亿欧元）、日本（2.42亿欧元）和英国（0.4亿欧元）。从存量看，对捷投资最多的国家是德国（2190亿克朗，约合100亿美元），其次是日本（1239亿克朗，约合56亿美元），最后是美国（827亿克朗，约合38亿美元）。

流入捷克的外国直接投资集中在汽车零部件行业。2016年制造业外商直接投资数量为19.98亿欧元，其中对车辆制造的投资量为9.3亿欧元。服务行业中，特别是软件/IT和金融服务业也有大量外商投资，现在更多的投资是针对高科技部门和研发部门。从存量看，排名前三位的分别是汽车、石化和机械工业（见表12-3）。

表12-3　　捷克主要外商投资部门（2003年1月—2015年12月）

部门	项目数量	投资金额（百万美元）	创造就业
汽车零部件	246	6135	52589
金融服务	152	4123	9517
纺织	142	1108	11835
工业机械，装备和工具	123	2268	19549
软件和IT服务	118	1458	12332
食品烟草	117	2576	17848
运输	117	2346	6036
消费品	103	2661	26521
商务服务	87	283	2554
房地产	87	6789	62021

续表

部门	项目数量	投资金额（百万美元）	创造就业
电子部件	78	1552	24543
塑料	70	1023	9958
通信	61	1901	5845
消费电器	60	708	13141
金属	56	1355	5147
汽车OEM	54	4772	27421
化学品	49	513	2453
宾馆旅游	33	914	6686
煤炭、油和天然气	32	1846	3357
商业机器及设备	28	623	7787
其他	215	10277	29154

资料来源：捷克投资局网站资料。

从投资区域看，对捷克的外商投资集中在布拉格及其周边地区，对其他13个地区的投资相对较少（见图12-2）。

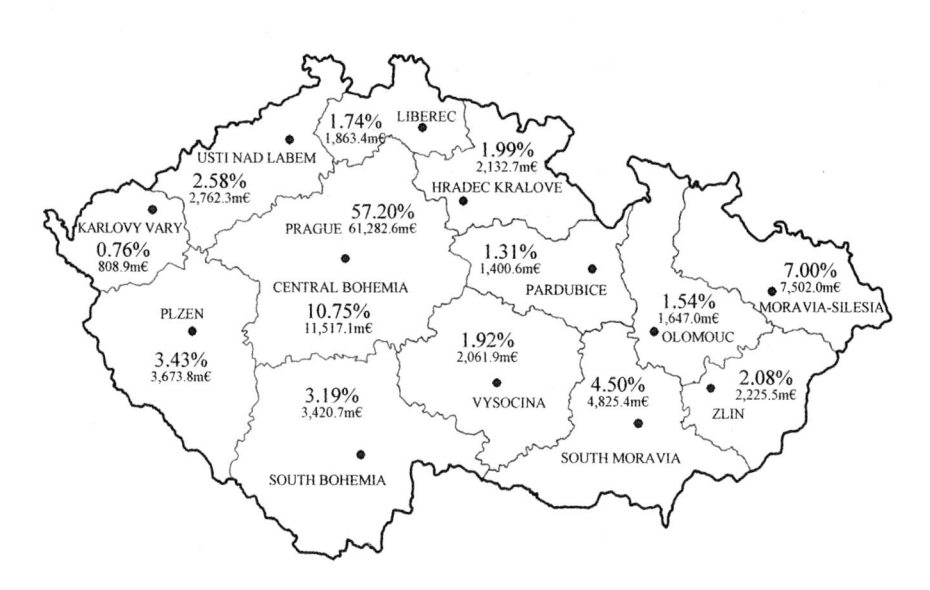

图12-2 对捷克的外商直接投资存量（截至2015年12月单位：百万欧元及百分比）

资料来源：捷克投资局网站资料。

中国对捷克投资增长较快。捷克拥有较为发达的工业体系和商贸服务体系，可以找到很多收益高、风险低的好项目，同时其也迫切希望在工业升级过程中，争取到更多来自中国的投资，双方相互投资具有广阔空间。目前，中国对捷克的投资项目有 16 个，存量金额 58 亿克朗（约合 2.6 亿美元）。仅 2016 年一年中国投资额达到 31.5 亿克朗（约合 1.4 亿美元）。2017 年，捷克最大的一笔外国投资来自中国延锋汽车内饰公司，投资额超过 4 亿克朗（约合 1800 万美元），预计未来该项目总投资将达到 18.5 亿克朗（约合 8400 万美元），创造 588 个就业岗位[1]。

捷克国土面积小，人口少，内需市场有限，经济发展主要依赖出口。出口占捷克经济总量的比重已达到 85% 左右，未来这一比重还可能继续提高。捷克出口的主要目的地是欧盟（约占捷克出口 80% 以上），其中又以德国为主要出口市场（2016 年对德国出口占捷克出口总量的 32%）。捷克除了与欧盟国家有密切的贸易往来，还在推进出口市场的多元化，中国大陆和捷克的双边贸易额也在迅速增长。2016 年中捷双边贸易总额为 196 亿美元，占捷外贸总额的 6.5%。其中，捷对华出口 19 亿美元，同比增长 4.3%，占捷出口总额的 1.2%；捷自华进口 177 亿美元，占捷进口总额的 12.5%；捷对华贸易逆差 158 亿美元[2]。

中捷双向投资中存在一些问题（见表 12-4），例如捷克对中国直接投资数量较小，2014 年仅有 3371 万美元，捷克可能提出对等开放的要求。中捷投资规模相比贸易规模来说也显著偏小。

对中国企业来说，对捷克进行直接投资具有如下动机：

一、与其他中欧国家相比，捷克的劳动力成本更低。欧洲统计局 2015 年的资料显示，捷克的劳动力成本为每小时 9.4 欧元，而欧盟劳动力平均成本为 24.6 欧元，成本的节约对中国企业具有较强的吸引力。

二、捷克与德国的关系非常密切，也为中国企业从中东欧进入西欧其他国家提供了通道[3]。扩大对欧洲市场的出口也是一部分企业投资捷克看重的地方。

---

[1] http://cz.mofcom.gov.cn/article/jmxw/201709/20170902648014.shtml.
[2] http://cz.mofcom.gov.cn/article/tjsj/201702/20170202512075.shtml.
[3] 捷克—德国商会最近的一项调查显示，对于德国投资者来说，15 个中欧和东欧国家中，捷克是仅次于波兰最有吸引力的国家。

三、工业在捷克经济中占据了非常重要的地位，捷克主要的工业以装备制造业为主，既包括传统制造业，也有高新技术产业。中国部分投资针对的是捷克的技术、品牌、销售网络等战略资产。

表12-4　　　　　　　　　　中国与捷克双边投资情况

	2006	2007	2008	2009	2010	2011	2012	2013	2014
中国对捷克直接投资流量（万美元）	915	497	1279	1560	211	884	1802	1784	246
中国吸引捷克直接投资流量（万美元）	1897	1490	3579	161	748	732	2071	1099	3371

资料来源：《中国对外直接投资统计公报》。

第二节　中国在捷克投资情况

中国对捷克投资的一个特点是企业集中度非常高。2014年中国对捷克投资达到30亿美元，其中华信公司投资协议金额为20多亿美元。其他主要投资企业中，生产型企业有首钢下属京西重工和上汽下属公司，这两家企业的共同点在于：国际化程度较高，均为在国外设立子公司（前者为收购后的美国企业，后者与美国公司成立合资公司，并在德国设立总部），并由子公司对捷克投资；没有中方管理团队；企业经营的自动化程度很高，符合捷克工业4.0的发展目标。未来中国在捷克核电和高铁行业可能会有较大的机会，因为捷克是欧盟仅有的几个继续发展核电的国家，而且在未来规划中将高铁列为重点行业。中国在捷克的大型工程承包并不多，原因之一是捷克的技术门槛，例如要求有在欧洲建设工程的经验和资质，而大部分中国企业并不符合这个条件。捷方在招标时，提出使用当地语言投标，中国国内熟悉捷克情况、语言、文化和中国企业的人才较为稀缺。目前对捷克投资的企业主要来自于韩国、法国、德国等国家。

案例1：华信对捷克投资

华信公司投资协议金额为20多亿美元，到位金额超过10亿美元。中国华信在捷克的投资还包括：增持捷克J&T金融集团股份，成为首家控股欧洲银行的中国民企；收购布拉格斯拉维亚足球俱乐部，并将这家捷克老牌足球俱乐部从破产边缘拯救回来；入股捷克老博客啤酒集团股份公司，并将其引入中国市场；与捷克本土最大的航空运输公司签署战略合作协议，准备将布拉格机场打造成中国游客及投资商进入中东欧地区的门户；成为捷克媒体集团战略合作伙伴等等，目前华信已经在制造业、文化、医药、体育等各行业进行了并购。

案例2：长虹对捷克投资

四川长虹电子控股集团有限公司创始于1958年，公司前身国营长虹机器厂是我国"一五"期间的156项重点工程之一，是当时国内唯一的机载火控雷达生产基地。长虹从军工立业、彩电兴业，到信息电子的多元拓展，已成为集军工、消费电子、核心器件研发与制造为一体的综合型跨国企业集团，并努力发展为具有全球竞争力的信息家电内容与服务提供商。目前长虹旗下拥有四家上市公司：四川长虹、美菱电器、华意压缩、长虹佳华。

长虹欧洲电器公司成立于2006年，地点位于捷克首都布拉格北部宁布尔克市。长虹在捷克建厂的初衷之一是为了应对国内市场的激烈竞争，20世纪90年代中期，我国家电业竞争非常激烈。为维持生存或扩大国内国外的市场份额，企业间展开了激烈的市场争夺。当时仅进军欧洲的中国家电业，就可能超过10家。长虹对外投资的另外一个动机是规避欧洲对中国的反倾销反补贴贸易壁垒。公司主要产品为平板电视，设计年产能100万台，已经处在满负荷生产状态。目前长虹是中国在捷已建成的规模最大的制造型企业。

2005年，长虹斥资3000万欧元在捷克拿地，其中长虹捷克家电生产基地一期项目投资逾1000万美元，于2007年投产。当时长虹在捷克买地11万平方米。这是迄今为止中国在捷克投资最大的一个项目，也是中国家电企业在欧洲自主投资设立的第一个海外生产基地。

2014年，长虹欧洲年销售额达到7亿元人民币。2014年7月，四川省经贸代表团访问捷克布拉格，在此期间长虹集团与捷克宁布尔克市签订了增资2000万欧元备忘录。根据备忘录，长虹集团将新建冰箱、洗衣机等白色家电生产线，建设面向欧洲的家电生产基地。长虹电视目前在德国、法国、意大利和捷克等欧盟国家销售情况良好。

案例 3：平高集团对波兰投资

平高集团有限公司成立于 1970 年，2010 年被国家电网公司收购，目前是国家电网公司直属单位，是中国电工行业重大技术装备支柱企业，业务范围涵盖输配电设备研发、设计、制造、销售、检测、相关设备成套、服务与工程承包，核心业务为中压、高压、超高压及特高压交直流开关设备制造、研发、销售和检修服务。

平高集团控股是一家上市公司，本部位于河南，在北京、天津、上海、郑州、长沙、威海、廊坊等地设有子公司，在波兰、印度、南非、老挝、巴基斯坦等国家和地区设有分公司与办事处。平高集团重点发展"4+2"产业布局，将高压设备、配电网设备、国内外工程总承包以及运维检修作为四大核心存量业务，将电力电子、大规模储能作为两大战略增量业务。

平高 2013 年进入波兰市场，2014 年建立波兰分公司，参加投资波兰公共工程建设，先后中标五个项目，包括 220 千伏、400 千伏的线路，共计人民币 15.7 亿元。目前平高在跟踪欧洲西班牙、意大利、拉脱维亚的情况，但项目尚未落地。

第三节 中国在捷克投资遇到的问题

一、由于捷克在环保、劳工、技术标准方面与中国存在差异，中国对捷克投资企业需要适应期，有些标准甚至形成了投资障碍。例如业主要求招标语言采用捷克语，并不是所有的中国企业都能及时应对。目前欧盟加强了国家安全方面的审查，可能建立统一的安全审查机制，对战略资产寻求型的中国企业可能形成一定的准入障碍。

二、捷克经济复苏与可持续发展存在不确定性，可能影响企业的经营。由于捷克受德国影响较大，德国经济增长的波动直接影响捷克经济。捷克经济增长率的不确定性，会使得财政对部分行业补贴与支持政策发生变化，中国企业需要了解有关信息，做好应对的政策，为市场需求的变化做好准备。

三、中国对捷克投资受到政治因素影响非常大。2014 年前捷克与中国的政治关系并不好，2014 年后迎来了对华友好的阶段。2017 年 10

月捷克议会选举,现在中右翼政党支持率较高,但对中国并不友好。中国在捷克投资面临一定风险,收益率偏低。原因包括:并购前缺乏充分的调研,对当地市场、政策、企业情况没有深入的认识。相关的建议包括:进行充分的调研和尽职调查,强调项目的质量和经济效应;聘用当地的调研公司,而不仅仅是利用国际投资银行;最好在当地有合作者,无论是小股东还是协调人,都能帮助中国企业更快适用当地状况;保留企业原有的当地管理层,保证经营的连续性;考虑投资民主国家的政治风险,采取相应措施;中国驻欧使馆在收集信息,分享和交流信息中发挥更大的作用。完善中资企业协会的功能,让其作为民间组织为企业利益发声,与捷克政府对接,以及宣传企业形象。

第四节 政策建议

中国对外投资中绿地投资和并购方式各有利弊。绿地投资从零开始,先建工厂,然后才有订单,只有在有订单前提下才可能扩大工厂,订单和工厂规模存在互相促进螺旋增长的关系。这种投资方式的优势是成本较低,最低成本较并购仅有其20%—30%。但劣势在于新进入的中国品牌在当地没有知名度,当地市场及消费者的接受度较低,需要从无到有开创销售局面。以长虹为例,其总销量中40%为自有品牌,而60%为他人代工,利用当地品牌是长虹打入当地市场的一个策略,长虹对质量的把控成为被消费者接受最终的决定因素。

另外绿地投资需要建立新的管理团队,而收购可以利用企业现有的管理团队,同时并购的裁员成本高。绿地投资可以考虑从当地聘请具有管理能力和专业知识的人才,围绕核心人才组建团队,可以大量节省购买技术的成本,或建立适应当地情况的管理机制。

应该建立对国企投资者的长期评价机制。国企领导人有任期的差异,通常不愿意承担在自己任期内的生产成本,而愿意在自己的任期内有"成果",这使得部分领导更倾向于选择并购这种短期内有成效的方式,而不愿意承担绿地投资所需的长时间等待期与长期资金的投入。事实上并购的失败率较高,要改变国企领导的选择,需要建立对海外投资的长期评价机制。

增加对海外投资企业家的个人生活的关注及鼓励政策，有助于促进中国对外直接投资的发展。回顾对华投资的外商企业，需要给予房子、孩子、车子、保姆等多方面的保障，才能在远离家乡的地方安心工作。而中国第一批派往国外的企业家，费了很大力气适应。但国内针对海外投资企业家的保障制度仍然有所缺失。例如海外出生的孩子，在国内办户口等各种手续都很复杂，没有特别通道。如果参考针对海外留学生、外交人员的优惠政策，例如国内买房，上学，买车等方面给予特殊的优惠，可能会更好地鼓励企业家在海外投资。

迫切需要建立海外投资经验教训分享机制。对欧洲市场投资的中国企业数量相比美国、日本、德国等投资大国仍然较少，因此中国企业对欧洲市场的了解程度有待提高。捷克现有的中国企业作为对东欧投资的先行者与较为成功者，已经进行了一些经验分享，但企业进行这样具有外部性的活动并没有回报，增加自身成本，且可能被怀疑动机，并不是好的选择。需要建立长期有效的企业间分享机制，使得分享企业本身从中受益，这个机制可以大使馆为依托建立，而且欧洲使馆本身也有必要建立紧密的联系，为泛欧商会提供服务。

以企业作为对外交流的载体可能具有好的效果，尤其在文化交流方面。目前中国的对外文化交流花销较大，效果并不显著，例如外派文艺演出需要中方承担所有成本，在当地赠票东道国老百姓兴趣未必大。孔子学院也在一些地区被质疑具有文化输出的动机，甚至招致反感。而如果以企业在东道国展开文化活动，当地民众接受度高；组织当地有影响力的收入高的高管去中国，可能增进其对中国的兴趣和了解，并在东道国帮助宣传，提升中国的国家形象，对中国政府和企业是双赢的事情。中国政府可以考虑通过减税的方式支持 ODI 企业的社会责任支出，提高政府支出的效率。

中国对外投资存在一些失败案例，例如柳工收购波兰重型车辆。中国人在欧洲是"后进者"，并没有在当地经营的经验，对欧洲的研究也不深。而"一带一路"倡议是要用中国的资本赚取外国人的钱，而不是将国外的品牌技术拿到中国，赚中国人的钱。因此需要鼓励更多生产性的投资，特别是绿地投资，而不是增加球队、酒店等只有单纯投资收益项目的投资。

中国企业或个人在国外的不规范行为，影响了国家形象，可以通过国内手段加以解决。例如中国假冒伪劣产品的出口，败坏了中国产品的口碑，可以加紧国内质检部门、工商部门、出口海关部门的合作解决这个问题。而民营企业在国外的不规范行为，也可以通过提高自有资金在投资金额中比重，收紧银行信贷的方式进行处理。

中国投资企业需要尊重当地的规则。中国企业在对捷克投资后经历了与现有管理团队的磨合。欧洲的现代管理制度经过长期的发展，改善了原有的缺陷，而中国现有的管理还在初级阶段，有大量的需要向欧洲学习的方面。

中国获取欧洲技术类的投资不妨多考虑类似捷克这样的国家，捷克曾经是世界第七大工业制造强国，战争期间其军工产品产量甚至大于英国。中国投资者在雇佣劳动力时较为看重其工程师传统，其次也可以获得特定行业特定领域的先进技术。

第十三章 国别调研报告之德国[*]

第一节 德国投资环境分析

一 一流的物流网络确保货物在欧洲市场上高效流通

德国位于欧洲中部,被称为"欧洲的十字路口"。德国拥有欧洲第二大货运港口汉堡港、欧洲最大的汽车运输港口不来梅港和欧洲大陆最大的内河港口杜伊斯堡港。德国公路网的密度之高在欧洲尤为出众;德国铁路公司拥有欧洲最大的铁路网络,拥有世界第四大城际高速列车网;德国拥有密集的空港网络,其中23个是国际机场,特别是法兰克福机场是全球第七大货运枢纽和第九大客运空港。德国不仅拥有世界一流的物流基础设施,德国的物流企业在全球也是名列前茅。德国邮政世界网(DHL)是世界上最大的物流公司,汉莎国际货运航空公司则是航空货运业界的领头羊。

二 优秀的专业人才为持续商业成功提供了有利条件

德国拥有世界一流的教育制度,从业人数超过四千万,是整个欧洲最大的劳动力供应市场。根据欧盟统计局统计,德国学生在自然科学,如:数学、信息学以及工程科学的比例,达到36%,为欧盟最高。根据经合组织相关统计,德国在自然和工程科学的博士所占的比例也是最高的。

三 完善的法律体系保障了商业活动安全性和透明性

德国是一个由16个州(Lender)组成的联邦制国家,每个州有各

---

[*] 执笔人:李国学。

自的宪法、政府和独立的法院。联邦政府和议会关于负责经济政策的重要立法工作。德国法律制度健全、司法公正。政府几乎不干预企业经营,并且通过《反不正当竞争法》《反限制竞争法》和《证券收购和接管法》等法律尽量确保自由市场准入和不同参与者之间的平等待遇。同时德国是一个对外国投资者比较开放的国家,实行自由的资本流动政策,外国企业和本国企业受到同等待遇。知识产权受到十分严格保护,在保护权登记方面,对外国人和德国公民一视同仁。随着德国私有化进程的发展,原来禁止投资者进入的水电供应、基础设施、能源、医药等领域也已对境内外投资者放开,目前德国明确禁止投资者进入的领域只有建设和经营核电站和核垃圾处理项目。

四 国际竞争力较强的产业体系使德国经济充满活力

德国是世界第二大机械设备制造国(仅次于美国)和世界第一大机械设备出口国,也是全球汽车制造强国。航空航天是德国最具创新精神和表现最出色的行业之一。电子产业是成长最快速的产业之一,在欧洲的半导体和显示器市场方面位居第一,"萨克森硅谷"区域已经成为全球五大半导体产业群之一。德国是世界最大的化工产品出口国,基础有机化学品、初级塑料产品及药品是德国化工制药业的三大优势领域。德国在太阳能、风能、生物质能、地热能、水力发电等可再生能源开发利用方面居世界领先水平。德国联邦统计局数据显示,近几年来,德国经济保持稳定增长态势,在欧盟各国 GDP 排名中德国一直保持第一位。按当前市场将价格计算,2016 年德国名义 GDP 为 31339 亿欧元,较上年的 30328 亿欧元增长 3.3%;按 2010 年不变市场价格计算,实际 GDP 为 28370 亿欧元,同比增长 1.9%。

五 良好的中德双边关系保障了对德投资的顺利进行

2003 年中德签署了投资保护协定;1985 年中德签署了避免双重征税协定,并于 2014 年签订了新的避免双重征税和防止偷漏税的协定及其议定书。目前,中德两国地区和大城市间建立了 36 对经济合作关系。综合来看,根据德国中国商会 2016/17 调查结果,46% 的受访中资企业认为德国市场对其整体发展战略具有重要作用,42.9% 的受访中资企业认为德国市场非常重要；74.6%的受访中资企业对德国市场满意，15.9%的受访中资企业则认为非常满意。

第二节　中资企业在德国投资的基本情况

中资企业在德投资区位分布呈现"汇聚中心，辐射周边"特点。根据德国中国商会2016/17调查结果，目前在德中资企业约2500多家，遍布德国16个联邦州，主要集中在汉堡州、北莱茵—威斯特法伦州、巴伐利亚州和黑森州，呈现"汇聚中心，辐射周边"的分布特点。在区位选择影响因素方面，与当地企业存在长期合作关系占50.8%，核心管理人员长期生活所在地占28.6%。此外，当地产业集群程度、是否有当地政府或投资促进机构的推荐、研发集中程度等也是影响企业投资区位选择的重要因素。

位于德国柏林的墨卡托中国研究中心和荣鼎集团发布的一份报告显示，2016年中国对外国的直接投资较去年飙升40%，达到创纪录的1890亿美元（1800亿欧元）。根据墨卡托中国研究中心和荣鼎集团的调查，2016年中国对欧盟（EU）的投资上涨了77%，至350亿欧元，其中德国占了110亿欧元，德国获得了中国在欧洲投资总额的31%。报告称，中国的投资者对于收购高技术和先进制造业的资产特别感兴趣。

中资企业在德投资产业领域主要集中于德国优势产业及其贸易。根据德国中国商会2016/2017调查结果，中资企业在德国直接投资已涵盖了国民经济19个行业大类。机械制造和汽车及零配件等德国传统优势产业是两个重要的投资领域，二者所占比例分别为28.6%和17.5%，分别位居第一和第三位。与机械制造和汽车及零配件等产业相关的采矿、金属冶炼及加工行业占比也达到了12.7%，位居第六位。上述三个产业加起来，所占比例就接近60%。能源与环保等德国新兴优势产业所占比例为15.9%，位居第四位。此外，贸易、咨询和技术服务业也具有重要地位，二者所占比例分别为23.8%和15.9%，分别位居第二和第四位。

中资企业在德投资动机主要是获取市场、先进技术和管理经验。根据德国中国商会2016/2017调查结果，79.4%的在德中资企业是为了国际化经营战略。具体来说，66.7%的在德中资企业是为了缩短与海外客户距离，46%的在德中资企业是为了获得国际化品牌与渠道，36.5%的在德中资企业是为了进入高端细分市场；42.9%的在德中资企业是为了增强研发实力和学习先进管理经验，38.1%的在德中资企业是为了接触先进技术。

在德中资企业民企和国企基本相当，投资模式以绿地投资为主。根据德国中国商会2016/2017调查结果，民营企业和国有企业所占比例都为44.4%，混合所有制企业所占比例为7.9%。中资企业在德经营所采用的公司法律形式为，德国有限责任公司（GmbH）所占比例为70.41%，分公司和代表处所占比例均为12.24%，股份公司所占比例只有1.02%。在投资模式选择方面，在德中资企业以绿地投资形式建立跨国分支机构所占的比例为42.9%，而跨国并购所占比例仅为28.6%。根据相关媒体调查，2016年外资对德国企业跨国并购交易数量达到1707件，但这些并购交易主要是美国和英国的公司发起的，由中资企业牵头的跨国并购交易项目占比不到3%。

第三节　中资企业在德投资遇到的主要问题

德国具有世界一流的国际投资环境，但根据德国中国商会2016/2017调查结果，7.9%受访中资企业对德国市场满意程度一项中选择了"一般"，甚至1.6%受访中资企业则选择了"不太满意"。尽管仍有57%的受访企业保持在德投资情况不变，但也有将近5%的受访中资企业计划减少投资。对中资企业来说，德国投资过程中遇到的问题主要有以下几个方面：

一　金融监管制度影响了中资银行的融资能力

欧盟相关法律规定，非欧盟银行在欧盟的分行只是其总行的附属机构，不具备法人资格，不能享受单一银行执照所带来的便利。因此，在德中资银行分支机构执照仅在德国有效，无法像欧盟当地银行那样凭此在其他欧盟成员国经营业务。根据欧盟Capital Requirements Regulation

(CRR)第391条和第395,由于中国未进入德国联邦金融服务监管局(BaFin)T028号文件的国家目录,中资银行分支机构资产业务只能做到25%,而进入该目录的国家的银行分支机构就可以做到100%或者15亿欧元。德国《银行法》第53条规定,母行在欧盟以外的银行在德国设立的分行,必须保持不低于8%的资本充足率,然而第53条第1款第2项也同时规定,联邦财政部有权授予欧盟以外第三国银行在德国的分行全部或部分豁免这一要求。目前,美国、日本、加拿大和澳大利亚等国银行在德国的分行享有这种优惠,而中资银行却没有得到豁免。上述歧视性待遇严重影响了中资银行为在德中资企业投资和经贸往来提供融资的能力。

二 复杂的劳工制度导致了中资企业用工困难

根据德国中国商会2016/2017调查结果,虽然在德中资企业对高素质人才需求迫切,但过半数受访企业反映在德缺乏高效的招聘渠道,约三分之一的企业反映社会保险、员工休假等福利问题复杂,员工培训成本过高,《最低工资法》也在一定程度上增加了企业劳工成本。面临上述问题,从中国国内外派员工可能是一条解决问题的途径,然而德国《劳工法》和《就业条例》规定,对欧盟以外第三国公民来德从业实行"优先审查"制度,即企业须先报劳动主管部门审查,优先考虑德国和欧盟籍劳工就业,在经过刊登广告等手段确定本国和欧盟公民中无人应聘、找不到合适人选的情况下再考虑聘用欧盟以外第三国公民。即使通过了"优先审查"制度要求,外派员工长期工作签证及居留许可申请时间长,所需申请材料、申请过程等并无清晰指引或解释,家庭团聚签证对外派员工配偶德语水平的硬性要求较高,从而影响了项目计划实施。此外,非欧盟国家(第三国)建筑企业在进入德国市场,在初审过程中一般会予以拒绝,非欧盟国家建筑公司到德国承包工程,其工人必须通过德国技师考试才能获得从业许可。

三 保护主义倾向给中资企业带来了不确定性

尽管中资企业在德合法经营,履行企业社会责任,为德国经济增长和就业做出了自己的贡献,但中资企业对德投资大幅增长,尤其是重量级收购项目的出现，引起德国有关方面的担忧和不安，"买空德国论""买断技术论"等恶意炒作现象不时见诸报端。当地媒体怀疑中国企业在德国投资是为了"偷窃"技术、转移生产，还会裁减当地就业，欧盟一些官员也认为中国将海外投资作为一种取代外国公司在中国和其他市场地位的途径，担心出售核心工业技术可能对欧洲的工业基础构成风险。在这种情况下，2017年德国联邦政府通过了一项加强监管限制外国投资的新政令，扩大了政府在某些情况下使用否决权的权限，同时德国也将和法国及意大利合作，推动欧盟进行类似修法。在新的法规下，德国决定用4个月的时间而不是现行的2个月来审查这些外国资本。这意味着中资企业在投资德国时，将面临更多的政策不透明和不确定性，增加企业在评估赴德投资、制订投资计划、准备相关材料等方面的人力、物力和时间成本，为企业投资德国带来不必要的困难和风险。

四　信息缺乏阻碍中资企业融入德国研发体系

根据德国中国商会2016/2017调查结果，中资企业在德国投资获取信息渠道有限，直接影响到事前投资标的评估，事中高效地决策和经营管理，以及事后参与德国的研发和创新活动。特别是由于德国对外资企业缺乏一个公开、统一的研究资源信息平台，导致了科研资源信息分散，企业与高校的联系渠道有限，这不仅使中资企业在寻找创新合作伙伴过程中耗费更多时间、精力和成本，而且增加了中国和德国双方研究人员磨合时间，降低了企业在德进行科研创新的效率。德国研发资金申请的信息渠道有限，申请条件苛刻，申请过程不透明且成功率不高，也使不少有实力、有潜力在德开展科研创新的中资企业望而却步。因此，中资企业迫切需要德方相关部门就如何申请德国研发资助、如何与德国企业达成研发合作、如何处理双方的知识产权等方面提供全面信息，并针对相关程序、信息予以更为清晰的解释。

第四节　在德投资保护的相关建议

结合中资企业对外投资过程中的问题经验，中国政府及其投资服务机构应从以下几个方面加强中资企业在德国投资保护。

一 以中欧双边投资协议谈判为契机,进一步完善德国投资环境

与其他类型投资协议相比,双边投资协议的优点是针对性强,缔约双方可以就其所关心的问题进行协商,所订立的条款能够照顾到双方的国情和利益,可以在一定程度上协调和改善双边投资环境。在中欧双边投资协议中,"准入前国民待遇"和"负面清单"条款将大大降低产业进入壁垒,为中资企业在德投资创造一个自由、公平的竞争环境。此外,从《欧加经贸协定》可以看出,在平衡投资者保护与政府规制权力方面,欧盟要比美国务实而灵活,双方可以在各自重大利益关切方面做出更加具体的规定,尽可能减少投资协议对经济安全和社会发展产生的不利影响。

二 以中德高层对话机制为切入点,搭建信息沟通和问题解决平台

2008年开始实施的中欧经贸高层对话机制在中欧贸易、投资和经济合作战略,协调双方在重点领域的项目与研究并制定规划方面发挥了重要作用。在中欧经贸高层对话机制基础上,中德两国应进一步细化这一对话机制,建立中德投资高层对话机制,组织各相关部门进行对话和协调,搭建双边投资过程中信息共享和问题解决的平台。在中德投资高层对话机制下,设立双边投资促进工作小组,就双边投资过程中出现的重要问题,提出可能的解决方案或途径,尤其是解决好长期困扰在德中资企业经营的德国员工招聘、本地就业"优先审查"、外派员工长期工作签证、家庭团聚签证、双方驾照互认等方面的问题。

三 以海外投资商会为基础,大力发展海外中介组织和维权中心

海外商协会组织在配合国家重大经济外交外活动、凝聚中资企业力量、树立中国形象、代表企业与东道国政府沟通等方面发挥着重要而又不可替代的作用,必须要加以规范和正确引导,在驻外使领馆的统一领导下有序发展,更好地发挥其服务中资企业的作用。目前,在海外的中小型中资企业数量上占绝对优势,而这些企业自我维权能力较差,没有能力聘请当地律师来解决法律纠纷、监管障碍等,迫切需要利益代言人,改变单独与律师事务所、会计师事务所等服务机构的博弈劣势。因

此，探索建立中小企业海外维权中心符合广大中小企业的愿望，也更能体现服务企业的宗旨。

四 以管理创新为抓手，通过资产专用性投资融入德国生产网络

根据生产中所需知识的差异，生产任务大体上被划分为要求可编码信息的任务与要求"意会信息"的任务。可编码信息是指那些用系统语言或符号表示的编码化知识，这类信息所反映的大多是相对成熟或者已被淘汰的技术，中间品供应商从可编码信息中不但无法学习到领导厂商的先进技术，而且还要支付昂贵的专利费用。"意会信息"是指那些根植于人的身体或头脑而难于编码和沟通的知识，这类信息往往代表着领导厂商的先进技术。在全球生产网络下，真正能够帮助在德中资企业实现技术进步的是这些要求"意会信息"的生产任务。

专用性投资是在德中资企业嵌入德国生产网络的重要途径。如果在德中资企业为领导厂商进行专用性投资，同时实行本土化管理，聘用当地语种人员，解决跨文化交际和经营难题，更好地融入当地社会。通过专用性投资，它们之间就在资产专用性投资的相互锁定中形成了双边依赖关系，即如果专用性投资后供给关系终止不但供应商受到损失，而且领导厂商为了降低成本或生产出差异化产品也必须诱导潜在的供应商进行相似的专用性投资。因此，领导厂商和在德中资做出专用性投资的企业都有巩固而不是终止这种合作关系的激励。

在专用性投资基础上与领导厂商所形成的这种共生关系，超越了以市场为基础的"古典契约"关系，从而有效地克服了德国同行不愿意向中资企业转移先进技术等问题。这种联系不但有利于增进在德中资企业与德国同行之间的信任与合作，从而为在德中资企业获得先进技术或核心技术的"意会信息"创造了有利的条件，而且在日常生产过程中，德国同行企业可能会向在德中资企业交流国际市场上最新的技术和市场信息，对在德中资企业在该生产环节的经营提供技术指导、销售培训或战略合作。

第十四章　国别调研报告之意大利[*]

第一节　意大利投资环境分析

一　自然条件

意大利位于欧洲地中海沿岸，主要由亚平宁半岛、西西里岛、撒丁岛所组成。国土面积为301333平方公里，2016年年底全国人口6002万。北方的阿尔卑斯山地区与法国、瑞士、奥地利以及斯洛文尼亚接壤，其领土内还包围着两个微型国家——圣马力诺与梵蒂冈。由于位于地中海中心位置，所以意大利是连接南欧、北欧、中欧和非洲等其他大洲的交通枢纽。

意大利自然资源贫乏，仅有水力、地热、天然气等能源和大理石、黏土、汞、硫黄，以及少量铅、铝、锌和铝矾土等矿产资源。意大利的石油和天然气产量，只能满足其小部分国内市场需求，而75%的能源供给和主要工业原料则依赖国外进口。意大利传统重要可再生能源为地热和水力，地热发电量居世界第二，仅次美国，水力发电排名世界第九。

二　世界遗产数量高居世界第一

意大利是世界上最重要的旅游热点之一。它不仅拥有美丽地中海特色的自然环境，而且还由于拥有悠久的历史文化，使得意大利成为世界遗产数量最多的国家。截至2017年7月，经联合国教科文组织审核和批准，列入《世界遗产名录》的意大利世界遗产共有53项，其中包括自然遗产5项，文化遗产48项。

---

[*] 执笔人：李国学。

三 经济发达且诸多产业具有国际领先优势

作为西方主要发达国家之一，意大利 2016 年的人均 GDP 达到 3 万美元。意大利现代服务业十分发达，金融、保险和通信在欧洲甚至全球都有一定的影响力。意大利是仅次于德国的欧盟第二大工业强国，制造业水平在欧洲也仅次于德国。与"德国制造"一样，"意大利制造"同样享誉全球。

具体而言，在机械设备、皮革加工、纺织服装、食品饮料、建筑材料等很多领域，意大利都具有国际竞争优势，并且拥有很多知名的国际品牌。

意大利农业经济同样十分发达，其农产品质量享誉全球。意大利是获得原产地保护认证（DOP）和地理标志产品（IGP）最多的国家。

四 意大利是对外贸易依存度非常高的国家

意大利是一个自然资源短缺而制造业却又十分发达的国家。这就决定了意大利一方面在能源和很多原材料方面都需要进口；另一方面，它每年又都有大量的工业和农业产品出口到世界各地。根据意大利对外贸易委员会发布的报告，2016 年意大利出口额达到 4170 亿欧元，是全球第九大出口国，占全球贸易额的 2.9%。同时，其贸易顺差 515 亿欧元，排名全球第 6 位。

在对外贸易中，欧盟地区一直是意大利最重要的出口市场，而且对欧盟出口在意大利出口总额中所占比重 2016 年达到 55.9%。其中，德国和法国分别是意大利第一和第二大贸易伙伴。

五 家族式中小企业是意大利的经济主体

意大利是中小企业为经济主体的市场经济国家，99% 的企业都属于中小企业，数量达到了 530 万家。很多中小企业都是代代相传的家族式企业，经营领域遍及除军工、能源等少数领域以外的各个行业。

六 极其重视科技创新与应用

意大利拥有很多世界一流的大学、科研机构和现代科技园，其产业工人也都具有较高的技术素质和能力。由于重视应用技术和大量的人才资源，使得"意大利制造"才能享誉全球。

第二节 中国投资意大利现状

一 近年来投资规模呈现明显增长趋势

按照意大利国内相关部门统计，在2010年，中国企业在意大利的直接投资规模仅为1400万美元。如此规模不仅无法与中国对英国、德国和法国这三个欧洲国家相比，甚至也远远低于类似荷兰、卢森堡、奥地利等其他欧洲国家。不过这种状况从近年来便出现明显转变。2014年，中国对意大利的直接投资迅速增至49亿美元。2015年，中国在意大利的投资额更是达到了78亿美元。到了2016年，中国对意大利投资则继续增长至110亿美元。目前，中国企业对意大利的投资规模，已经呈现超过了许多欧洲国家的趋势，并成为与英国、德国并重的重要投资目的地。

二 投资领域更加多元化

早期中国在意大利的投资多为绿地投资，但近年来，伴随着越来越多的中国企业在意大利落地，以并购方式进行的战略性投资案例显著增加，投资领域的多元化也已经成为一种趋势。这些领域包括：金融保险、机械制造、电子信息、汽车及其零部件、家用电器、纺织服装、皮革制品、医药、物流、批发零售等等。以中国工商银行、中国银行、中国化工、华为、中兴通讯、海尔、鄂尔多斯、中远集团等为代表的大型中资企业，以及更多的中小企业都纷纷来到意大利进行投资。

2015年3月，中国化工巨资收购了著名的全球第五大轮胎制造企业倍耐力公司，引发了国际社会的广泛关注。而作为中国最优秀民企之一的华为公司，其智能手机的业绩近年来增长十分迅速。目前，华为手机市场拥有量仅次于苹果，已经位居意大利第二位。正是看重意大利的投资地位与发展趋势，所以华为公司计划加大对意大利的投资规模，并决定于2017年11月将其在欧洲的第一家旗舰店设在意大利第二大城市米兰。

三 民营企业在意大利的投资呈现增长趋势

目前，从对意大利总的投资规模而言，大型国企明显占据相当大的比重。例如，2015 年仅中国化工这一家国企就以数十亿欧元的巨资收购倍耐力。不过，由于这种大型国企收购在西方发达国家遭遇的政治和社会阻力很大，所以并购规模很大但并购的数量可能会十分有限。相对而言，意大利这样的市场经济国家对民营企业更持欢迎态度，因为这些企业没有国家背景和政治因素。加上意大利本身就是中小企业王国，中意之间的中小企业投资合作，也确实存在着很大发展空间和潜力。从这种角度判断，无论现在还是将来，我国以中小企业为主的民营企业对意大利投资数量和规模将会不断扩大。目前，华为、中兴通讯、海尔、鄂尔多斯等民营企业在意大利投资热度的升温，就已经充分反映了这一趋势。

第三节 导致中国意大利直接投资不断升温的主要原因

一 拥有"一带一路"投资布局中的区位优势

正是由于意大利位于欧洲大陆的亚平宁半岛并处地中海中心位置，处于欧洲、亚洲和非洲在地中海连接点，因此该国家身处欧洲又与亚洲、非洲在海上相邻。自中国提出"一带一路"倡议后，意大利的这种战略地位尤显突出。对于中国企业而言，意大利无疑是在"一带一路"沿线投资布局中的重要国家。

事实上，意大利本身就曾经是古丝绸之路的终点。如今，在"一带一路"发展战略的南线布局线路为：泉州—福州—广州—海口—南海—河内—吉隆坡—雅加达—科伦坡—加尔各答—内罗毕—雅典—威尼斯。也就是说，21 世纪海上丝绸之路是从中国福建出发，南下太平洋经印度尼西亚后西进，沿印度洋进入地中海，再经希腊，其终点城市就是意大利的威尼斯。同时，对于丝绸之路经济带而言，在横跨欧亚大陆的北线中，也有一条线路是穿越欧洲大陆达到地中海沿岸。因此，我们可以如此理解：意大利是"一带一路"中的一大交汇点，是将海陆两条线路中连接起来的重要节点。其具有的区位上重要战略意义,是不言而喻的。

从贸易与投资角度而言,意大利是中国产品进入欧洲大市场的良好通道。例如,在物流成本上,从中国到欧洲大陆腹地的交通,取道意大利要比取道北欧各国的要低大约25%—35%。

二 欧债危机促使中国企业在意大利"抄底"

2008年金融危机特别是随后爆发的欧债危机,使得意大利经济遭受重创。例如,在欧债危机最为严重的2009—2012年间,意大利约有5.5万家制造企业因经济不景气而关闭。这使得意大利的经济发展,陷入了其在"二战"以来的最长衰退周期中。国内生产总值出现严重的萎缩现象,也使得其国家经济竞争力在欧盟各成员国中居于末位。

不过,从外国投资者的角度,由于意大利经历过去几年的危机冲击,使得其国内很多投资产品的价格,在2013年前后普遍达到历史低点。伴随着金融危机和欧债危机的负面影响的逐渐减少,意大利的经济发展开始呈现出从陷于低谷中出现逐步爬升的趋势。

当投资成本已经达到比较理想的低点时候,同时投资收益又在可预期的状况下,对那些正在捕捉机会的投资者而言,可能就意味着"抄底"时机的到来。在中国经济面临转型、国内企业纷纷走出去寻找投资机会的形势下,意大利这个具有很多产业优势的老牌工业发达国家,现在增加了"一带一路"交汇点的区位优势。因此,在判断其经济现状与未来投资前景后,就容易令中国企业做出前往意大利"抄底"投资的决策。

三 经济确实呈现出已经走出谷底的趋势

近年来意大利经济正在从长期低迷中走出来,从2013年开始呈现止跌回升的态势。2015—2016年都实现了正增长。在这两年经济有所好转的基础上,无论按照国际货币基金组织(IMF)的统计,还是意大利工业家联合会研究中心(CSC)的预测,2017年的意大利经济增速都有望实现1.3%左右的增长。因此,在经济有望逐步复苏的趋势下,包括中国企业在内的国际资本对意大利的投资也将呈现活跃态势。

四 外资政策整体上呈现积极鼓励为主

针对长期的经济低迷，2008年金融危机以来，意大利历届政府都努力实施一些针对经济的结构性改革政策和措施。其中一项就是积极吸引外国直接投资。

由于意大利是个高税收、劳工法律比较繁冗的国家，使得意大利的外资流入一直低于德国、英国等其他欧盟国家。例如，在2005—2010年间，意大利每年吸引的外商直接投资平均仅占GDP的1.4%，远低于欧盟平均3.3%的水平。于是，2013年意大利出台了新的外资政策。意大利外交部、经济发展部和投资促进署联合制定了"目标意大利"（Destinazione Italia）的法案。该法案包含一系列旨在吸引外资的具体措施，涉及税收、劳工等诸多领域。

当然，这些措施远不足以改变对外资流入的阻碍性影响，不过，对于一向对外资流入并不是十分积极的意大利而言，其近年来这种对外资态度和政策积极变化，还是令国际投资者看到对意大利投资的一些不利因素正在减少。

五 获取技术与品牌的战略性投资动机驱动显著

在过去相当长时期里，以获取能源为主要动机的投资，在中国对外投资规模中一直占了相当大的比重。但在2008年金融危机以后，越来越多的中国企业抓住机会，将海外投资重点放在发达国家具有先进技术、管理及著名品牌的领域。类似意大利这样的三次产业都很发达的国家，中国企业对类似倍耐力这样在行业排名全球领先的世界500强企业进行战略性投资，往往非常符合我国很多企业海外投资首选标准，即重点要获得国际先进技术和管理经验，获得具有国际市场领先地位的著名品牌。

第四节 中国企业在意大利投资面临的问题

一 政治风险易导致经济政策缺乏连续性

长期以来，意大利是一个政府更迭十分频繁的国家，而金融危机以后的持续经济低迷,使得意大利政局更加动荡不动。在过去的短短数年中,便先后经历了贝卢斯科尼、蒙蒂、莱塔、伦齐和真蒂洛尼等多届总理。政局不稳带来的一大问题,便是经济政策常常失去连续性。而这又反过来可能更加影响社会特别是投资者对经济复苏的信心,进而使外国投资者担心投资的政治与经济风险的加大。这种政治长期的动荡,往往难以成为跨国公司投资意大利的一大阻力。

二 投资意大利的社会风险比较大

在海外投资面临的国家风险中,包括政治、经济和社会三大风险。在社会风险中,涉及来自东道国的社会治安、劳工关系、工商服务与监管等诸多方面的威胁与干扰。

首先,治安状况。由于近年来意大利政府和警方的不断加大治理力度,其国内的社会治安总体状况比过去还是有较大的改善。但由于意大利所处的地理位置及其属于全球旅游热点地区的特点,形形色色的外来人口比较多,使得抢劫、偷盗事件频发,而在经济较为落后的南方地区,治安状况往往更加令人担忧。伴随中国在意大利投资不断增加,加上近年来每年前往意大利旅游的人数多达300万人次,由于中国人在消费习惯等方面的特点,在意大利针对中国人犯罪活动的报道时常见诸媒体,值得我们反思和总结。

其次,劳工关系。意大利有关劳工的法律法规,其复杂程度尽人皆知。意大利的工会比较强势,工人罢工屡见不鲜。因此,中国企业在意大利的经营活动,往往处于与中国国内劳工关系迥异的环境,熟悉当地相关法律、处理好与工会、当地雇员的关系,往往就要耗费中方管理层相当大的时间和精力,对此必须有所心理准备和应对措施。

最后,投资的服务与管理。繁冗与复杂的意大利法律,不仅难以使政府机构依法办事,反而使得办事人员工作效率低下。一方面,投资者对这些法律的理解往往是一头雾水;另一方面,也使得这些机构的办事人员对政策随意曲解和执行。同时,五花八门的法律也导致意大利行业协会组织对外资企业也拥有很大的干预权力,它们有权制定很多旨在保护各自行业内的本土会员企业的种种规定,以限制和排挤外国投资者的经营活动。

三 劳动力成本比较高

如上所述，正是由于意大利拥有比较繁冗的劳工法律，加上该国本土员工的受教育程度和技术水平的确比较高，从而导致意大利外资企业的用工成本也要高于其他欧洲国家。

四 企业文化融合存在障碍

中国和意大利在政治体制、社会文化、价值理念等许多方面，都存在巨大差异。这种差异势必将不同程度地反映在中国在意大利投资的企业当中。当然，这种差异可以理解为中意企业间在文化融合方面，存在着较大的障碍。应当强调的是，中国员工中懂得意大利语的人毕竟不多，与当地员工常常需用英语进行交流和沟通。由于这种语言交流的不便，往往十分不利于消除隔阂、增进感情，增加了中资企业实现正常运营的难度。

第五节　政策与措施建议

一　企业必须提高维护意大利投资利益的主体能力

企业是中国海外投资的主体。这些企业特别是中小民营企业，它们的海外投资风险意识与防范能力的强弱，其实才是海外投资利益保护机制中最重要的环节。尽管中国对外直接投资存量已经突破万亿美元，但与西方国家相比，毕竟我国对外直接投资的历史不长，特别是缺乏真正有丰富国际投资经验和国际竞争能力的"中国籍"跨国公司。目前，进入世界500强的中国企业，多数都是依靠资金而非技术或品牌而上榜的国有企业，就充分证明了中国企业的整体在很多软实力方面，与国际先进企业相比，都具有很大的差距。

尽管中国有着越来越大的海外投资利益，但拥有这些利益载体的企业的抗风险能力还十分偏弱。在意大利的投资机遇与风险并存，增强中国在该国的海外投资利益保护能力，企业自身的主体能力，当仁不让地必须予以加强。具体地体现在，企业应当在不断强化海外风险防范意识的前提下，应当努力提高对意大利的政治、法律、经济和社会环境状况的风险评估能力，并相应地建立和不断完善突发事件的应急机制。

二 通过中意谈判推动中欧投资谈判

中国和意大利于 1970 年 11 月建交，几十年来中意之间外交和经济关系的发展，总体上比较良好。伴随着意大利近年来经济状况的变化，以及"一带一路"倡议的提出，中意之间的利益共同点远远大于分歧点。正因如此，自 2013 年 11 月中欧第 16 次领导人峰会宣布启动中欧投资协定谈判（BIT）以来，意大利是欧盟中比较支持中国相关利益主张的成员国之一。

近年来，中意两国政府已经签署了一些与投资相关的协议或谅解备忘录，例如，《加强基础设施建设合作备忘录》《高新技术合作备忘录》等。这些协议或谅解备忘录的签署，不仅有利于开展两国间的贸易与投资活动，而且对中欧间双边投资谈判也是一种推动和促进。因此，中国应当进一步通过与意大利等国家间的深化投资谈判，甚至包括与这些国家政府各部门之间直接的相互沟通和谈判，继续强调中国企业在意大利及其他欧盟成员国在行业进入、税收、简化投资法律、提高投资便利化水平、增强管理透明度等方面的利益要求。这不仅有利于减免中国在意大利等国投资的纳税负担，而且也有利于推动中欧间的投资协定谈判的进行和最终完成。

三 发挥政府和社会多位一体的投资利益保护作用

除了政府在中欧投资谈判中发挥应有作用外，政府和社会构成的多位一体海外投资利益保护机制，对在意大利中资而言，同样具有重要意义。

我国政府和社会其他组织要在融资、保险、信息服务到外交协调等诸多方面，从制度上不断完善服务功能，为包括在意大利在内的海外投资企业提供的服务。例如，银行等金融机构与实体企业如何能够更好地实现银企合作；驻外特别是一些重要投资对象国的领事馆，如何真正树立和强化服务意识，对中资企业的提供更好更有效的服务等等。

同时，要充分发挥各类研究智库、行业协会、会计和律师事务所等社会力量的作用，从法律和税收等诸多方面，鼓励"走出去"企业与这些社会机构的合作，使得企业在意大利投资能够获取更多的合法利益。具体包括：加强对意大利语言、法律、政策法规等的学习和培训；及时提供或发布有关意大利国内社会经济形势、投资业务指南和风险须知等信息。

四 关注敏感行业并购中的意大利"黄金股权"影响

意大利虽然没有针对涉及国家安全的外资并购审查机制，但它与其他西方国家相似，设有《竞争与公平交易法》，由意大利的竞争与市场局这一机构对可能引发市场垄断的并购进行审查和批准。

同时，还应注意的是，在一些涉及可能影响公共利益或具有战略意义的重要部门，意大利财政部或相关行业主管部门持有"黄金股权"，从而可以对外资并购行为实行否决。

五 对投资优势产业及企业的金融支持

中国和意大利在经济上有很大的互补性，仅从中国对意大利投资的角度看，意大利有很多优势产业值得投资，并且由于近年来受金融危机和欧债危机的影响，已经凸显出一定的投资机会。例如，在装备制造业、家具家装、家用电器、食品加工，以及与旅游相关的酒店房产等等，都是能够引起中国投资者兴趣的领域。

对于那些在意大利确有良好的投资设计和风险评估的投资项目，我们应当在金融和保险等方面予以扶持和帮助。具体可以考虑以专项贷款和产业投资基金等多种方式，对中国企业在意大利的并购等投资活动予以扶持。值得指出的是，根据意大利2014—2020年国家行动规划（NOP），该国将在公路、铁路、港口等基础设施领域投资改造。这些改造有可能给中国参与投资和工程承包等方面带来机会。

六 中方企业要高度重视并购的尽职调查

从在意大利进行并购活动的中方企业层面考量，由于中意两国在文化、法律等诸多方面都存在巨大的差异，而意大利的很多情况，也并不同于其他发达国家。因此，从并购谈判到股权转让再到并购后的整合，是一项极其复杂、难度很大的系统工程。没有在投资前的充分调研，不熟悉意大利工商法律、意大利人思维方式和谈判习惯，是不可能顺利达到投资预期目标的。

例如，在并购谈判中，容易产生分歧的地方是，意大利企业会倾向于签订关于交易结构及交易价格的详细条款。然而，中国收购者则由于对海外交易的商业及法律制度不够熟悉，往往倾向于签订非约束性、价格区间宽泛的概括性条款。还有，在现实中，为了确保一段排他性的交易时间，意大利企业往往要求投资方提交保证金，除非有正当理由，收购者一旦违反或撤销交易，就要负法律责任。当发生法律纠纷时，意大利的复杂法律和法院审判存在的种种问题，使得诉讼很可能会持续多年。又如，在达成并购协议进行资产交割和并购后，在如何处理原企业员工等问题上，既需要符合意大利相关法律，也需要面对中方在海外资产方面有关管理制度，都是一件十分艰巨而困难的问题。因此，在并购前做好一切程序的尽职调查，包括向在意大利的中国律师进行认真咨询，都是十分必要的工作。

七 及时总结和推广在中资并购经验与教训

近年来中国企业在意大利的投资活动，既有成功经验也有失败教训。总体而言，在意大利的这些投资行为，是有利于中国企业整体上推进国际化进程的。而且需要强调的是，中资企业在意大利的收购行为，也使许多意大利企业获得了深度进入中国市场的机会，令这些企业在意大利、中国以及全球的销售融为一体，进而提升了意大利企业的营业额，并减少了许多投资阻力和投资成本。因此，中国企业投资导致中意企业多赢的案例及其经验，更值得及时总结推广。它们的这些经验，从近期中国化工并购意大利倍耐力案例中，就可见一斑。

2015年中国化工收购世界最大的轮胎制造商之一的倍耐力，引起中国和意大利国际社会的广泛关注。对中国化工并购倍耐力后的整合前景的评价，可谓毁誉参半。但在并购达成交易两年后，有了初步的答案。2017年10月4日，倍耐力股票重返米兰证券交易所挂牌上市。这是2017欧洲资本市场最大、全球第二大的IPO项目。意大利当地财经媒体将倍耐力此次回归定义为"溢价重返"。

之所以有这样的一个结果，中国化工管理层给出的答案，是一个新的十分容易理解的"三字经",即:"买得来,管得了,干得好,拿得进,退得出,卖得高"。由于中国化工针对倍耐力的并购整合策略路径清晰,坚持按市场化规则运作。从而既实现国有资产保值增值,有利于国内产能转型升级,也为中国企业"走出去"、参与国际市场竞争、提高国际化经营水平,提供了一个健康有益的模式。

八 努力增强中国企业透明度

这是一个一直被国外广泛提及的问题。无论是通过媒体还是实地调研,我们都可以看到,在近年来中国企业对意大利投资过程中,也时常遇到东道国政治和社会的阻力。加上国内一些企业近年来在意大利的投资,出现了某种"人傻钱多"的不理智投资现象,更增加了当地社会的疑虑和担忧。

在意大利产生对中国企业投资阻力的理由,与其他西方国家一样,那就是当地社会和专家学者认为,中国企业特别是国有企业的透明度不够。即使那些对中国前往投资持肯定和欢迎态度的意大利专家学者,也表达了同样的看法。我们在现实面前应当坦白地承认,我们国内企业在公司治理结构等方面,都存在很多问题,在改善透明度方面确有很大的努力空间。当然,在彻底消除包括意大利在内的西方国家有关"透明度"疑虑方面,不可能一蹴而就,这既是我们自身努力改进问题的过程,也是需要我们帮助西方消除偏见的长期过程。

参考文献:

施就明:《搭建私营企业赴意收购"通途"》,《中国外汇》2016 年第 3 期。

第十五章　企业调研报告之浙江华立[*]

在"走出去"战略推动下，越来越多的中国企业开始走出国门。作为"走出去"的探索者和践行者，华立集团不仅积极主动到海外投资投资，还通过建立海外工业园，打造中国企业对外投资的承接平台，转型成为中国企业"走出去"的引领者。

第一节　华立集团概述

华立集团成立于1970年9月28日，其前身是余杭仪表厂。现集团总部在杭州，至今已有40年的发展历程。目前，华立集团是以华立控股股份有限公司为投资母体的跨地区、多元化、外向型民营股份制企业。具体业务涉及医药、电能计量仪表及电力自动化系统、无线及宽带通信、电子材料、房地产、农业、石油化工、矿产等领域。在全国各地及海外雇员总数约1万多人。

华立集团是中国最早"走出去"并真正受益的民营企业之一。它在美国、法国、俄罗斯、阿根廷、印度、泰国和菲律宾设有制造基地或分支机构，在非洲10多个国家也设立了业务机构。华立集团经过近50年的发展，已形成了以医药为核心主业，智能电网和新材料为两翼的产业格局。

第二节　华立集团对外投资概况

一　对外投资起步阶段（2000—2005年）

华立集团的国际化步伐应当从1987年算起。华立集团彼时开始涉

---

[*] 执笔人：张金杰。

足发展对外贸易,将产品出口到亚洲、欧洲等国家和地区。20世纪90年代末,华立开始筹划对外投资,希望以开放的思路规划未来发展之路,并相应提出了"用全球视野开创华立事业、以产业要素全球配置为手段进行布局"的国际化目标。于是,从20世纪90年代末期正式启动对外投资发展机会。

2000年,华立集团正式将国际化确定为"技术领先、资本经营、全球配置"三大发展战略之一。华立管理层认为,在三大发展战略目标中,全球配置需要通过对外直接投资,来积极应对经济全球化,主动参与国际竞争,不断加快"走出去"步伐。

为实现全球资源配置,从2000年起的短短几年中,华立集团进行了一系列海外投资活动。鉴于20世纪末国内电能表行业市场容量有限,华立集团把目光投向海外。而此时南美等市场正在对中国包括电能表在内的产品实行反倾销,出口南美显然不合时宜。而当时泰国同样对中国产品设置贸易壁垒,使得华立集团在泰国当地的市场竞争力也大大削弱。针对这一情况,华立集团迅速改变策略,从简单的推销产品转向投资建厂。

对比东南亚和南美,如何选择投资地点,也是一个不大不小的考验。而华立此时恰好有一个泰国政府的招标项目,结合各方面因素,于是,华立决定在泰国投资100万美元设厂,在该国建立电能机械表的生产基地。在泰国建厂在巩固了原有的泰国市场的同时,还有一个重要益处,就是减少了华立电能表向发达国家出口遭遇反倾销的可能性。

2000年,华立(泰国)电气有限公司正式成立,主营业务正是华立最具核心竞争力的电能表。尽管其100万美元的投资规模不大,但它毕竟是华立在海外设立的第一家海外工厂,迈出了海外投资的重要一步。这一战略布局很快让华立在泰国站稳脚跟。由于该工厂从2002年便开始盈利,由此坚定了华立集团管理层的信心,决心开启对泰国市场的深耕之路。2003—2004年,华立在泰国成立钱江贸易公司,主营中泰之间电器进出口贸易。

继在2000年在泰国第一次进行投资建厂之后,紧接着,华立便展开了一系列在其他国家的投资活动。2001年,华立在美国收购并控股了一家纳斯达克上市公司。同年9月,华立收购了荷兰飞利浦所属的CD-

MA 移动通信研发部门。2002 年，华立开始青蒿素类抗疟药的研发和生产。2004 年 5 月，华立在阿根廷开办的合资工厂开工生产。也是在 2004 年这一年，集团迈上销售收入超 100 亿元的台阶，实现了企业在发展规模上的预期目标。只不过这一时期的国际化程度依然不高。例如，在销售总收入中，来自国际市场的比重也只有 10% 左右。

二 重点建设泰中罗勇工业园区阶段（2005—2012 年）

2005 年，华立集团进一步调整思路，对未来数年的国内国际经济形势进行分析，提出"转型升级"战略。经过 5 个月的艰苦调查和谈判，2005 年 7 月 1 日，华立集团与泰国最大的地产开发商安美德集团合作正式签署合作备忘录，决定投资建设泰中罗勇工业园。2006 年 3 月，华立集团投资 80 亿元（人民币）的罗勇工业园正式开工建设。2006 年 8 月，华立集团成为商务部首批"境外经济贸易合作区"的中标企业之一。可以说，在 2005—2012 年间，尽管华立集团在对外贸易上发展迅速，但其对外投资则没有好高骛远，而是将全部的工作重心都压在泰中罗勇工业园身上。从目前华立集团海外投资事业发展状况分析，那一时期它的这一务实的发展战略是完全正确的，是华立集团对外投资发展进程中迈出的最重要的关键性一步。

三 以"一带一路"为契机布局全球阶段（2013 年以来）

近年来，伴随着中国政府"一带一路"倡议的提出，为正在筹划进一步扩展国际化经营的华立集团提供了新的契机。从目前实施和未来规划的状况来看，华立正在以"一带一路"为主线，从泰国经缅甸通往印度洋，已经或将在欧洲和北非设立生产基地。

2017 年 8 月，华立集团又在邻近墨美边境的墨西哥建立了它的海外第二家工业园区。目前，华立集团除了在泰国和墨西哥建有工业园以外，还在泰国、印度、乌兹别克斯坦、俄罗斯、阿根廷等国投资建立了各类产业的生产基地，在美国、法国、菲律宾以及非洲的 10 多个国家设立了业务机构，代理和销售的产品遍及五大洲 120 多个国家和地区。这些为华立不断推进海外投资奠定了有利的基础。

第三节　华立海外工业园区现状与发展设想

一　泰中罗勇工业园是海外工业园一大典范

泰中罗勇工业园位于泰国东部海岸、靠近首都曼谷和廉差邦深水港，总规划占地面积12平方公里，包括一般工业区、保税区、物流仓储区和商业生活区。

目前，已有近90家国有、民营制造业企业落户泰中罗勇工业园并投入生产经营。这些企业的主要领域包括：汽车及零配件、摩托车及零件、机械设备、电子电气、建材五金等等。由该工业园带动的中国企业对泰国投资已经超过25亿美元。

在泰中罗勇工业园，入驻企业不仅可以享用园区提供的完善的商业生活设施和工业基础设施，还可以享用企业注册登记、法律、财务、海关、人力资源等一站式的中文服务，大大提升了中国企业对外投资与经营的工作效率。

泰中罗勇工业园成立迄今已十余载，累计实现工业总产值80亿美元，解决当地就业2万余人。该工业园已经成为中国传统优势产业在泰国的产业集群中心与制造出口基地，是泰国唯一被中国政府批准的"境外经济贸易合作区"。

华立集团目前加紧建设"泰中罗勇工业园"的三期工程，并计划在"一带一路"框架下将泰中罗勇工业园复制到缅甸，并与缅甸土瓦港相连，从而为中国企业提供通往印度洋的新通道。

二　泰中罗勇工业园在墨西哥的复制

正是由于华立集团在泰国有了长达10多年的运营海外工业园区的成功经验，使得它开始考虑在其他国家和地区进行这种园区复制。2017年，华立集团在墨西哥建立了它的海外第二家工业园区。在位于与美国邻近的墨西哥新莱昂州蒙特雷市，北美"华富山"工业园暨标准厂房于2017年月举行开工奠基仪式，"华富山"工业园从此正式进入基础设施的建设施工阶段。

北美"华富山"工业园，开发主体为华富山工业园开发有限公司，由华立集团、富通集团以及墨西哥当地 Santos 家族三方合资组建。其中，华立与富通占股 80%。"华富山"的名字便是取自三方首字。"华富山"工业园区规划建设面积 8.47 平方公里，预计大约需要投资 3 亿到 5 亿元完成基础工业配套设施。该园区的第一栋标准厂房将在 2017 年年底前后建设完成，项目总建设期为 7 年。

北美"华富山"工业园重点发展领域包括：光伏发电装备、汽车汽配、电子电气、机械设备、金属加工、新能源新材料等等。工业园将力图形成产业集群。按照华立等投资方预计，北美"华富山"工业园将吸纳 60 至 80 家中资企业，入园企业投资额预计 10 至 15 亿美元，同时为项目所在地的墨西哥居民提供两万个左右的就业岗位。

三　海外工业园区的发展设想

按照华立集团高层对外公布的发展思路，华立集团正在考虑在北非地区再设立一个针对欧洲出口的生产基地的可能性。在目前已有的泰国和墨西哥两个工业园区的基础上，计划在未来几年中，形成三到四个园区，为中国企业海外投资提供一个服务型平台。可以认为，在积累了丰富国际投资和运营经验的基础上，特别是泰国罗勇工业园的成功合作范例，为华立集团在墨西哥的工业园、配合"一带一路"倡议等方面设计相关投资计划，创造了极为有利的条件。

按照华立集团管理层的设想，未来华立境外园区的建设开发，还将实施工农业并举的策略。例如，通过积极推动境外农业合作园区开发，力争将推动"农业走出去"成为"一带一路"倡议的实施重点之一。它们的开发模式，同样将复制泰国罗勇工业园的成功经验。

第四节　华立境外产业园建立投资动机

一　国家政策的驱动与鼓励

改革开放以后，以苏州工业园为代表的产业园区，被认为是改革开放以来我国经济实现快速增长的重要经验之一。伴随着我国"走出去"步伐加快，这些国内工业园区的成功经验，开始向海外特别是一些新兴经济国家进行复制。

2006年，我国商务部宣布要建立50个"国家级境外经贸合作区"，其宗旨是通过这种合作区为中国企业对外投资搭建平台，提供经济可靠的海外发展场所，有利于形成贴近市场的产业链和产业集群，降低企业投资成本和经营风险。总之，海外工业园的益处就在于：企业审批手续简单化、产业聚集效应离岸化以及把风险控制在最小状态这三点。

按照商务部发布的统计数据，截至2015年年底，中国企业正在推进建设的境外经贸合作区已达75个，分布在34个国家，共带动投资近180亿美元，吸引入区企业1141家（其中中资控股企业711家）。目前，我国建设的国家级境外经贸合作区已达19个，基本上分布在发展中国家。主要包括巴基斯坦海尔—鲁巴经济区、泰国泰中罗勇工业园、柬埔寨西哈努克港经济特区、越南龙江工业园、越南中国（海防—深圳）经贸合作区、中国印尼经贸合作区、韩国韩中工业园，赞比亚中国经贸合作区、埃及苏伊士经贸合作区、尼日利亚莱基自由区、尼日利亚奥贡自由区、埃塞俄比亚东方工业园、毛里求斯晋非经贸合作区等等。

由于当初我国有条件地鼓励海外工业园建设，并为参与招投标的投资企业提供政策性贷款，使得在2005年就在泰国筹建泰中罗勇工业园的华立集团，正好借助彼时国家政策的东风，加快对这一园区的投资与运营速度。在这一过程中，华立集团克服了从语言到法律再到泰国政局不稳，以及来自另一个工业园区的强有力竞争等种种困难，最终在泰国站稳了脚跟。

应当说，境外经贸合作区已成为我国开展国际产能合作的大平台，而在众多境外经贸工业园区中，华立集团的泰中罗勇工业园是其中的佼佼者。

二 建立工业园应对对华贸易壁垒

当进入21世纪后很多国家对中国产品的贸易壁垒层层加高，外贸行业面临一片风声鹤唳。但是，作为韧性十足的浙江民企之一的华立集团却看到了跨境发展的商机。当时的外贸环境为在华立在海外投资兴建工业园，吸引遭遇贸易摩擦之累的浙江等地中国企业入园发展，埋下了伏笔。

泰国是个很少被卷入国际贸易摩擦的国家，它不仅是东盟成员国，而且与欧美、日本及很多发展中国家的贸易关系都比较好，签署了自由贸易协定，享受关税优惠。尤其是很多国家很少对泰国产品实施反倾销、反补贴、特别保障等贸易制裁。因此，取得泰国原产地证书，就可以在扩大对泰国本地市场销售的同时，还可以绕开其他国家对中国产品的贸易壁垒。

有鉴于此，华立集团建立泰中罗勇工业园的目标十分明确，即：要将该园建成中国传统优势产业（包括汽配、机械、建材、家电和电子等）在泰国的产业集群中心和制造出口基地，成为集生产、仓储物流和配套生活园区为一体的现代化综合园区。

同时，还值得注意的是，入驻泰中罗勇工业园的企业，还可以享受一些优惠政策。例如，仅所得税一项就可以享受"八免五减半"，即：前8年豁免全部所得税，之后的5年免半。另外，园内企业在泰国市场赚取相当利润之后，当一些资金需要回流到中国总部时，利润退税为零。

在规避贸易壁垒和入园享受的优惠政策双重利益驱动下，工业园对很多中国国内制造领域的中小企业具有一定的吸引力。因此，将泰国发展成包括浙商在内的中国企业进入国际市场的安全中转站。在全球贸易摩擦越来越针对我国企业的时候，泰中罗勇工业园的成功，显然代表着中国企业一种更加成熟的策略。

三 充分发挥泰国的区位优势

将华立集团的第一个境外工业园区选择在泰国，其区位优势是十分明显的。这其中主要包括两点。

一是地理和文化相近。泰国为东南亚国家，与浙江的距离非常近。这无疑有利于华立集团在两国间进行人员、资金和商品的流动。同时，中泰两国有着很多相似的文化，再加上当地有很多华人华侨，这一群体在泰国经济的发展中起到的作用巨大，他们可以帮助华立与当地各社会阶层之间进行良好的沟通。

二是市场熟悉。泰国是华立集团最早进入的国外市场。在2005年建立泰中罗勇工业园区以前，华立集团在这一市场从贸易到投资已经打拼了18年，对在泰国整个国家的经济发展状况、市场需求、投资政策与经商环境，都有了比较切身的体会与熟悉。经过 18 年的积累，华立对泰国已经具备了一定的投资和企业运营经验，与泰国政府各部门及社会各界建立了比较广泛的人脉关系。

四 积极配合我国"一带一路"发展战略

在 2015 年 3 月国家发展改革委、外交部、商务部联合发布的《推进共建丝绸之路经济带和 21 世纪海上丝绸之路的愿景与行动》中，明确提出"探索投资合作新模式，鼓励合作建设境外经贸合作区、跨境经济合作区等各类产业园区，促进产业集群发展"。可以说，"一带一路"倡议的提出，加上国家政策的驱动和市场的相应变化，使得华立集团对泰中罗勇工业园区在其他国家和地区的复制，有了更为清晰的地域发展方向。

正是由于"一带一路"具备了更多的投资机会，加上华立集团在"一带一路"沿线很早就有了一定的投资布局，从而使得近年来该集团更加积极地在"一带一路"进行深入规划的重要原因。

第五节 华立海外工业园区的经验总结

一 以抱团发展降低投资与运营风险

与单一企业投资海外实业一样，投资海外园区同样会面临着很大的风险，包括经济风险（如融资风险、汇率风险、税务风险、东道国政府工商管理与服务风险等）、政治风险（如因政局动荡违约、对园区进行国家安全审查等）和社会风险（如劳工关系等）。

为了防范风险，或将这些风险造成的损失降低到最小程度，华立集团在海外工业园区建设过程中，始终本着抱团发展、抱团取暖的理念，与所有合作企业特别是入园企业谋求共同成长。

上述风险中，类似政治风险当然不是类似华立集团这样的外资企业事先就能完全规避的，只不过它们应当在投资前就应对这类风险做好心理准备。在应对各类风险过程中，作为华立集团最重要的、最应做好的工作，一是招商引资，二是做好可以为入园企业提供优质服务的一切工作。只有在园区内种好"梧桐树"，才能招来好的成为"金凤凰"的好企业。这自然是任何工业园区的立足之本。

在设立泰中罗勇工业园区初期，华立集团尽量降低入园企业投资初期的"门槛"。当然，华立集团在甄选入驻产业园的企业时还是有所选择，着重行程上下游协同的产业链，有意避免中资企业之间同质化过度竞争。在运营过程中，华立集团坚决规范企业在当地的经营行为，并为入园企业提供全方位的全流程的"一站式"服务。在这样抱团取暖争取共赢的环境下，华立工业园区实现了良好的运营。

例如，对于一些泰国投资的中国企业，由于对东道国政策制度把握不准，及时花费了大量时间和成本，还依然举步维艰。不过，一旦它们在入驻泰中罗勇工业园，园区管理层便率领专业团队，主动为入园企业提供优质服务，使入园企业既享受到了各项专业化服务，还享受到所得税、进口机器关税、进口原材料关税等税费优惠。通过这种服务，工业园与入园企业都降低了投资风险，进入良好运营的发展轨道。

二　与当地企业实行强强联合

泰中罗勇工业园是华立集团与泰国最大的地产开发商安美德集团强强合作的结果。关于安美德集团大众有限公司，它既是泰国工业地产的领导者，又是一家专业工业园区开发商。安美德集团早在1988年就在泰国开设了工业园区，是泰国乃至东南亚工业地产的先锋和早期开拓者。2006年，安美德集团在泰国拥有的工业园年产值约占泰国GDP的8%，实力之雄厚可见一斑。

由此可见，安美德集团既是泰国最有经济实力的房地产开发商之一，又具有建立与经营工业园区的经验，加上该集团在泰国政府和社会各界有着广泛的人脉关系。与这样的当地企业联合，无论在资金、技术和管理还是在处理与泰国政商及劳工关系方面，都对华立集团的泰中罗勇工业园区的立足和发展，具有重要意义。因此，按照华立集团的预想，通过与安美德集团的合作，是有希望最终实现了合作共赢的良好局面，而事实也确实证明了这一点。

三　形成"以点带面"和"重点经营"的对外投资路径

在对国际市场进行多区域、多领域投资的同时，华立集团需要在更为熟悉的市场和更熟悉的领域进行深耕细作，以求眼前利益和长远利益、局部利益与全球利益的平衡和统一。

泰国是华立集团最早进入并且熟悉程度最高的国家。从1987年在泰国开展贸易经营，到2000年正式投资，再到2005年建罗勇工业园，至今在泰国总共发展近30年。如此深耕细作，使得华立集团不仅在自身产品上在泰国站稳脚跟，赢得了同类产品大约1/3的市场占有率，而且随后还以泰国为基地，打通了菲律宾、老挝、柬埔寨等周边市场，并把华立产品销售到了对中国设置了反倾销税的南美市场。而泰中罗勇工业园的投资和运营模式及其经验，更是华立集团在其他国家和地区投资工业园的最大资本。

因此，深耕细作投资泰国这一个"点"，在积累经验基础上，在国际化道路上稳扎稳打。可以认为，这是华立集团国际化成功的关键所在。正是有了在泰国这一"点"，才有了随后展开之势，有了随后在美国等国家进行的投资。无论是在东南亚、中亚、欧洲建立的制造基地，还是北美"华富山"工业园，都是泰国经验所得；在泰国的经验，让华立集团有信心在其他国家和地区的投资活动做得更好，从而真正形成了"以点带面"的国际化发展"华立模式"。实现华立集团在生产要素与海外资源方面的高效匹配。

四 注重企业在当地的社会责任

承担社会责任是任何一个成功企业的立足之本，在境外投资的跨国公司也概莫能外。作为承担社会责任的具体方式，华立管理层要求把更多的亚洲式服务意识、经商文化以及与入园企业共同成长的责任理念融入一起，融入园区管理与服务整个过程。通过建设这些硬件和软件的投资大环境，引进更多的外国投资者、为泰国本地居民创造更多的就业机会、为泰国企业创造更多的合作机会、为泰国政府创造更多的财税收入，形成一个各方收益、良性互动的经济微生态圈，最终目标是发展自身的同时，也带动当地社会的经济发展。正因如此理念并坚决实施，华立集团才真正在泰国走出了一条合作共赢的发展道路。该集团借助泰中罗勇工业园的交通区位、政策优惠以及基础设施等优势取得成功的同时，为推动泰国经济增长、促进就业、人才培养和技术转移等方面，都做出了令各方比较满意的贡献。

五 注重知识产权保护

华立注重知识产权保护是有案可循。2007年4月，华立集团曾就三星公司在GSM/CDMA双模手机侵权提起诉讼，并于2008年12月经法院判决华立胜诉，三星公司向华立赔偿5000万元，这是当时中国手机行业赔偿金额最大的专利侵权案，而且该案曾一度成为中国知识产权保护十大经典案例之一。

华立在进行海外投资的早期阶段，就将知识产权保护作为国际化战略一大重要组成部分。在知识产权保护当中，品牌保护更是首当其冲。华立集团派专人在包括未来主要市场和潜在市场在内的国家（地区）注册英文商标"Holley"。目前，华立集团已在120多个国家和地区注册完成主要产品商标。在品牌管理上，华立从品牌定位、品牌特征、品牌内核、品牌设计等方面实施了统一筹划，统一布置，建立了较为完善的品牌管理体系，以提高品牌的形象力和认知力，保障品牌对于企业在国际化投资与经营的促进作用。

第十六章　企业调研报告之吉利集团*

第一节　吉利集团基本情况

浙江吉利控股集团有限公司（Geely）建立于1986年，最初的业务包括汽车、摩托车、汽车发动机、变速器、汽车电子电气及汽车零部件方面的生产。吉利在1997年进入轿车领域后，取得了快速的发展，现在是中国国内汽车行业十强，且是十强中唯一一家民营轿车生产经营企业。2017年浙江吉利控股集团资产总值超过2000亿元，营业收入达到314.298亿美元，员工总数超过7万多人，列世界500强企业第343位，连续6年进入世界500强。

吉利汽车控股有限公司是吉利控股集团旗下的子公司并在香港交易所上市，吉利控股对外投资主要通过吉利汽车进行。吉利汽车除了在上海、杭州、宁波建立了生产基地，也在瑞典哥德堡、英国考文垂、西班牙巴塞罗那、美国加州建有设计、研发中心，国内外的研发设计、工程技术人员超过2万人，拥有大量发明创新专利。吉利汽车还在中国、美国、英国、瑞典、比利时、白俄罗斯、马来西亚设了整车工厂，建立了遍布全球的产品销售及服务网络。

第二节　吉利并购沃尔沃的过程以及相关启示

2008年全球金融危机之后，国外部分汽车厂商出现了资金周转困难，出现了一些资产出售。中国汽车生产商抓住这个机会，进行了一些

---

* 执笔人：潘圆圆。

并购案,包括南京汽车集团收购英国罗孚,上海汽车集团收购韩国双龙,北汽控股收购瑞典萨博。而吉利公司并购沃尔沃便是其中一笔,知名度非常高,影响也非常大。

2006年福特出现了127亿美元的亏损,吉利公司注意到这个情况并为并购福特做了相应的准备。2008年福特亏损增加到147亿美元,经营困局迫使福特在年底公开挂牌出售沃尔沃汽车集团。2008年7月份,吉利已经向福特发出了收购意向书。在两年的艰苦谈判后,在2010年8月与福特正式交割。2010年3月,吉利在哥德堡签署收购沃尔沃轿车公司最终股权收购协议,吉利支付18亿美元,获得沃尔沃轿车公司100%的股权以及相关资产(包括知识产权)。2012年3月,吉利控股集团总裁、CEO安聪慧先生和沃尔沃汽车公司总裁、CEO雅各布代表双方签字,就沃尔沃向吉利转让技术达成协议。通过此次并购,吉利获得了沃尔沃轿车三家工厂,一万多项专利,较为完整的技术研发体系,遍布各国的销售服务网络,覆盖上下游的供应网络。便利了吉利建立自己的生产线与制作系统,提升了吉利的研发实力。2013年2月,吉利控股集团宣布在瑞典哥德堡设立欧洲研发中心,整合旗下沃尔沃汽车和吉利汽车的优势资源,生产新一代中级车模块化架构及相关部件,以满足沃尔沃汽车和吉利汽车未来的市场需求。

吉利对沃尔沃的并购较为成功,对其他中国企业有如下启示:

一、企业自身能力建设是成功并购的基础。吉利从1997年进入汽车生产领域,在汽车的品牌、技术、国内市场等多方面已经得到一定的发展,这为潜在的收购做好了准备。中国庞大的汽车市场和快速增长的需求也为吉利并购后扩大产量提供了保证。吉利对自身产品质量的坚持和企业能力的建设是对沃尔沃并购能够成功的最重要原因。只有当中国企业自身具有独特的竞争优势,才能在对外投资中将这一优势进行延续和扩展,并将母公司的愿景、理念与被收购企业进行对接融合。吉利确定的"造最安全、最环保、最节能的好车"的理念以及"人性化"的企业文化得到了沃尔沃的高度认同。

二、明确并购的目标所在,吉利看重沃尔沃的是其品牌及技术含量、尤其是其持续的创新能力。与一些企业进行财务投资、多元化企业经营的投资动机不同,汽车产业是吉利的主业,吉利对自己汽车产业的发展有长期的规划和战略，其中对沃尔沃的并购目的很明确，通过购买价格处于合理区间的资产，以及其品牌、技术、固定资产以及各类资源，通过国内外市场的扩展，扩大吉利品牌的影响力。因此在并购后吉利继续投入大量资金以支持沃尔沃的研发计划，并建立了自己的研发中心，提升自己的技术水平。

三、建立完善的成熟的管理体系和框架，最大限度保持管理层的稳定性，保证并购之后过渡期被并购企业的稳定，和生产的延续性。西方和中国企业在管理理念，管理架构，管理方式方方面面存在差异，强行快速推进中国的管理可能会引来较大的抵制情绪，影响并购的效果。吉利选择了更本地化更接近公司原有状况管理架构，遵守西方成熟的商业文明，依法、公开、透明地治理企业，让沃尔沃保持了较高的独立性，获得了更大的信任，员工的满意程度也较高。

四、尊重被并购企业的文化，充分发挥工会作用。中国一些失败的投资和并购恰恰是因为不了解工会制度造成的。西方国家的工会具有强大的谈判能力，工人待遇通常对并购企业形成较大的压力。吉利在并购前与工会进行了充分沟通，得到工会的持续支持，这也是吉利并购成功的重要因素。

五、吉利承担社会责任，积极融入当地社区，注重与东道国文化活动的交流，促进东道国员工中国文化更加认同，形成全球型企业文化。企业是进行跨文化交流的重要载体，被并购企业及东道国各界通过对吉利公司的拜访，对中国文化的接受度日益增加，便利了吉利在当地的长期持续经营。

六、吉利在并购过程中，选择了熟悉当地情况的中介机构，包括律师事务所、会计师事务所，并在当地媒体进行了公关和宣传活动。与各利益相关方的沟通程度较深，加深了当地社会各界对并购行为的理解和支持，减轻了舆论压力。

第十七章　政策建议[*]

在全书内容的基础上，我们从企业与政府两个层面提出加强中国海外利益保护的政策建议。

第一节　对企业的建议

企业是海外投资的主体，其海外投资风险意识与防范能力的强弱，是海外投资利益保护机制中最重要的环节。尽管目前我国对外直接投资存量已突破万亿美元，但与发达国家相比，我国对外直接投资的历史并不长，特别是缺乏真正有丰富国际投资经验和国际竞争能力的本土跨国公司。随着我国海外投资规模的不断扩大，我国"走出去"企业必须提高自身海外投资利益的保护能力，企业应在不断强化海外风险防范意识的前提下，努力提高对全球特别是东道国政治、经济和社会环境的风险评估能力，并加快建立和不断完善应对突发事件的相关应急机制。

一　对企业内部管理与制度建设的建议

（一）增强企业国际化管理，建立与跨国经营相适应的治理机制

中国对外投资企业应当立足于全球，客观地评估自身资源，系统而科学地制订相应的战略规划。在国内经营时，一些企业往往缺少系统、科学的战略规划，有的企业多年形成的"行政化"管理理念根深蒂固。为了与来自世界各国具有先进管理水平的跨国公司同台竞技，中国对外投资企业的战略规划要立足于全球，从国内战略转变为全球战略，从一

---

[*] 执笔人：王碧珺、衷子雅。

个国家的简单战略转向适应不同国家的复杂战略，并根据东道国的法律和规章制度采取相应的战略措施和行动方案。

对外直接投资企业要进一步完善公司治理机制。树立起符合市场经济规则、与东道国制度环境相适应的企业管理理念。在国内，要加快国有企业改革，妥善处理好国有企业的委托代理问题；在东道国，中国对外投资企业要遵守当地的法律和法规，在经营中遇到问题时要诉诸于法律和仲裁组织。

(二) 增强企业透明度

中国企业应当按照国际标准提高自身的透明度，主动说明企业的内部结构、与政府部门的关系、投资试图达到的目标和实施政策以及未来的发展方向和计划等。当然，在彻底消除西方国家有关"透明度"疑虑方面，不可能一蹴而就，这既是我们自身努力改进问题的过程，也是需要我们帮助西方消除偏见的长期过程。

(三) 建立境外资产风险应急系统

构建企业境外资产风险应急系统重点应放在三个方面：一是做到应急组织结构健全、职责明确。设立包括风险管理委员会，必要时可选派企业领导内外部专家组成应急指挥小组；二是建立完善的应急预案并严格执行，具体来说可从综合应急和专项应急两方面建立预案，其中综合应急是从总体的角度对企业可能发生的风险事件规定机构职责、制定解决措施、明确基本程序，专项应急是对某类型风险、突发风险事件制定解决措施和程序；三是通过教育培训等手段增强应急意识，提高各级人员应对突发事件能力，并通过应急预案演练不断完善预案和改进措施。

(四) 加速海外资产管理人才建设，增加东道国当地研发投入

针对东道国对于关键技术流失的担忧，中国企业应重视和加大对被投资企业的品牌和知识产权的保护力度，并设立隔离防范协议以保证被投资企业的商业机密和客户数据安全。同时，中国企业应支持被投资企业增加研发人员、扩展科研设施以及增加研发投入，培养具有国际化经营管理理念、能够追踪国际技术前沿的国际化人才，吸引并留住被并购企业的高层管理人员和研发人员，建立相关制度以维持和加强被投资企业的业务独立性、管理团队稳定性以及技术先进性，以构建境外资产安全保护机制对高素质人才的需要。

(五)增强社会责任意识,积极履行社会责任

中国对外投资企业在对股东负责、追求企业价值最大化的同时,还要增强企业社会责任意识,在经营过程中要考虑企业决策和行为对东道国社会公共利益的影响,积极实施本土化经营,注重可持续发展,促进投资地的就业、人才培养、民生改善、环境保护和技术进步,承担对员工、消费者、社区和环境的经济和社会责任。

为了实现这些目标,首先涉及对企业社会责任的认识问题。企业社会责任是在企业在追求利润最大化的同时,对社会应承担的责任和应尽的义务,其目的是最终实现企业的可持续发展。企业社会责任并不是一种负担,也不是一个意识形态的概念,相反已经成为企业重要的竞争力之源,是更为温和、更利于维护客户忠诚度的竞争筹码。尤其是对于外国投资者而言,积极履行企业社会责任,为当地民众、环境和社会造福,才能取得社会的信任与尊重,得到市场的青睐,也因此具有更强的竞争力,从而实现企业发展、环境保护与社会效益的综合价值最大化。

其次,在正确认识企业社会责任的基础上,海外中资企业还需要增加海外经营经验以及处理好社会公共关系。虽然已经有不少中国企业认识到企业社会责任的意义和重要性,但由于缺乏跨国经营经验,不了解当地的法律法规、风俗文化,以及不善于跟工会打交道,致使中国企业在处理劳资纠纷上遇到了不少麻烦,在用工标准、环境保护、安全生产上屡屡违法违规。

再次,中国国内的制度特征与大多数国外环境有很大区别。在国外,不论是发达国家还是发展中国家,大多是"小政府、大社会",当地民众、社区、公益组织、宗教团体和相关利益方对企业经营的影响更大。如果按照中国国内的办事方法和经营风格,不善于和这些团体沟通和公关,遇到事情一味回避,不主动出面澄清事实、阐述自己的观点,会处处被动。即使我国企业较好地履行了社会责任,也会误会不断。因此,海外中资企业需要加强责任沟通机制建设,定期在当地公布企业社会责任报告,及时、主动、积极应对各类社会责任危机,建立起积极履行社会责任、敢于应对、勇于负责的企业形象。

最后,中国企业需要加强机制建设,建立长期、有效、系统的社会责任内部管理体制。目前,中国企业大多没有设立专门负责企业社会责

任的管理机构，也缺乏企业社会责任的评价体系，这直接导致在企业内部履行社会责任无规可循，无法落到实处，无法纳入企业的长期管理战略中。因此，中国企业需要参考例如社会责任国际标准体系（Social Accountability 8000 International Standard，简称SA8000）制定明确的社会责任规范，设置专门的管理部门，给予相应的经费保障，将社会责任和企业管理结合起来，更好地统筹企业社会责任管理体系。

二　对企业在对外投资过程中提高自身维护海外投资利益能力的建议

（一）充分了解东道国法律政治规则，应对东道国国家安全审查

在应对国家安全审查方面，中国企业应当进行更为充分的准备，聘请专业的人才和中介机构进行翔实的调研，了解和遵守东道国的法律制度、监管框架和审查程序，准备好应对审查所需的各项材料和应急预案。诚然，国家安全概念的扩张与审查过程中政治因素的增加已经是明显的趋势，企业很难准确预测自己的投资行为是否会触发东道国的国家安全审查。除了东道国更加频繁地利用这一工具之外，国家安全审查本身普遍具有的不可诉性也使得中国企业难以应对。然而，根据三一公司成功在美国以程序问题为由对CFIUS判决展开诉讼这一案例可知，如果中国企业充分了解东道国的法律和政治规则，那么仍然有利用法律武器来保护权益的可能。

（二）化整为零，尽量避免规模过大的投资

中国企业应完善投资策略，不要盲目追求大规模的投资项目，投资规模庞大的项目更容易受到东道国当地政府、社区和媒体的关注。中国企业普遍缺乏海外投资经验，大多不知道怎样与当地社区和媒体打交道。同时，中国企业自身的透明度也不高，缺乏信息披露，这使得当地社会很难了解中国企业的投资动机和发展思路。此外，投资规模庞大的项目需要较大的资金投入，企业常常大量依靠外部融资，尤其是国内银行的支持。而国内银行提供的低廉资金容易引起东道国"不公平竞争"的指责。因此，中国企业应该尽量避免进行规模过大的海外投资。如果实在需要，应化整为零，分批次逐渐增加投资，从非控股或者少数股权控股做起，或者与当地企业进行联合投资，实现利益绑定。

(三) 避免直接进入东道国敏感行业投资

在国际投资活动中增强利润导向性，不能不顾资本利用效率和实际成本，以过高的价格，冒着重大的商业风险在敏感和重要部门（例如通信、航空航天、能源、基础设施等涉及国家安全、地缘政治和国家竞争力的投资领域）进行投资，从而导致东道国政府和社会怀疑中方的投资动机，质疑中国企业的市场主体身份。中国企业海外投资应尽量避开关键领域和敏感行业，适当克制对能源资源等敏感行业的投资，减少投资项目的受关注度和政治风险；可以从审查相对宽松的行业进入，循序渐进，逐步建立良好的记录和口碑，再进行敏感行业并购，从而降低东道国政府和民众的疑虑。

(四) 增强与MIGA的合作

中国是MIGA的第六大股东，作为发展中国家，在过去一段时期我国政府多次与该机构开展合作，为外资进入我国相关行业提供担保和其他服务，对于我国吸引外资起到了良好的作用。当前我国的对外投资迅速增加，MIGA承保的非商业风险对于我国企业的海外投资也可以发挥重要作用，即提供政治风险方面的保障。因此，我国企业应善于运用该机构为政治风险提供安全保障的特殊功能，在向政治风险高的国家投资时考虑向其投保，从而增强海外投资风险的管理与控制能力。

第二节 对政府的建议

一 发挥政府和社会多位一体的投资利益保护作用

我国海外投资多位一体利益保护机制的建立，除企业应不断强化海外投资风险防范意识、提高对东道国政治、经济和社会环境的风险评估能力外，还应发挥政府和社会在海外投资利益保护机制中的作用。政府应树立和强化服务意识，在融资、保险、信息服务、外交协调与谈判等诸多方面，充分发挥为海外投资企业提供的服务功能。加快实现银行等金融机构与实体企业的银企合作，为企业提供更好、更有效的服务。同时，充分发挥社会各类研究智库、行业协会、会计师事务所和律师事务所等中介组织的作用，从法律和税收等诸多方面，鼓励"走出去"企业与社会机构合作，使我国企业海外投资利益能获取更有力的保障。

(一) 加强相关立法

"二战"后，国内立法成为西方国家维护海外利益的显著特点，这些国家在对外贸易、海外投资、对外援助等方面的立法，为海外利益安全提供了法律保障。例如，美国1948年制定《对外援助法》，规定海外投资保险制度、明确美国职能部门的国内外职权。其后又适应不断变化的形势对该法进行多次修订。鉴于目前我国企业海外投资的迅猛发展和相应的风险累积，我国应尽快制定《海外投资法》。

(二) 完善海外投资保险制度

从主要大国已建立的海外投资保险制度来看，主要是对海外投资的外汇、征收、战争等政治风险承保。我国可借鉴美国海外私人投资公司有关海外投资保险制度经验，该公司受美国国务院政策指导，承保险种包括战乱险、征收险等多种风险保险业务。其以商业化运作解决海外投资利益保护问题，从而避免国家间外交对抗。此外，中国政府应在总结实践经验的基础上，加快《海外投资保险法》的立法进程。同时，明确承保对外投资保险业务的机构。政府可大幅提高中国出口信用保险公司的注册资金规模，显著强化其海外投资保险业务。

(三) 推动建立市场化导向、激励相容的海外中资企业商会

海外商协会组织在配合国家重大经济外交外活动、凝聚中资企业力量、树立中国形象、代表企业与东道国政府沟通等方面发挥着重要而又不可替代的作用。目前，有影响力的海外中资企业商会几乎没有。现有商会普遍存在两个方面的问题：一是主要面对的是国有企业和大型民营企业，中小型民营企业基本没有覆盖，而在海外的中小型中资企业数量上占绝对优势，这些企业自我维权能力较差，没有能力聘请当地律师来解决法律纠纷、监管障碍等，迫切需要利益代言人，改变单独与律师事务所、会计师事务所等服务机构的博弈劣势；二是配合政府的工作多一些，为企业服务少一些，比较务虚，这背后归根到底在于大部分海外中资企业商会的经费来源于政府，更多的是政府机构，而非企业组织。因此，探索建立中小企业海外维权中心符合广大中小企业的愿望，也更能体现服务企业的宗旨。海外中资企业商会长期而言应该实现市场化运作，成为"以会养会"的民间性组织。特别是商会团体的费用自筹自措，主要依靠会员会费的收入。在早期，可以通过政策提供一定的支持

费用。

（四）成立海外中资企业家智库，建立企业海外投资经验分享机制

海外投资有很多"坑"。为了尽量降低海外投资入坑风险，企业可以借助中介机构加强尽职调查。但中介机构一是费用较高，二是仍然是"局外人"，并不了解企业和行业的细节情况。一直以来，有一个群体一直被忽视，那就是海外中资企业家群体。他们中的很多人在海外长期扎根，对企业情况和行业特征都非常熟悉。有的退居二线，有的尽管在一线经营但海外较慢的生活节奏给了他们很多时间去观察和思考。他们中的很多人十分愿意去分享他们海外投资的经验，但现在缺乏这样的海外投资经验分享的机制和平台。建议成立海外中资企业家智库，解决企业间分享经验的信任问题，并且提供财务激励和针对海外企业家的特殊优待政策，将他们的优势充分利用起来，为我国的"一带一路"建设做出贡献，为更多中国企业更好地"走出去"铺平道路。

（五）让企业在宣传中国形象和传播中国文化方面发挥更大的作用，建立企业海外履行社会责任的激励机制

海外中资企业在宣传中国形象和传播中国文化方面具有天然的优势。首先，海外中资企业分布广泛。截至2016年年末，中国境内投资者设立对外投资企业3.72万家，覆盖全球超过80%的国家（地区）。如果每一个海外中资企业都成为中国形象和文化的传播点，其影响范围和传播半径非一般宣传机构和活动能比。其次，海外中资企业扎根当地，能产生持久的、潜移默化的影响，同时能更充分地了解并满足当地需求。由海外中资企业来宣传中国形象和传播中国文化不会显得很刻意。从日常的生产经营和生活中的点滴入手，不会引起当地民众的反感。例如，在当地过节的时候，提供一些中国美食；在当地办活动的时候，资助一些活动设施等。此外，海外中资企业的当地员工成为中国的代言人更具有说服力，组织当地有影响力的收入高的高管去中国，可能增进对中国的兴趣和了解，并在东道国帮助宣传，提升中国的国家形象，对中国政府和企业是双赢的事情。海外中资企业的本土化程度越来越高，当地员工更容易受到中国经营者的影响，感受到中国各方面的优势，将自身利益跟中国绑在一起，影响周围的一批人。

让企业在宣传中国形象和传播中国文化方面发挥更大的作用需要有

一定的激励机制。虽然在这一过程中，企业个体自身的美誉度也会提高，从而有助于降低投资风险，提高经营业绩。但整体而言，对中国国家形象和文化方面的正的外部性非常明显。中国政府应当将财政、金融资源进行适当倾斜，可以考虑通过减税的方式支持 ODI 企业的社会责任支出，提高政府支出的效率，建立相应基金来鼓励海外中资企业积极践行社会责任，宣传中国形象和传播中国文化。同时，奖罚分明，对于那些有损中国国家形象、败坏中国名声的海外中资企业和出口商，建立追溯和惩罚机制。

二 积极参与国际投资规则构建

在国家层面上，中国需要开展积极外交，为化解矛盾、增进了解、开展合作、实现互利创造条件，积极推进国际投资治理体系建设，积极参与国际投资规则构建，充分调动全方位经济外交的力量，切实为中国企业海外投资创造良好的环境，为维护海外资产安全服务。

（一）增强战略互信

正是中国与东道国在战略互信上存在较大缺口，才导致部分利益团体的"政治化"策略屡屡得手。当前，不论是在投资规模还是产业深度上，中国的海外直接投资都已经发展到需要政治关系为经济投资扫清障碍、进行"反哺"的阶段，不能再继续期望以经济关系作为各类双边关系的"压舱石"。中国应该在多个传统和非传统安全领域与其他国家、尤其是发达国家展开合作，正视和化解对方的安全疑虑，而不是被动地等待经贸关系的"外溢"效果来弥补在战略领域中的"负债"。

（二）积极推动双边投资协议和自贸区谈判

我国应积极推动与周边国家、"一带一路"沿线国家以及美国和欧盟等国家和地区的双边投资协议和自贸区谈判。首先，尽早完成区域全面经济伙伴关系（Regional Comprehensive Economic Partnership，RCEP）谈判，加快中、日、韩自贸区谈判，缔结全面、高水平和互惠的自贸协定，促进东亚和东南亚深度区域经济一体化。其次，在《中欧合作 2020 战略规划》和"一带一路"倡议框架下，我国应积极推动中英、中欧自贸区谈判，加强与欧亚经济联盟、中东欧 16 国的贸易和投资合作。再次，我国应进一步推进中欧、中美双边投资协议谈判，力争在负面清单、国有企业等方面取得突破性进展，以此促进中国与发达国家之间要素供给、市场需求及其生产链的整合；最后、中国应以自贸区和双边投资协议谈判为契机，进一步健全国内市场体系和政府管理体系，为完善公司治理结构和提升公司治理能力创造良好的外部环境。

（三）积极参与全球投资治理，为与"一带一路"国家BITs升级谈判营造良好的国际环境

中国需要积极参与国际投资便利化议程、推动国际投资仲裁机制改革等全球投资治理改革的核心与关键问题，这既符合中国自身利益，又有利于促进世界经济复苏。2016年中国作为G20峰会主席国，倡议制定的《G20全球投资指导原则》即为良好范例，向国际社会传达了中国将进一步改善投资环境，为投资者提供开放、非歧视、透明与可预见的营商环境的承诺。